徐玉兰 主编

图们江区域
国际合作愿景与实践
图们江论坛 2014 论文集

INTERNATIONAL COOPERATION VISION
AND PRACTICE IN TUMEN RIVER AREA
Tumen River Forum 2014

社会科学文献出版社
SOCIAL SCIENCES ACADEMIC PRESS (CHINA)

绪　言

金强一[*]

　　"图们江论坛"发起于 2008 年，是由延边大学和韩国高等教育财团联合主办的国际性论坛。"图们江论坛"在论坛组委会和学术委员会共同运作下，已成功举办了七届。其间，多位中国、朝鲜、韩国、日本、美国、俄罗斯以及蒙古等国家的著名学者出席论坛，围绕东北亚各国间的交流和图们江区域合作开发面临的重大问题等议题，进行广泛、多维与深入的研讨，探求共识，为图们江区域经济、政治、法律、社会、历史和文化的全面进步建言献策。

　　经过多年的努力，"图们江论坛"的学术与社会影响力正逐年提升，已成为推动图们江区域国际合作的重要交流平台。论坛在继续加强国际合作的基础上，通过"政企研圆桌会议""双边战略对话"等多种对话机制，不断充实和拓展图们江区域国际合作内涵，努力将"图们江论坛"打造成图们江区域最具影响力的高层次对话平台。

　　图们江区域是一个多元文化共生并存的区域。各国人民之间的频繁交往与积极合作，体现了图们江地区在多元共存、合作共赢基础上不断演进与创新的特征。林则徐曾言：海纳百川，有容乃大。在多元共存的文化交流背景下，思考并努力做到合作共赢，不失为一个有效的途径。事实上，合作共赢也是各国利益的现实需要。每个国家都应该意识到，其实本国在发展过程中遇到的问题，仅靠自己的力量是无法解决好的，需要各国一起共同协商，需

---

　　[*]　金强一，延边大学亚洲研究中心主任。

要形成区域性乃至世界性合作的良好环境。

"图们江论坛2014",吸引了来自东北亚各国与地区的260多位学界、政界与商界的硕学和精英,尽管肤色有别、语言有异,却实现了多层次、跨文化的对话与交流,为图们江流域的国际事务合作提供了较有实践价值和操作性的指导意义,较好地体现了本届"图们江论坛"的主题——"图们江国际合作愿景与实践"。

作为一个在中国延边朝鲜族自治州首府——延吉举办的国际性学术盛会,作为"211工程"院校的延边大学的一个学术品牌,"图们江论坛"日益显示出其独特的巨大社会影响力。一方面,它显示了图们江地域的特色和功能,即以图们江地区丰富的多元文化底蕴为依托,以多元文化共存和边缘地区发展战略等问题作为观察和交流的基点;另一方面,从学术的角度,它以开放、包容的博大胸怀,探索在经济全球化和区域一体化背景下多元文化和谐交融与共同繁荣的道路,并为这一地区的经济、文化、政治等的和谐发展提供行之有效的操作方案和途径。这些探索所陆续结出的丰硕成果,使得包括本届在内的连续七届"图们江论坛",日益引起国内外学术界和有识之士的瞩目和赞誉。本书主要从社会科学领域(政治、经济、法律)以及包括历史、文化在内的人文学领域整理并收录其中水平较高、具有一定代表性和参考价值的论文。谈论的主题主要包括以下内容:

第一,东北亚区域合作与和平。动荡不安的东北亚政治环境,是阻碍构建东北亚区域国际性合作体系的重要因素。东北亚区域合作的唯一路径在于维护区域的和平稳定。加强区域合作并解决政治环境层面的各类问题是东北亚各国所面临的战略课题。本次的政治分论坛,以东北亚地区国际政治环境、和平机制的建构等为主要议题展开探讨,来寻求东北亚的长久和平与共同发展之道。

第二,图们江流域跨境经济合作开发。中国将沿边地区开发开放作为新的区域开发战略,重点扶持边疆地区的对外开放和对外经济合作,这为先行跨境经济合作的图们江流域注入了更加完整的发展动力,也为打造东北亚地区经济合作平台提供了保障。为了加快以长吉图先导区开发开放为核心的图们江区域国际合作开发进程,要继续切实推进国际物流通道建设,落实和拓展地区内各国间旅游资源开发、跨境产业园区建设等跨境经济合作项目。为此,本次的经济分论坛将围绕图们江流域跨境经济合作开发的战略与模式、国际物流通道建设、长吉图开发开放先导区的开发建设、东北亚区域内各国区域经济政策比较等议题进行广泛的交流与探讨。

第三，图们江区域各国的法律交流与合作。1992 年图们江区域开发项目正式启动，2009 年国务院通过了《中国图们江区域合作开发规划纲要》，2012 年国务院又印发了《关于支持中国图们江区域（珲春）国际合作示范区建设的若干意见》。国家对图们江区域开发力度的逐步增加，大力推动了图们江区域各国间的合作，其合作已进入了具体实践与操作阶段。总结历史成功经验，制度保障合作路径，法律解决存在冲突，是现阶段主要研究探讨的问题，面对新形势、新机遇、新挑战，图们江区域内各国合作模式的重塑、合作开发中经济法律制度的博弈以及法理的构筑和交流的深入，都对图们江区域的进一步合作开发、东北亚地区的持续稳定与和平发展具有重大而深远的意义。

第四，历史视野下的图们江区域历史意识与和谐共存。作为中国朝鲜族的聚居地，图们江流域毗邻朝鲜与俄罗斯。因其自身独特的地缘与民族特色，图们江流域的变迁史也成为纷繁复杂的东亚关系史的一个缩影。本次的历史分论坛以"图们江流域的历史变迁与历史叙述"为主题，拟以超越国界的东亚史视野，探讨东亚的历史认识、历史认同、历史共享以及图们江流域的历史变迁、历史记忆与历史叙述等课题，为从历史文化上构建东亚和谐关系提供理论依据与智力贡献。

第五，图们江区域多元文化的互动与融合。文化是影响区域合作与发展的深层次因素。东北亚地区各国间的跨文化交流，不但是区域合作的重要内容之一，同时也是地区内各国之间增加理解与信任的重要途径，更是推动区域合作向机制化发展的强大助力。跨文化交流的深入发展符合东亚地区各国的共同利益。鉴于此，本次的文化分论坛将围绕"东亚跨文化交际与跨文学叙事"这一核心议题，对东亚各国在语言接触与翻译过程中的问题、东亚各国文学中的跨文化互动与离散现象等议题进行研讨，以期为东亚各国、各民族之间对话与交流模式的构建提供理论依据。

2015 年 6 月

目 录

政治因素对东北亚地区合作的影响

李 文 王语懿*

东北亚是全球经济增长速度较快的地区之一。这一地区既有日本、韩国两个经济合作与发展组织（Organization for Ecnomic Co-operation and Development, OECD）国家，又有经济总量跃居世界第二的中国和居世界第三的日本。作为一个成员之间或陆地或海洋相互毗邻的区域，东北亚各国在安全领域的彼此关注与生俱来。

近年来，东北亚在地区合作方面乏善可陈，既没有在经济合作方面达成有显著意义的协定，也没有在合作机制的构建方面有所突破。这种状况的产生，很大程度上在于政治因素的负面影响。

一 冷战思维和霸权思维是症结所在

虽然冷战结束了，但冷战思维并没有退出历史舞台，世界多极化格局已经初步形成，但美国甚至日本的行为依旧受霸权思维的引导，是造成东北亚地区合作陷入低谷、举步维艰的根本原因。中国特色社会主义的快速发展，不仅使日本丧失了亚洲第一的经济地位，也使其成为亚洲领导者的希望落空；不仅使美国感到自己的世界霸权地位受到威胁，而且还对以美国为代表的西方价值和政治社会制度构成挑战。美日冷战思维和霸权思维的复活与延

---

* 李文，中国社会科学院亚太与全球战略研究院副院长、教授；王语懿，环境保护部环境保护合作中心东北亚（中日韩）合作室主任。

续，强化了东北亚地区不同国家之间政治社会制度的差异，加剧了各国在历史问题上的分歧，激化了领土主权争端，严重阻碍了东北亚地区从对立、矛盾与冲突向和平、和谐与合作发展的进程。

东北亚冷战思维和霸权思维的强弱程度与地区合作的进展是否顺利之间存在明显的关联性。在冷战结束后的一段时间里，在全球范围内意识形态与政治制度的对立与分歧出现弱化趋势时，东北亚主要国家都认识到地区合作能够使参与各方受益，东北亚成为全球区域合作潮流中的孤岛的状况再也不能持续下去，随之，东北亚地区合作快速升温，学界加大了研究力度，政府层面频繁接触，中日韩之间的FTA（Free Trade Agreement，FTA）自由贸易协定呼之欲出。但进入21世纪后，随着中国的快速发展及其国际影响力的提升，美国和日本重新拾起已经过时的冷战思维和霸权思维，刻意寻求与中国的对立与摩擦，在中国周边生乱生事，严重破坏和干扰了地区合作的良好氛围，使蒸蒸日上的东北亚地区合作趋冷趋缓，风光不再。

冷战时期，日本与韩国属于资本主义国家阵营，中国、朝鲜、苏联和蒙古国属于社会主义国家阵营。在实施旨在遏制中国的亚太再平衡战略过程中，美国强化了东亚冷战时期结成的同盟体系，加大了与日本、韩国在安全方面的合作力度，不但使地区紧张局势不断升级，也在客观上再次凸显和加剧了东北亚不同国家间在社会政治制度方面存在的差异，降低了相互间的政治互信。

朝鲜半岛核问题迟迟不能解决，是造成东北亚地区合作难以获得全面推进的一个重要原因。第二次世界大战结束后，朝鲜半岛分裂为两个国家——朝鲜与韩国，一场多国参与的朝鲜战争也没能改变划界而治的事实，至今朝韩双方外交上仍互不承认，各自都以统一朝鲜半岛为己任。自20世纪90年代以来，朝鲜的有核化努力就一直是地区政治冲突的焦点。美、日、中、俄等大国的介入，使得朝鲜半岛成为潜在的地区"火药桶"。而旨在解决朝鲜核问题的"六方会谈"，也带有一定程度的两大阵营博弈的色彩；美国、日本、韩国在解决朝鲜核问题上，各有自家的打算，使局势更加深刻化和复杂化。朝鲜半岛政治上的不稳定严重影响了投资者对东北亚地区的投资信心。

1972年，中日两国实现邦交正常化。1983年，两国领导人确立了"和平友好、平等互利、相互信赖、长期稳定"的四项原则。在中日关系发展的顺利时期，两国在政治、经济、文化、科技等方面的交流都有很大的发展。然而中日政治关系近年来表现得很不稳定。在2010年中国取代日本成为世界第二大经济体后，中国和日本之间结构性矛盾达到顶点。日本霸权思维，即军国主义复活是导致中日关系持续恶化的主要原因。2012 年石原慎太郎"购买"中国领土钓鱼岛和日本政府所谓的"国有化"，表明日本企图再次明目张胆使用武力侵占中国领土，而日本之所以有恃无恐，原因就在于美国需要借助日本遏制中国。

历史问题是影响东北亚国家间政治互信的又一个重要因素。在美国的默许和支持下，日本企图单方面改变东亚二战以来形成的国际秩序，日本政界首脑和内阁阁僚多次参拜靖国神社，美化侵略战争，不仅损害了中韩两国和二战受害国人民的感情与尊严，而且影响了中日两国与韩日两国关系的长远未来。① 日本为侵略战争翻案的图谋直接导致中日领导人会谈以及中日韩领导人峰会的中断。1998 年江泽民主席访日时，通过中日联合宣言和双方领导人的正式会谈，日方郑重承认对中国的侵略，并向中国人民表示反省和道歉。在此基础上，中日双方达成了"以史为鉴，面向未来"的重要共识。然而从 2001 年日本首相小泉上任以来，其曾多次参拜靖国神社，严重损害了中日关系的政治基础。2013 年 12 月，日本首相安倍晋三参拜靖国神社，更是引发了中国民间时日的高度谴责和愤怒，也使中日双方的高层交往难以为继。靖国神社问题也一直是阻碍日韩两国发展的重要因素。日韩两国于1965 年 12 月缔结基本关系条约并建交。日韩两国同为美国在亚太地区的军事盟友，都有美军驻守在国土上。在全球战略格局下，两国并无深切的矛盾。两国更多的冲突和对立来自对历史的认知。朝鲜半岛曾长期沦为日本殖民地，半岛上的朝韩两国对此都有着共同的惨痛记忆，而日本战后并没有为它所带给亚洲近邻的痛苦做出任何深刻的反省和补偿，因此战争期间的朝鲜半岛劳工问题、慰安妇问题时时刺激着韩日关系。由于日本政要坚持参拜靖国神社，两国关系日渐恶化。韩国外交部发言人曾在 2013 年 4 月就安倍晋三带领日本副首相兼财务大臣麻生太郎等 3 名日本内阁成员参拜靖国神社公开表示谴责。韩国外长尹炳世不但取消了访日计划，两国的高层往来也受到严重影响。

东北亚地区还存在一些严重的历史遗留下来的边界隐忧，如中日之间的钓鱼岛、日韩之间的独岛（日本称竹岛）、日俄之间的北方四岛（俄罗斯称南千岛群岛）等领土争端问题。近年来，由于美国和日本刻意复活冷战思

---

① 李正：《靖国神社问题对中日关系的影响》，《延边大学学报》2009 年第 4 期。

维和霸权思维，东北亚领土主权争端出现加剧和升级态势，危及整个地区的安全与稳定，严重影响了东北亚国家间政治互信和相互合作。

中日钓鱼岛问题由来已久。钓鱼岛自古以来就是中国领土，但中日甲午战争爆发后，1895 年日本声称钓鱼岛为"无主地"，在钓鱼岛建立国标，正式将其划入日本版图。在第二次世界大战结束后，作为反法西斯战争胜利成果的《开罗宣言》和《波茨坦公告》，明确规定了日本的领土范围，这两个公告确定的日本领土范围是明确的，其中根本不包括钓鱼岛。二战后，出于冷战和国家利益的考虑，美国政府在制定对日政策的过程中单方面与日本签订的条约或协定在中日钓鱼岛问题上产生了负面影响，如日本图谋钓鱼岛主权时常常援引这些所谓的"依据"。冷战结束至今，美国在钓鱼岛问题上的立场随着美国在亚太地区的战略调整发生了变化，在一定程度上助长了日本攫取钓鱼岛的野心。正因为如此，中日钓鱼岛问题才愈演愈烈。

中日关系越发紧张，而真正让中日关系几近破裂，则是 2012 年日本的钓鱼岛"国有化"事件。此举一出，中国国内掀起轩然大波，国人群情激奋，中国民间自发举行了大规模反日游行，日本汽车、电子、零售等多个在华产业受到冲击，多家旅行社暂停赴日旅游业务，中日民间关系也跌至冰点。2013 年 11 月 23 日，中国国防部宣布划设东海防空识别区，包含钓鱼岛附近相关空域。到此，中日钓鱼岛争端发展到不可控阶段，中日两国之间是否会再次引发冲突甚至战争也是未知的。

面对中国在钓鱼岛争端上优势的逐步显现，日本《每日新闻》感叹，日本政府宣布钓鱼岛"国有化"已经两年，收获的只是"日中对立无法化解，周边海域和空中的紧张状况持续"。而正如哲语所言："停止向错误方向迈步，就是一种进步"。瞻顾日中关系大局，真正迷途知返，才是日本化解中日对立现状的根本选择。①

韩国和日本也存在领土争端问题。韩国称之为独岛、日本称之为竹岛的岛屿是一个小岛，但朝鲜、韩国、日本都宣布对该岛拥有主权。目前韩国实际控制该岛。1965 年 6 月，日韩两国实现邦交正常化。当时，日本政府曾就该岛问题提出与韩国进行对话。此后双方各执一词，针锋相对，谁也不想在领土问题上让步。日本方面多次建议将该岛争议提交海牙国际法庭裁决，

---

① 周聪、翔宇：《钓鱼岛争端中方优势显现》，《中国国防报》（军事特刊）2014
年 9 月 18 日。

但韩国外交通商部认为"独岛问题已不是外交纠纷问题，而是主权问题"，以主权问题不容谈判为理由予以断然拒绝。近年来，围绕该岛周边海洋专属经济区划分和海底资源勘探开发等问题，韩日之争逐步升级，并在 2006 年一度发展为海上对峙。独岛问题成为两国关系发展的重要障碍。

2008 年日本文部科学省宣布，在将于 2012 年度开始实施的中学社会课的新《学习指导要领解说书》中首次写入有关竹岛是日本领土的内容。韩国当天对日本此举提出强烈抗议。2012 年 8 月，韩国总统李明博访问独岛宣示韩国对该岛拥有主权，成为首位登上独岛的韩国国家元首。日本政府对此举表示强烈抗议，韩日关系急剧降温。当年 10 月，韩国修复了日本政府于 1936 年发行的《地图区域一览图》。

日俄争议领土北方四岛位于俄罗斯堪察加半岛和日本北海道之间，俄方把国后岛、择捉岛、色丹岛和齿舞群岛称为"南千岛群岛"，日本称为"北方四岛"或"北方领土"。1945 年，苏联红军在第二次世界大战对日作战时占领了这些岛屿。日本政府于 1981 年把每年的 2 月 7 日定为"北方领土日"，每年这个时候都要举行一些全国性的活动要求归还"北方领土"。而俄罗斯坚称不会放弃"南千岛群岛"，并继续加强在"南千岛群岛"的军事存在。由于领土存在争议，日俄两国间严重缺乏政治互信，二战迄今两国尚未签订和平条约。未来日俄关系发展的好坏将很大程度上取决于双方能否消除在领土问题上的分歧。

二 政治因素影响地区合作的表现

受政治因素影响，东北亚区域作为一个整体尚未建立有效的多边合作机制，双边层面上的合作也存在不少分歧。政治互信的缺乏对东北亚地区合作的影响不仅直接表现在难以建立地区性的政治安全机制，也表现在对次区域经济合作和非传统安全合作构成限制和制约。东北亚在地区政治安全和经济整合方面所取得的实际进展远远落后于东南亚。

政治互信程度的降低阻碍了东北亚国家间经贸往来，导致政府间制度化安排的基础受到削弱。中日关系的恶化，严重影响了双边投资贸易。在目前的中日贸易中，60% 的产品是日本企业在中国生产，然后又出口到日本市场，当然也有相当部分是在中国当地销售。安倍晋三在 2013 年 12 月 26 日公然参拜靖国神社，此举引发中国抵制日货的现象，影响了日企的在华业务。2013 年日本对华投资继续保持增长，中国对日投资降幅收窄。商务部最新数据显示，虽然环比数据好转，但总体上看，2013 年 1 ~ 11 月，中国与日本双边贸易总值同比下降 6.2%，中国对日本投资下降 13.3%。由此可以看出，如果"政治冷"的局面一再持续下去，不仅对中国的经济贸易发展会产生影响，也会影响到日本的对华投资和两国的经济贸易发展。①

在经济方面，韩国和日本既是合作关系，又是竞争关系。日本是韩国的重要贸易伙伴，在许多方面，韩国需要进口日本的先进设备。日本对韩国的出口大概是进口的两倍，两国有着比较积极的贸易往来。但受双边关系走低的影响，韩国对日贸易的依存度逐渐呈现相似的弱化态势。2000 年日韩贸易占韩国外贸的比重为 15.7%，到了 2008 年降至 14.2%。

由于日俄间缺乏政治互信，日本曾一度对同俄罗斯远东地区开展经贸合作顾虑重重，害怕日本的资金技术帮助俄罗斯经济复苏，进而增强俄罗斯综合国力，再度对日本构成威胁，以致两国在经贸领域的合作一直进展缓慢。

由于地区政治关系趋于紧张，东北亚地区已建立和正在建立的相关机制，如"大图们倡议"、中日韩自由贸易区、中日韩环境部长会议等也都受到影响和限制。

政治因素的影响在图们江合作上表现得十分突出。"大图们倡议"是由联合国开发计划署发起和支持的属于东北亚地区的一个重要的政府间合作平台。其由四个成员国组成，分别是中国、韩国、蒙古和俄罗斯。自 1995 年成立以来，"大图们倡议"致力于促进东北亚地区的经济合作及可持续发展，加强成员国在交通、能源、旅游、投资和环境领域的政策对话和合作。朝鲜曾经是倡议国之一，后来由于政治因素影响退出该机制。

"大图们倡议"最初是以经济合作为目标设立的机制，如俄罗斯发展重心在西部，对于东部沿海边疆区以及图们江开发积极性不高，而其关注的焦点是图们江的开发对其东部海港的影响，以及是否在俄罗斯境内建立中心港口或者中心城市。朝鲜想借图们江开发的机遇把自己境内的诸如清津等港口建成国际性大港，并着力改善自己的基础设施建设环境，以便吸引更多的国际投资份额，进而摆脱国内经济困境。韩国的积极参与不仅仅是因为区域经济利益，其在朝鲜半岛问题上的政治意图显而易见。蒙古希望借助图们江地区开发和新的亚欧大陆桥，为其提供最为便捷的出海通道，从而带动其矿产

---

① 《安倍参拜靖国神社或打断中日经贸复苏势头》，中国新闻网。

资源丰富的东部地区的开发和建设。

东北亚地区各国政治关系复杂，现实主义思维惯性使图们江区域合作向纵深推进的难度很大。政治互信是构建图们江区域国际合作最基本的核心要素之一。正是由于东北亚地区的一些国家并没有完全消除冷战思维，安全顾虑和政治纠葛使这些国家难以达成政治妥协和共识；同时，东北亚地区各国的政治体制具有多样性特征，多样性体制的并存加大了各国区域经济合作的成本。上述因素最终都将制约东北亚地区各国友好关系的提升，进而阻碍图们江区域国际合作的发展进程。

政治上的对立状态导致中日韩自由贸易区（FTA）建设举步维艰。中日韩自由贸易区设想于2002年中日韩三国领导人峰会首次被提出，旨在建立一个覆盖15亿人口、仅次于北美自由贸易区和欧盟的全球第三大自由贸易区。中日韩自贸区不仅能产生巨大的宏观经济效益，还将有力推动亚洲统一市场的形成，对亚洲乃至全球经济发展都具有积极意义。自2012年11月宣布启动以来，中日韩自贸区谈判已经进行了五轮，根据商务部消息，第六轮谈判将于2014年11月底在日本东京举行。中日韩自贸区谈判自开启以来一直困难重重，备受阻碍。除了中日韩经济制度的差异以及三国所处关税区不同之外，中日韩自贸区建立的政治障碍也不容忽视。中日韩三国间既有近年来频繁发生的敏感领土纠纷，也有复杂的历史问题。此外，还面临诸如美国的干预。缺乏足够的政治互信已经成为阻碍中日韩自贸区建立的客观因素。

中日韩三国间缺乏足够的政治互信是推进三国FTA建设的首要障碍。一方面，自2012年9月10日日本政府实行"钓鱼岛国有化"以来，中日关系急剧恶化。这不仅造成中日领导人双边会谈搁浅，而且中日韩三国领导人会议也一度中断。另一方面，韩日两国在独岛（竹岛）问题上的争端也不断加剧，韩日关系再度陷入僵局。就目前情况来看，由于中日韩三国存在的问题在短期内较难解决或者较难缓和，加之中日、韩日领导人正常会晤机制受阻，将导致中日韩自贸区谈判进程受到影响，缺乏有效的助推力。① 无论是中日还是韩日之间的矛盾，都会加深三国政府和民众间的不信任感。如何增强彼此之间的信任度，是避免因政治因素导致中日韩自贸区建设停滞甚至中断的关键。

---

① 张晓兰：《如何应对美国干预成中日韩建设自贸区挑战》，《瞭望》2014年4月22日。

美国"重返亚太战略"是阻碍中日韩 FTA 建立的外部因素。无论是中日韩自贸区还是"10 + 3""10 + 6"等现行亚洲区域经济合作机制的推进，都会压缩美国在东亚的存在空间，与"美国重返亚洲""确立亚洲领导权"的战略目标相冲突。为此，美国一直极力干扰亚洲区域经济合作的进程，一是通过强化美日、美韩以及美国同东南亚国家的同盟关系直接瓦解中日韩自贸区建设的基础；二是推动 TPP（即跨太平洋战略经济伙伴关系协议。——编者注）扩大，使 TPP 成为与现行亚洲区域经济合作机制具有竞争关系的新机制，吸引东亚国家加入 TPP 谈判，以分化、瓦解甚至取代现行的东亚合作机制，并通过主导 TPP 的谈判进程以确保其对亚洲区域经济合作的主导权。未来在中日韩 FTA 建设过程中，如何应对美国的干预将是中日韩三国的一大挑战。但是基于历史因素，韩日两国在安全上依赖美国的态势短期内难以改变，因此韩日两国在推进中日韩自贸区战略过程中，或将不可避免地受到美国的制约。①

政治因素对东北亚地区环境合作也产生了一定的负面影响。冷战结束后，随着东北亚各国稳步推进环境改善工作，东北亚国家间的环境合作也逐步加强。但是东北亚各国间的政治矛盾因素，制约了国家间的环境合作。目前，东北亚地区环境合作尚处在起步阶段，基本上还停留在会议讨论与研究以及情报交流层面，距有效的区域环境管理和制定区域性环境条约还有相当距离。东北亚地区环境合作之所以裹足不前，是因为缺乏有约束力的区域协议和区域管理机构来降低环境合作的不确定性和风险。历史积怨和现实矛盾使得东北亚国家间互信度不高、沟通不够，六国间互动性不高。

由于各国参加地区环境合作的目标和意图并不完全一致，多多少少出于各国政治考虑会在合作上有所保留。因此各国在合作的方式、渠道上也难免产生分歧。例如，韩国力主建立区域性的正式环境合作机构，日本则更倾向于利用双边和现有的国际机构开展合作。韩国对于国际环境合作的关心不仅在于环境问题本身，更是出于对经济发展和国家安全等环境外部因素的考虑。韩国认为地区环境的继续恶化以及跨境污染问题的扩散不仅对本国的国家利益，而且对整个地区的和平与发展将会造成很大威胁。另外韩国试图通过地区环境合作的发展，把在国际上处于孤立状态的朝鲜引入国际合作的舞台，这将有利于冷战后东北亚地区紧张局势的缓和。由于东北亚环境问题本身的政治性质以及日本在东北亚地区内微妙的国际政治形象，在东北亚的环

---

① 张晓兰：《如何应对美国干预成中日韩建设自贸区挑战》。

境问题中，日本最为关心的问题是酸雨等跨国境大气污染以及海上油污泄漏、核废弃物的海上投掷等海洋污染问题，但这样的环境问题很容易引起域内国家之间的政治纠纷。各国在安全、领土问题上的互不相让，都基于一种现实主义的考虑，在这种政治战略的主导下，各国在环境领域的合作难以走向深入。可见，在环境合作上，由于各国间政治关系的复杂性，即便各国在环境问题上最容易找到利益的交汇点，但是东北亚地区的环境合作所需要建立的信任与谅解仍受到不小阻碍。

三　前景与出路

中美关系、中日关系对东北亚地区合作的影响最大，但上述两对关系的根本改善，还需要中国综合国力的进一步提高。东北亚主要国家之间的政治互信匮乏问题难以在短时间内获得明显改善，决定了东北亚地区合作还有漫长而艰辛的路要走。正因此，相关国家更要付出积极努力，全力推进。

首先，应通过对话与协商，构建政治互信关系。政治互信的构建不但有助于各国自身的稳定与繁荣，而且对周边以及整个地区的和平与安定具有深刻与长远的意义。国家间如果缺乏高程度的政治互信，就无法进行更全面的经济合作与安全机制合作。近年来，虽然东北亚区域各国对政治互信的建设都表现出很高的积极性，各国间各类层次的政治对话、区域内大国之间全面的战略互惠关系得以初步建立。但政治互信还停留在三个层面：第一种表现为"姿态"层面，即一些国家并非真心推动区域合作这种政治互信关系的建立，只是通过一种"口号"表达来表明一种支持区域"合作"的态度。第二种表现为"身份认同"层面，即一些国家面对全球化日趋加剧的竞争形势，希冀借助构建东北亚这一区域合作平台，加强本国在全球化竞争中的实力，减小外部压力的风险与冲击，同时寻求区域合作中的一种定位与归属感。第三种表现为"战略"层面，这种情况下，出于高度的战略考虑，增强区域内各国的协调、互信，在政治、经济、安全等各个领域方面建立具有制度化、机制化的战略互信，以推动东北亚"共同体"的形成。可以说，三种政治互信的程度由浅及深，第三种政治互信的目标对于区域合作具有更深远的意义。① 东北亚主要国家应求同存异，最大限度地寻求利益共同点，

---

① 巴殿君：《东北亚区域合作政治互信的构筑》，《新视野》2009年第6期。

不断把相互信任由"姿态"层面推向"认同"层面和"战略"层面。

其次，应以中日韩 FTA 为重点，推进东北亚经济合作制度化。在全球经济一体化的背景和趋势下，经贸手段仍是加强东北亚地区合作最重要的抓手。欧盟和北美自由贸易区的经验表明，经济手段的灵活运用可以有效地促进地区合作的进行，提高各国的互动程度。但这种经济手段的运用是以区域一体化或自由贸易区为基础的。东北亚地区尚未存在区域一体化，也没有建立自由贸易区，而且历史积怨和现实矛盾又阻碍着区域合作的发展，东北亚地区需要一种核心力量来推进区域合作的发展。东北亚地区历史、政治、文化等因素以及经济、环境合作现状表明，单个国家或双边合作国家都不能担负推进区域合作的重任，而中日韩三国的合作将成为东北亚区域合作的核心力量，成为东北亚区域合作的轴心，东北亚区域合作的推动将在一定程度上依赖中日韩合作的发展。通过中日韩自贸区的建立，逐步吸收俄、蒙、朝三国的参加，最终实现东北亚区域经济合作的制度化。

最后，应以环境合作为突破口，从易到难稳步推进东北亚地区合作。东北亚国家虽然在政治、权力等因素上存在一些现实的利益冲突，但在环境领域具有共同的利益。东北亚地区各国地缘接近，面临着共同的环境难题，随着地区经济一体化的加深，环境领域的相互依赖及其带来的国家间关系的紧张甚至冲突，都将愈加明显。近年来，随着东北亚各国经济急剧增长，引起的大气污染、酸雨、河流污染等公害问题非常严重，给自然环境和人们的生活、生产活动带来很大影响，以全球变暖问题为首的气候变化、沙漠化、干旱和缺水、异常高低温等现象仍然存在。这些环境问题已经超越国境扩展为国际问题。从环境意义上讲，东北亚已经成为一个命运共同体。环境合作应该是东北亚区域合作中争议最少也最可能取得成果的领域，可以作为地区合作的突破口。

GTI Projects: Trans-Siberian and Trans-Korean Railways Connection

〔俄罗斯〕巴拉尼科娃

As it is known, Russia was not enthusiastic about "Tumen River Area Development Programme" (TRADP)① initially as its government was concerned about the threat of possible serious competition to Trans-Siberian Railway and Far Eastern ports. The other major obstacle for cooperation within the project was the difference in levels of development of countries in the region. However, due to changes in the project (which in 2005 was renamed as "Greater Tumen Initiative" (GTI)② essence, consistent growth of the economies of the member states and improvement of Russia's relations with neighboring countries, it became clear that on condition of respecting interests of all participants GTI project can play a significant role in economic development of not only the region covered by the project, but also Russian Far East, especially border areas of Primorye. Recent formation of new international logistic and supply chains as well as implementation of new projects also made Russia take a new look at the Tumen projects. Now we can speak with confidence about the revival of

---

① The idea of developing the Tumen area to a golden triangle by creation of free economic zone on the borders of China, DPRK and Russia and construction of a new transport artery to link Northeast Asia with Europe was proposed in 1990. RADP was launched by UNDP as a regional cooperation programme in 1991. Russia first signed a memorandum of cooperation in the framework of Tumen program in December 1995.

② Member countries- China, DPRK, Mongolia, ROK & Russia-agreed to extend initial Agreements for another ten years. China stopped insisting on construction of a port in the mouth of the Tumen river.

Russia's interest in forgotten ideas, if to consider GTI in the context of projects of creation of new Eurasian transport corridors.

One of them is "Trans-Siberian (TSR) and Trans-Korean railways (TKR) Connection" project, which would link Korean peninsula with Europe. Reconstruction of 54km stretch of railway, which runs between Khasan and the port of Rajin revived interest in this project recently.

Implementation of this project would allow transporting cargo from Asia to Europe faster and safer than it is currently done by sea. It takes 35 − 40 days to cover the distance from Asia to Europe by sea while the cargo can be delivered in 17 −20 days by railway. Transportation of container from South Korea to Finland by railway would take about 14 −16 days as compared to 40 −45 days by sea through the Suez Canal.

The idea of connecting Asia and Europe by railway and making TSR an international logistical corridor had been discussed in the Soviet period. Russia's geographical position predetermined the country's role as a natural transport bridge linking Europe and Asia. Though less than 1% of transit traffic between Europe and Asia passes by land route now (as compared to 8.5% in the Soviet period), TSR features as a priority route between Europe and Asia in projects of UN and Strategy for Developing Rail Transport in Russia up to 2030. Indeed, it has great potential to play the role of such route on condition of development of relevant infrastructure. Although, according to some experts, transcontinental shipping will not dominate over sea delivery, under appropriate conditions Russian transporters can expect a million TEU of transit cargo, which will make about 2% of projected container traffic between Europe and Asia by 2020.

As for essential part of Asia-Europe transit route-TKR, active steps to construct railways in the Korean Peninsula were taken in the course of Kim Dae-jung historical visit to Pyongyang in where the "North-South Joint Declaration" was signed on June 15, 2000. Leaders of two countries-ROK President and DPRK Chairman of National Defence Commission expressed intention to connect South Korean port of Busan with Europe through Seoul-Pyongyang- Sinuiju-China. Russian and North Korean leadership signed the Moscow declaration in 2001, which provided for the creation of a railway transport corridor linking the North and South of the Korean Peninsula with Russia and Europe. Putin and Kim Jong-il also agreed on the Rajin- Khasan development project to link Korea's TKR and Russia's TSR. At the same time Russian and DPRK Ministries of Railways signed a cooperation agreement, which provided that the restoration of the Trans-Korean Railway would be conducted according to the so called eastern route, i. e., railway runs along the coast of the Sea of Japan to the Trans-Siberian Railway through the DPRK border crossing point in Tumangang region and Russia's Khasan.

The reconstruction was started in the South and North Korean sector of the demilitarized zone (DMZ) simultaneously on September 18, 2002. After the construction of the 24 km stretch of railway in the demilitarized zone (12 km on each side) an official ceremony of connection of South and North Korea railways was held on June 14, 2003.

The first trilateral meeting of the leaders of Russia, DPRK and ROK railway administrations was held in 2006. The participants agreed to start modernization of whole TSR with the reconstruction of the railway section between North Korea's port Rajin and Russia's station Khasan. Two years later "RZD" President Vladimir Yakunin and DPRK Railways Minister Kim Yong Sam signed an agreement on cooperation to implement the Khasan-Rajinpilot project. Reconstruction of the Khasan-Rajin line was successfully completed in autumn of 2013.

Along with Russia's efforts to link TKR and TSR, China took active measures as well. China rented out piers at the North Korean port of Rajin and began their reconstruction in 2008. Now Chinese companies operate two piers at the port, for coal export and for containers. Accordingly, the railway line from the port of Rajin will connect it to North-Eastern China and become a part of the already mentioned Eurasian transport corridor in the future. China is also actively implementing its strategy of a "New Silk Road" (the Second Eurasian Continental Bridge).

There are several possible routes linking TKR and TSR through the territory of DPRK were considered. Two of them are particularly noteworthy. One of them is Tumangang/Khasan or so-called "eastern" route (ROK-DPRK-RF-EU). This route connects TKR with TSR via Rajin, Tumangang, Khasan and Ussurijsk. According to another, "western" or Manzhouli/Zabaikalsk route (ROK - DPRK-PRC-RF-EU) TKR runs through the territory of China and meets TSR near Russian Chita city. There is also the third option providing railway running through the territory of Mongolia.

The first route is promoted by Russia and supported by DPRK, the second one-by China and ROK. Russia is interested in increasing flow of cargo on its TSR and developing economy in its Far Eastern areas. If any other route option of Trans-Korean railway is implemented, it will cause inevitable loss of Far-Eastern ports' transit potential and reduce the volume of container traffic. Implementation of project option proposed by Russia, by contrast, will improve Russian economic presence in the region and its integration into regional processes and increase possible transportation revenues. As for DPRK, it would rather prefer to develop economy and transport infrastructure than to have transit revenues only. DPRK is interested in railway project option proposed by Russia as in this case railway runs through the coastal areas of North Korea and can produce positive economical impact on these areas. Moreover, cargo transportation through the reconstructed Rajin - Khasan railway line will contribute to the development of Rason, DPRK trade and economic zone.

China is interested in getting access to the sea for its landlocked northeastern provinces. Railway passing through its territory would increase export of products and natural resources from these provinces. China has its own transport and logistics route beginning from North Korean ports on the coast of the Sea of Japan, passing through the territories of DPRK, China and Kazakhstan and going further to Europe. The only possible option of connecting railwayswith TSR for China is that excluding Eastern Siberia and Russian Far East. Chinese "western" route of TSR also seems the most advantageous economically for ROK. ROK cargo turnover with China is much higher than one with Russia. Moreover, a small section of the railroad need to be reconstructed on "western" route, while "eastern" route implementation requires completing construction of many large sections thus increasing significantly the cost of the project. In addition, according to the route proposed by China, the railway runs near Kaesong industrial complex and thus can promote its development.

Each of the routes has its own advantages and disadvantages. Option proposed by China involves the use of existing line through the North Korean Sinuiju station. The distance is 8437km from Dandong to Moscow or 9382km from Busan to Moscow (while total distance from Khasan to Moscow is 9, 437 km or from Busan to Moscow is 10737km). So, the length of the route, proposed by China is smaller as compared with Russian one and makes the terms of delivery shorter. Only small areas of the railroad tracks need to be restored and it requires fewer costs than the same work in other areas. Nevertheless, the roads of north-east China are overloaded and Monzhouli/Zabaikalsk border station is often crowded. The route also crosses too many national borders. In the case of road passing through Xinjiang some problems with transportation safety can occur. Moreover, some political problems can occur as none of the interested countries (DPRK, ROK, RF) is interested in strengthening China's influence on North Korea, which is unavoidable in the case of that option implementation.

Route proposed by Russia is not quite advantageous economically at first sight. Its implementation will require, among other things, the development of railway infrastructure on the eastern coast of ROK, where less industrialized areas are located. Russia will also need major investments for modernization of its TSR and ports infrastructure. Currently railway crossing points of Siberia and Russian Far East on its borders with China and DPRK are underdeveloped, while China, for example, has several crossing points on its border with DPRK, including international one-Dandong-Sinuiju. One of the advantages of the eastern route is that cargos pass long distance without crossing national borders and according to a single transport law.

Although the economic benefits of the Russian option are uncertain, at least for now, its implementation has great political importance for all participants. First of all, Russia would share the burden of responsibility with China for the settlement of the situation on the Korean peninsula. At the same time DPRK will be involved into international trade and economic links network that will ensure its growth and stability. Construction of Trans-Korean Railway can contribute to the establishment of economic cooperation between the countries of Korean Peninsula and prepare the ground for future North and South reunification, which will stabilize the situation in the whole region.

TSR and TKR connection project in any case will produce positive political impact on Korean Peninsula and the whole Northeast Asia. Connected railways will not only increase cargo traffic and help to settle economic relations between DPRK and ROK, but will also make delivery of goods from Asia to Europe more diversified and convenient.

Taking into account mutual interests of Russia, DPRK, China and ROK in the project implementation and regional stability, all countries should see two options of Trans-Korean railway not as the cause for rivalry and competition, but as new chance for cooperation and collaboration in the region. Naturally, none of the countries will abandon its interests. But the countries can try to agree on a compromise option using both railway routes, which could be operated simultaneously for different purposes. For example, "eastern" route could be used for Korean and international transit to Europe while "western" one could meet the needs of growing ROK-PRC trade.

Relations between China and Russia are constantly developing and strengthening, so two countries can find a way of mutually beneficial using new transportation opportunities. It is symbolic that dual-gauge track was laid on the way to the port of Rajin: 1 435 mm is a standard gauge in Korea and China, 1520 mm is Russian standard.

At the same time supporters of both TKR routes should consider such factors as inter-Korean relations and interests of third parties which can significantly affect the project implementation. The prerequisite for functioning of planned transport corridors is connection of ROK and DPRK railways. A number of measures are required to modernize and develop DPRK railway infrastructure as well. Another significant condition for the TKR project implementation is the development of Tumangang, the area via which the railway runs.

TKR project in its final form makes no sense without the development of Tumen area and its transport infrastructure. Completion of construction and putting into operation of the railway section between Rajin and Khasan station is without doubts a major achievement. However, to take full advantage of a new line it is necessary to be linked with TSR, which requires serious upgrade of the 238 km section between the Khasan and Baranovski stations. Due to the fact that Russian government on the proposal of RAO "RZD gave priority to the BAM-2 project with initial cost of about 600 billion roubles in July, further reconstruction of TKR sections can be moved to the background for uncertain time. Russia is unlikely to be able to run simultaneously two major railway projects. Therefore, the only way to bring railwaynetwork in compliance with modern requirements and to use it for the benefit of GTI projects is to attract private investments.

The development of relations between countries and their common interests provide favorable conditions for the implementation of multilateral economic projects, including those that will contribute to the development of Tumen area. However, Russia would prefer to be better informed about the plans of China and ROK connected with the projects of "New Silk Road" and "Eurasian Initiative" respectively, as well as involvement of logistic schemes under GTI into these megaprojects. Sine qua non for Russia's participation in GTI projects has always been guarantee of securing interests of all parties involved. Greater transparency in actions and relations between GTI member countries will create the prerequisites for equal participation and improve Tumen River projects implementation.

论东北亚地缘政治现实与治理

巴殿君[*]

地区治理是相对于全球治理而言的，是针对地区内共同事务的一种管理，凡涉及与地区密切相关的共同性事务如经济贸易性事务、政治与安全性事务和社会性事务都是地区治理的对象和内容。地区治理被界定为：在具有某种政治安排的地区内，通过创建公共机构、形成公共权威、制定管理规则，以维持地区秩序，满足和增进地区共同利益所开展的活动和过程，它是地区内各种行为体共同管理地区各种事务的诸种方式的总和。地区治理是与地区一体化进程相伴而来的，它的发展程度也与地区一体化进程紧密联系。东北亚是一体化层次较低的地区，所以地区治理的发展程度与所涉内容也比较初级。但这并不意味着东北亚无法实现制度化合作，因为该地区仍然存在着很多地区治理的需求和动力。首先，经济上相互依赖程度的不断加深使经济共同利益不断增加，客观上需要制度来规范经济交往活动，为合作的双方提供强有力的保障，使互补的地区经济更加繁荣。东北亚的主要经济特征是由各国经济发展多样性和差异性所带来的地区经济互补性。其次，非传统安全领域的地区治理需求。地区性问题的出现（环境、能源、海陆交通等）与治理不是单个国家能够解决的，它需要地区内所有国家的共同努力，如果能在社会问题领域建立合作制度，将有利于诸如能源危机、环境污染、恐怖主义泛滥等问题的解决。再次，"安全困境"成为东北亚地区治理的客观动

---

* 巴殿君，吉林大学东北亚研究院国际政治研究所所长、"985 工程"哲学社会科学创新基地副主任、教授、博士生导师。

力。在东北亚主要大国之间存在着历史与现实的领土、领海纠纷问题，加之美国的外部干预，长期以来，区域内的大国一直存在互为防范的"安全困境"，致使东北亚在政治、安全上制度合作存在困难。因为这些领域的共同利益有限，冲突利益又比较明显。这正是东北亚至今迟迟不能在政治、安全合作上迈出步伐的重要原因。在多数情况下，对国家来说，政治、安全利益是压倒一切的东西，在分析区域内经济合作问题的时候，往往要首先服从于政治、安全方面的考虑。如果政治、安全观不协调甚至对立，会给东北亚多年来不断取得的经济合作带来很大的牵制后果。应当说，任何制度形式要发挥作用必然包含对国家权力的限制，因此在一直缺乏制度性安排的实践经验的东北亚建立类似政治、安全合作制度是很困难的，它肯定是长期的过程，即使这样，东北亚各国仍然有建立地区治理的需求和动力，毕竟地区政治、安全制度是东北亚和平、稳定、治理与繁荣的必要公共产品，这是被欧盟的实践证明了的。

一　国际体系转型下的"三个边界"

冷战是建立在欧洲衰落基础上的，同样，后冷战的到来也是建立在苏联及东欧集团瓦解基础之上。后冷战世界包括两个阶段。第一个阶段是 1991 年 12 月 31 日到 2001 年 9 月 11 日，第二个阶段从"9·11"至今。后冷战世界正在进入一个新的时代，冷战结束带来国际体系的许多转变。①

第一个是冷战时期政治制度的全面对立的结束，即结束了分别以美苏两极为代表的，社会主义政治制度与自由民主主义的资本主义政治制度的对立。苏联与东欧国家社会主义制度的结束，导致西方自由民主资本主义制度迅速侵蚀了这一地区，许多国家纷纷转向资本主义民主体制，加速了以美国、欧盟为核心的民主主义制度向前苏联及全球各地的扩张。这种"政治边界"的变化，曾被西方学者称为"共产主义的历史终结"。

第二个是冷战时期的经济制度全面对立的结束，即自由市场的资本主义经济制度与社会主义计划经济制度的全面对立的结束。中国 1978 年实施改革开放政策，将西方市场竞争机制引入进来。1989 年后，戈尔巴乔夫推动的改革以及此后俄罗斯的"休克疗法"，更使西方自由市场经济制度取代了

---

① 乔治·弗德里曼：《后冷战后的世界》，美国《外交论坛》2013 年 4 月 2 日。

苏联与东欧社会主义国家的社会主义计划经济制度，而冷战后全球化的迅速发展更进一步推动了自由市场经济制度在全球范围内跨越国界的发展。此外，在区域化的根本要求推动下，一些国家"为维护无法单独追求自身利益、缺乏全球性手段的成员国的利益，却必须保持强大的实力"，"将国际机构塑造成可以听取自己声音的机构无比重要"，"因此正在积极致力于构建地区框架。"① 可以说，无国界的"经济边界"的变化，不仅来自苏联与东欧社会主义国家的剧变的事实，也出现在中国、印度、日本、欧盟、东盟等基于国家利益不同制度的国家和国际组织当中。

第三个是冷战时期围绕领土展开的安全方面的全面对立的结束，即结束了华约集团与北约集团围绕领土与缓冲地带的对抗。其结果是北约东扩。尽管俄罗斯与北约、美国定期举行安全会议，但俄罗斯与北约之间的冲突状态并没有完全冻结。领土战争也没有随着冷战的终结而终结，南联盟战争、伊拉克战争、阿富汗战争、格鲁吉亚战争预示着冷战的终结并没有摆脱长期领土战争的"最后"结局。反而由于两极的结束、美国单极的到来，领土战争为美国、北约提供了在全球进行干预的空间，这导致了两极时期的"权力失衡"，地缘"安全边界"发生了变化。

总之，冷战的结束，伴随着"三个对立"的结束，出现了"三个边界"的变化，西方民主主义政治、经济制度得到了扩展。但当时钟进入 21 世纪之初的前十年，世界又出现了"历史性"转折。

政治上，此次金融危机，证明了以美国为代表的西方资本主义制度并非今后全球性的必然结果。资本主义制度并非灵丹妙药，甚至一种"制度末日"的主张出现在西方的主流媒体。以美国为代表的西方"人权高于主权"的无限制对外干涉他国内政，导致其权威、声誉、能力严重受损。权力转移正从西方向东方倾斜，"正在见证西方 500 年支配地位的终结"②。美国作为全球性强国走向相对衰落。

经济上，美国与欧洲市场三个致命缺陷，即人力缺乏、监管力缺陷、财政缺陷（投资的储蓄不足相对于公共支出的税收不足），导致了人们对西方

---

① 罗伯特·库伯：《冷战终结意味着什么》，日本《外交论坛》2009 年 12 月号，载《参考消息》2009 年 12 月 28 日。

② 尼尔·弗格森：《世界向东方倾斜的十年》，英国《金融时报》2009 年 12 月 27 日。

资本主义"市场经济万能论"产生怀疑。同时，全球化下的自由贸易与资本的流动一方面受到贸易保护主义的伤害，另一方面导致全球性市场与资源的激烈竞争。但是并不能否认西方经济制度中的合理因素正被一些新兴的发展中国家广泛采用。如科学企业管理、工作道德与资本积累、保护私有产权的司法体系、消费社会的作用等。因此客观地看，西方自由市场经济并没有从根本上受到颠覆。

安全上，这一制度一旦借重全球化的翅膀，就会引发更多在冷战时期未遇到的"领土战争"。尽管大国之间由于核武器的存在，处于相对稳定的状态。但美国的霸权行为已经为这个世界带来了巨大的风险。"美国已经成为战争的同义词，没有任何国家向美国一样在当代挑起如此多的战争和冲突。美国如此好战是为了追求权力。为维持对资本主义收益和特权独一无二的控制地位，美国企业界精英必须拥有全球自然资源霸权"。① 对于美国所谓的"失败国家""无赖国家"来说，它们更多地会铤而走险，利用边缘政策，寻求"核武器"，才能保护本国的安全。防止最后一道"政治、安全边界"的变化，这也许可以说是冷战结束所带来的一种结果。

二 国际地缘政治变化中的"三大危险"

国家间的地缘政治角力既有权力本能的零和游戏，也存在利益契合的非零和竞争。国际关系的最大难题在于缺少政治互信与军事互信，最大利益公约数在于各国维护稳定与经济相互依存。总体而言，21世纪国际地缘政治环境趋于严峻：单极格局的衰落催生出新的国际格局，国际新秩序正在形成，全球力量由大西洋向太平洋转移。在国际新秩序形成的过渡期中，全球进入地缘政治动荡期。当前国际地缘政治现实面临着"不稳定、不平等、不可持续"三大危险。大国之间战略博弈的失衡导致国际体系不稳定，西方的经济困境及其灾难转嫁加剧了国际社会成员之间的不平等，日益严重的民族主义情绪导致和平发展的不可持续，上述原因导致世界力量对比发生变化，世界处于十字路口。

---

① 菲尼安·坎宁安：《伊朗是美国全球霸权的致命危害》，西班牙《起义报》2013年4月19日。

（一）国际体系不稳定

当前，国际格局进入后霸权时代，旧国际体系的主导者美日欧整体实力遭到削弱，全球新的地缘政治格局拼图及其轮廓已经显现。美国尽管还是全球唯一的超级大国，但美国日趋式微，伊斯兰及中东地区不断向美国发出挑战。欧盟尽管不断扩大，结果是既没有塑造未来，也没有维持现状的能力，其影响力正在受到削弱。日本持续20年的经济低迷，政治混乱，在国际体系建设中出现被边缘化的趋势。

全球化的时代，权力的崛起与衰落不是直线性的，常常是膨胀、扩张与收缩循环往复的曲线形式。从总体上看，西方在国际体系中仍处于主导地位，这一格局短期内还难以发生根本改变。新的国际格局并非简单的冷战延续，它既不同于冷战时期美苏两极格局，也异于冷战后美国单极化世界格局。目前新秩序的形成朝着非单极化体系趋势发展，表现为多极化特征。

国际力量对比发生新的变化，新兴大国群体性崛起，在世界经济格局和国际政治舞台上分量不断加重，新兴国家之间协调合作明显增多。多极化形成过程必将是长期的激烈动荡的过程，其冲突的烈度、范围将不断加深、加大，冲突的特点具有全球化的特征。

（二）国际社会不平等

21世纪的"9·11"事件后，美国发动了两场战争，其单边主义迅速膨胀。国际秩序调整出现了新的态势，带来了两个后果：美国单边势力的无限扩张，导致其硬实力与软实力受到消耗与削弱。加上2008年发端于美国的世界金融危机，使得美国与西方国家深陷这场危机之中。面对西方国家的经济困境，美国与西方国家通过灾难转嫁的形式来解决当前严重的经济危机，这加剧了国际社会成员之间的不平等。在全球体系处于无政府状态的今天，美国及其西方资本主义世界需要维持这种无政府状态。

一些新马克思主义者认为，早在20世纪后半期，旧式的政治和军事帝国主义让位于新的帝国主义。新帝国主义不屑于直接的领土控制，而是通过与全球资本主义和第三世界国家中的买办精英相互勾结与这些国家建立政治经济或政治文化关系，达到对这些国家的间接控制。作为世界中心的北方国家和处于边缘的南方国家之间关系的根本不是互利合作关系，而是后者对前者的附属关系和前者对后者的剥削关系。穷国之所以缺乏资本并落后于富国，并不是因为它们处于资本主义世界的边缘或外围，而是因为它们是国际资本主义社会阶级结构中的一部分，这是国际社会无政府状态下经济发展不平衡的根本原因。

另外一个结果就是，面对美国绝对的军事强势，美国认定的"无赖国家"纷纷寻求采取"核恐怖均势"手段达到国家"自保"与"自延"的目标。而美国、日本等西方国家通过联合国及相关的国际组织以制裁等手段，要求这些国家"自制"。在中东与东北亚，美国与伊朗、美日与朝鲜的国家利益的冲突，致使国家目标对立尖锐化。这种"霸权稳定论"下的帝国无限制的扩张，导致了国际社会成员的"权力失衡"。美国及西方国家通过同盟的强化，获得了巨大的"权力优势"。而一些所谓的"失败国家"，则在"权力劣势"中通过非常规的手段，寻求改变政治、安全上的"不平等"。正如国际战略家托马斯·谢林认为：核武器唯一价值是威慑。它可以使其他国家在考虑军事行动时犹豫不决。核武器不会为一个国家带来地区主导权，但通过使用"核能力"不仅实现了国家的"威慑"，也可以提高了国家的"威望"。

（三）和平发展的不可持续

进入 21 世纪，国际政治经济发展路径出现了两个新的变化。首先是各国相互依存越来越紧密。经济全球化在人类历史上第一次如此迅速、如此深入地波及了全球的各个地区。世界进入了一个紧密相互依存的时代，经济安全的考量与军事安全同等重要。各国及各地区之间的贸易加深，需要国际环境更加稳定与和平，反对恐怖主义、霸权主义及核武器研制与扩散已经成为国际社会的共识。因核武器而形成的"恐怖均衡"，提高了通过战争解决国家间矛盾、冲突的成本与代价。这种战争门槛的提高，致使依靠军事力量及同盟手段实现国家与地区安全保障的冷战思维逐渐淡化。同时，全球化改变了过去通过占领别国领土，掠夺他国资源来发展的野蛮的国际政治经济路径，国家之间可以通过和平贸易，促进国家的发展与国民福祉的满足。

其次，21 世纪的国际环境恶性竞争日趋加剧。这种竞争更多地表现在安全领域，在"世界公共地带"，即在公海、天空、宇宙、网络空间的竞争日趋激烈，同时在"半公共地带"，如冷战遗留下来的国家与地区、领土争议的海域等安全竞争趋于白热化，甚至导致军事冲突。

冲突地区集中在边缘地带，如朝鲜半岛、中东、东海、南海等地。民族主义高涨与领土争端导致紧张局势与冲突。冲突地区将会陷入长期的混乱与无序状态，一些位于边缘地带的国家或地区将会卷入激烈的冲突当中，或者成为大国实现本国利益的冲突工具。

冲突的实质是利益与势力范围的重新分配。参与未来利益与势力范围重新分配的大国，或者通过新的"雅尔塔会议"重新划分，或者制造地区紧张局势，引发代理人战争。在1945年以前的500年里，欧洲一直是战争的策源地，随着世界重心的东移，东北亚成为敌意、恐惧、焦虑的地区。尽管紧密的贸易带来了地区的繁荣，但缺少共同安全的地区组织，使这一地区的冲突与不稳定更加令人担心。基辛格预言：欧洲由传统国家体系向新体系转移；伊斯兰激进组织向主权国家发起挑战；国际热点区域将从大西洋向太平洋乃至印度洋转移。

三　东北亚地缘政治现实的"三大困境"

当前，国际新秩序正在形成，全球化的日益加深既带来了机遇，也带来了风险，如大规模杀伤性武器扩散、国际恐怖主义、气候变化、能源安全、疾病流行等。全球力量由大西洋向太平洋转移，东北亚的发展是21世纪地缘政治格局变动的重要事件之一，世界格局的动荡改变了东北亚地缘政治环境。东北亚的地缘政治环境面临着三大困境，即"大国困境"中的"战略竞争"、"邻国困境"中的"战略猜疑"和"同盟国困境"中的"战略选择缺失"。

1. "大国困境"

东北亚集中了世界上的主要大国。伴随中俄日等主要大国几乎同时发生的群体性崛起，以及美国的战略东移，大国竞争已成为东北亚安全面临的巨大考验。这表现在以下几点：首先，大国竞争的范围更加广泛，不仅有安全领域的竞争，还有政治、经济、意识形态等全方位的竞争，这比历史上任何霸权国与挑战国之间的交锋都要广泛得多。其次，围绕朝鲜半岛问题，大国之间的竞争具有前所未有的复杂性。在全球化时代，各国之间的相互联系从来没有如此紧密，国家与国家之间的相互依存超过了历史上任何时期。核武器的开发与拥有，导致相互敌对冲突的代价是"相互摧毁"。大国之间的竞争不仅受制于相互依存的国际社会现实，也无法承受核时代"相互摧毁"的战争后果。在紧张多变的国际体系中，深入而全面的相互依存与核武器带来的严重后果，决定了大国在处理朝鲜问题方面必须慎重，谨慎维持区域的战略平衡。再次，中美之间的竞争变得更加多变与深入。中国国力上升没有让其变得更加安全，而且更糟的是这招致了美国把安全重心转向亚洲的战略反应。美国加强了在东北亚和东南亚的军事外交活动和一系列战略部署，这将在今后相当长一段时期内严重考验中国的外交技巧。总体而言，中美竞争既不属于苏美两极意识形态抗争的类型，也不是大国权力更替中对外领土扩张的"权力冲突"的必然归宿。中美关系的多变性取决于当今不断变化的国际体系。中国既是战后秩序的受益者，也是改变国际体系的参与者。在这样的国际体系之中，中美合作的数量与质量都是历史上挑战国与竞争国之间未曾发生的历史现象。中国接受美国在国际事务中发挥核心作用的现实，在全球外交政策上放弃"结盟"等均势手段，也没有"干涉内政"的霸权行径。由于中国并非历史上传统类型的对外扩张主义者，也不追求世界霸权主导大国的地位，其战略目标更多地体现出"民族复兴"的历史重塑。"中美关系中有着广泛的经济方面的合作，在两国展开一场经典的权力之争的同时，它们彼此的经济合作变得更深入和更带有根本性"。① 这保证了中美关系的发展具有某种稳定的可持续特征。

2. "邻国困境"

邻国将发展到一个什么程度？它在经济上有什么样的影响？它的安全政策如何？未来的发展动向与影响如何？这些都是任何相邻国家关心的问题。20 世纪 90 年代初期，随着冷战的结束，中韩建交，日朝、韩朝关系处于邦交正常化建立的摸索时期。政治环境的改善为区域内邻国之间的合作增添了动力。一方面，邻国之间的经贸关系不断强化、人员交往越来越活跃。区域内各国利用地理相邻、资源互补等天然优势推进合作。目前，中日韩的经济相互依存空前紧密，产业链条互补关系明显，如日本生产设备、韩国制造元件、中国进行组装等。其相互合作发挥了各自的长处，中俄朝经济合作也在不断加强，例如物流开发与海港建设等方面的合作，其经贸额度不断增加。区域内邻国关系的互补与互助的特征，为这一区域经济合作提供了巨大的经济能量。可以预计未来 20 年经济要素在这一区域的自由流动将会更加紧密化，使其在全球化的竞争中处于有利的位置。但另一方面，东北亚各国的政

---

① 诺亚·费尔德曼：《不可阻挡的力量与不可移动的对象——美国真的可能与中国开战吗?》,《外交政策》2013 年 5 月 6 日。

治经济模式多样，资本主义、社会主义制度，市场经济、计划经济模式，还有"君主立宪""先军政治"政体等国家共存，种族、语言、文化、经济发展等差异巨大，二战遗留的国家分裂、领土纠纷、历史评价等问题引发的矛盾与冲突频发，各国利益诉求迥异。尤其是朝核问题的出现，导致区域安全环境恶化。同时，巨大的民族主义争端与持续的政治分歧，导致一些邻国之间的利益难以调和。可以说，经济关系的强化与安全、政治关系的恶化是区域内"邻国困境"的主要特征。如何解决周边邻国之间的"战略猜疑"，解决邻国之间的"安全困境"问题是今后区域发展与合作的又一个不能忽视的障碍。

3. "同盟困境"

现实主义理论认为国际体系是一个自助体系。在这样的体系中，各国通过正式和非正式的"结盟"安排进行合作，以增进它们的安全，防范可能构成威胁的行为体。这种"同盟"的合作与安排是由对手之间的实力关系决定的。一国与预期敌人的实力差距越大，就越可能寻求结盟。一旦结盟会出现所谓的"同盟困境"。同盟会带来两个彼此关联的担心：抛弃与牵连。

"同盟困境"体现在两个方面：一方面，从同盟内"国际关系模式"来看，一些小国家为实现本国利益最大化的目标，通过与大国结盟，为自己上了保险；但在对外战略实施方面，却游刃于大国矛盾之间，更多地表现出"主动出击"的倾向，一有"风险"则要求大国共同承担，有着绑架大国的倾向。另一方面，从同盟外"国际关系模式"看，冷战后，中国的不结盟政策与美日韩的同盟集团存在"权力失衡"的局面。中国30年来的对外政策并没有把重点放在建立战略联盟上。相反，重点被放在了保持与美国的稳定关系以及利用和平的外部环境促进国内经济发展上面。西方国家一直通过结盟对付所谓的"朝鲜威胁"与"中国威胁"。面对美日韩军事同盟战略的实施，中国主张不结盟政策，事实上弱化了中国自身的安全和利益。中国应思考如何解决与相关国家的"战略选择缺失"问题，应认识到只靠自身的发展"不是硬道理"的问题。

四 东北亚"安全困境"的成因

1. 美国的外部干预

虽然从地理上讲，美国不是东北亚国家，但二战后美国在该地区的军事存在和经济活动使其对该地区事务拥有重大影响力。冷战结束后，美国势力对东北亚未来区域格局建设的影响不但没有消退，反而介入程度更深。美国在二战后取得军事霸主地位，认为"正是这一霸主地位维持了世界秩序、贸易和和平。美国比过去任何帝国，比现在或者将来的任何国际条约或组织做得要好"。

外部力量的干预往往是通过有选择结盟和制造对手的方式实现的，这种选择盟友和制造对手的策略造成了区域局势的分裂和国家间的猜疑。美国为维持东北亚地缘政治博弈中的领导地位，利用周边国家的疑虑，"通过同盟机制，致力于自由贸易的民主集团国家，包括美国、日本、印度在内的核心联盟，保卫与推广民主制度"，客观上起到了牵制中国的作用。一些国家则利用美国的介入挑战中国。

当前美国的东北亚战略还没有一个清楚的定位，仍在"霸权影响"和"霸权控制"间摇摆。这种战略混乱导致的结果是，美国在东北亚不断介入矛盾，挑起事端，进行各种军事演习，成为一个混乱的制造者而不是稳定的维护者。但由于美国的高调介入，区域内国家争夺资源的能力和意愿都有所增加。

2. 观念和规范差异

东北亚地区治理目前还受制于区域治理观念及其水平、区域内民族国家间不同利益冲突的阻碍。东北亚区域存在着不同的观念和规范。以美日为代表的一方提倡自由民主价值观、人权大于主权、单边行动、力量均势等理念。美国的东北亚政策是建立在"务实的现实主义基础之上"，认为"亚洲进入了危险的恶性连锁反应"，"中美之间形成'一触即发的巨大隔阂'，这将在未来数十年影响世界的未来"。[1]"美国将中国视为在贸易、地缘政治以及几乎其他所有领域中，日益强大而且可能十分危险的竞争对手。美国广泛的日程中的一个重点一直是防止出现一个更加强大和富裕的中国"。[2]

中国则提倡主权不可侵犯、不干涉内政等原则，认为经济增长不仅需要进出口贸易往来，也需要国际社会之间的投资和资本流动。东北亚地区如果希望继续推动区域内的经济增长，那么维护地区的长期稳定就至关重要。实

---

① 阿兰·弗拉商、达尼埃尔·韦尔纳：《中国对抗美国：世纪的决斗》，格拉塞出版社，2012，第272页。

② 《美国和亚洲大国：发现分歧》，英国《经济学家》2013年3月。

现全球及东北亚地区的长期稳定，不仅符合中美两国的国家利益，也与区域内各国的利益完全契合。中国主张大国不应通过军事干预来处理世界与区域的常规事务，不能把自己的意愿强加给他国，更不能通过武力破坏或摧毁别国的政权。

实现安全合作必须满足三个条件：一是各国处于主权国家体系中；二是拥有共同的观念和规范；三是由一个或少数几个大国发挥主导作用。目前，区域治理的观念和规范矛盾构成了东北亚"安全困境"的一个基本原因。

3. 安全问题集中突出

东北亚是安全架构最不稳定的区域。该地区存在着几乎所有能想到的不稳定因素：领土（海）争议、历史仇怨、核扩散、民族分裂等，甚至朝鲜与美韩两国仍然处于停战状态，朝鲜半岛上的"三八线"两侧号称当今世界兵力最密集的地区，近年来主要以领土（海）主权矛盾的形式表现出来。此外，诸如海上航道安全、海上犯罪等非传统安全问题也越来越突出，甚至与传统安全问题相互交织在一起。

地区不稳定的根本原因在于大国干预、国内动荡、民族主义和地区领土纠纷彼此交织在一起。东北亚领土、领海之争给区域经济的发展、政治的稳定带来了巨大的冲击，相互依存的经济关系极易受到十分脆弱的政治、外交冲突的影响。

这些安全问题的集中出现，又为民族主义注入新的活力。尽管"刺激民族主义激情有助于使民众关注焦点偏离国内问题"，[①] 但"会严重伤害双边关系及其外交原则"。[②] 区域内的民族主义对地区治理制造了不良的障碍。

五　东北亚地区治理模式与途径

加强区域合作机制的建设，是东北亚地区治理未来发展的一个基本趋势。多边主义合作制度可能是东北亚未来地区治理模式的主要选择。

[①]　罗伯特·迪亚里克：《中日不和是对美国的公开宣战》，《日本时报》2013年5月3日。

[②]　加藤洋一：《避免美中冲突之道——专访澳大利亚前总理陆克文》，《朝日新闻》2013年4月3日。

　　美国作为区域外国家，积极介入东北亚地区治理进程，实际上不希望产生一个不支持美国霸权的独立的东北亚区域体系。美国参与建设的区域体系基本上是一个霸权合作机制。霸权稳定的核心思想是：一个强国在世界居于核心地位，并在其主导下整合出的一系列国际制度和国际规范，是世界和平、稳定最有力的保障。但在东北亚，霸权模式的可行性不大，大国力量的汇集使美国无法随意处理地区事务，建立霸权机制。在霸权主导下的区域性制度可能性很小的情况下，多边主义合作制度成为未来东北亚区域合作的主要方向。多边主义是指"一种在广义的行动原则基础上协调三个或者更多国家之间关系的制度形式"。多边制度模式的基本目标是组织参与角色相互之间，提高透明度、促进相互信任、和平和建设性地解决引起争议的问题，从而达到维持和平的目的。在东北亚地区努力推动多边主义合作制度的建立具有重要的意义：多边制度可以缓解利益纷争，提供相对稳定的地区发展环境；有助于缓解国家间猜疑，增进互信；有助于各国形成对合作规则的集体认同，促进区域共同体的发展。

　　多边主义合作制度要求区域内各国努力促进已有的国家间合作向更加完善的制度化方向发展，地区治理便具有了必要的基础；各国对既有的双边关系进行巩固和整合，以此为基础推动多边乃至地区合作取得突破性进展。由于东北亚地区的复杂性使得近期内该地区各领域的合作制度不可能全面建立起来，而多边主义合作制度能否切实推进东北亚区域地区治理进程，从根本上说取决于制度是否合理、是否高效务实。所以东北亚区域地区治理制度的构建是一个渐进的过程，但是采取适宜的合作策略可以大大加快多边主义合作制度本身的建立进程。因此，应该关注东北亚区域多边合作制度的最基本层面，就是把多边合作制度由经济领域向政治与安全领域外溢。可预见的经济合作制度具有示范性，为东北亚地区棘手的政治与安全问题的合作提供必要的推动力量和可借鉴的制度模式，并培养出稀缺的共有利益观念（政治、安全）。

　　在东北亚地区治理过程中各国应注意以下几条原则：一是渐进原则。东北亚地区合作尽管有着强大的需求与动力，但是，也存在巨大的障碍，不应该企盼制度化合作能一蹴而就地建立起来。二是求同原则。鉴于东北亚地区各国的意识形态和社会制度不同、对合作的预期也不一致，在推进制度化合作中，应从地区合作的大局出发，求同存异，维护地区合作的良好大局。三是平等原则。东北亚既有大国，又有小国，在解决棘手问题的时候应互谅互让、和平协商，而不应该以大欺小。各国坚持平等原则，有利于维护区域合作的稳定和平大局。

为成功推动东北亚地区治理的顺利发展，制定出明确的路线图，应当从以下三个方面推进。

1. 推动中日韩三国缔结自由贸易协定。目前，东北亚区域内已签订了众多的 EPA（经济合作协定），中日韩三国之间的生产网络早已形成，早在 2006 年前，三国的贸易总量已经占据世界贸易总量的 17%，中国是韩国的最大进口国，日本紧随其后，日中两国互为最大的进口对象国；日韩贸易中，韩国存在逆差；日中贸易中，日本存在逆差；中韩贸易中，中国存在逆差，三国一旦签订 FTA 将会实现总体的贸易平衡。同时，对于本地区生产活动、经济增长都将起到保护与促进的效果。

2. 建立地区内各国间"产官学"全方位的合作机制。东北亚地区治理能否顺利实现，制度建设至关重要。区域化本身表现为"商品、服务、资本与人员"方面的跨境流动，上述四大要素要求区域内的地区治理实现"产官学"全方位的合作机制。因为跨国企业的合作是地区"单一市场"形成的基础，政府间合作机制的建立是实现地区治理的根本保障，学术界之间交流机制的形成会提升地区治理的水平。加强"产官学"全方位的机制合作已经成为东北亚各国政府的共识。2009 年 10 月 10 日，中日韩在北京举行首脑会议，中国总理温家宝倡议推进产业界、官方和学术界的共同研究，以推进地区一体化的形成。

3. 设立区域内政治、商务与安全论坛。东北亚地区治理需要各国民间、经济团体以及政府通过设立常设机构，以推进区域一体化进程。政治、商务与安全论坛的设立不仅为地区治理提供一个先行的广泛讨论的平台，对促进成员国坦率发表意见，以及政府间正式谈判发挥有效作用，同时将会更好地落实循序渐进、求同存异、平等互利的原则，有助于成员国加强信赖关系，有助于进一步实现经济、政治与安全方面的合作，为持续不断地推动东北亚地区治理进程提供前期的准备工作。

除此之外，东北亚"安全困境"的出路还在于如何重塑中美关系、重塑安全观念、重塑地区战略。

1. 重塑中美关系。承认相同的民主价值观并不能取代共同的地缘战略利益。澳大利亚总理陆克文在美国《外交》杂志上发表了一篇题为《超越重返亚洲》的文章，指出，亚洲最重要的问题就是避免美中冲突，因此，美中应建立相互信任关系。①

　　东北亚地区安全实际上最主要的原因是大国关系的稳定。积极健康的中美关系是东北亚地区稳定的必要条件。中美关系是东北亚区域最重要的双边关系。中美经济方面的相互依存迫使双方都在努力最大限度地避免冲突。美国试图维持东北亚地区的传统国际秩序，即在与中国保持经济往来的同时，保护好美国在东北亚地区的霸权地位。传统的权力制衡思维限制了中美之间的良性互动。中美进行建设性交往，既可以确保地区的和平稳定，也符合美国的利益。当中美利益发生冲突的时候，彼此间应遵守竞争规则、建立对话机制、尊重核心利益。中国的崛起将不可避免地改变东北亚地区的力量平衡，亚洲地区的力量结构也不得不重新进行调整。但中国本质上是维护国际体系的积极力量。中国不会走二战前日本所采取的侵略霸权道路。同时，维护国际秩序的稳定，并不是说中国就要牺牲本国的核心利益。全球化的趋势已经改变了国家行为模式，国际政治也不再是零和游戏的时代。这种地缘政治的变化，需要中美塑造一个新的大国关系架构。相互信任是长期逐步建立起来的，中美应当推动战略信任的阶段进程，构建"中美战略合作的路线图"。

　　中美建立"合作"而非完全"冲突"的"新型大国关系"，将为规范的世界秩序及区域秩序的建立提供动力。中美应当共同提供全球性的公共产品，"建立一个共同利益联盟"，促进地区治理"志愿共同体"的形成。

　　2. 重塑安全观念。从历史上看，国际秩序的剧变往往造成碰撞和冲突。历史进入十字路口，在新的全球化的条件下，打破了东方与西方从不相交、相互对立的东西方矛盾只有通过一方战胜另一方的地缘政治思想。②

　　东北亚地区目前最大的问题就是一些非传统安全问题又被当作传统安全问题来对待。一些国家将发展问题混同于生存问题，甚至有的用传统的手段

---

① 加藤洋一：《避免美中冲突之道——专访澳大利亚前总理陆克文》，《朝日新闻》2013 年 4 月 3 日。

② 无论是路德亚德·吉卜林的"东方是东方，西方是西方"的言论，还是佛朗西斯·福山的"历史的终结"都反映了西方在领土与意识形态方面的西方必胜的地缘政治价值观。

来解决非传统安全问题。如区域内领土与领海纷争问题并没有达到危及国家安全的程度，当事方更关心的是对资源的控制权，结果却使非传统安全激化为传统安全的对抗，使"邻国困境"转化为"大国困境"与"同盟困境"。再如，朝鲜核问题已经超越了地区安全威胁的层次，这种"存在性威胁"构成了中美合作的战略基础。威慑本身并不能保证东北亚局势的稳定，减少冲突的方法是结束战争状态，开始和平进程，阻止东北亚安全"噩梦"需要美中真正和解与合作。合作是双行道，致力于东北亚地区的和平，努力实现区域内相关国家的和解至关重要。持续的接触和外交行动不一定奏效，但不接触、孤立与军事再平衡少有成功的可能。①

区域治理不能只关注悬而未决的领土问题的分歧，也不能过度执着于政府之间的安全关系，一个长期目标应该是促进地区敌对关系的和解，通过强化区域之间的政治、经济与文化联系，将国家间关系延伸到次国家区域层面，再外溢到超国家层面。

解决传统安全问题，要强调安全的"双向性"，即安全应当是相互保证共同生存，并承认他人的合法的安全关切。只有通过双边对话，在对话中了解对方的安全关切，增加互信和透明度，才能切实保证双向和持久的安全。坚决反对通过"我活得好不要别人活得好"的霸权机制。

在过去的几个世纪，曾经处于边缘的东北亚地区逐渐发展成为世界经济的核心地区，这不仅改变了整个世界，同时也改变了人类历史，使人类历史重新回归到文化多样性、政治多元性、经济多模式的"常规"形态。

3. 重塑地区战略。现实主义的霸权稳定论、自由制度主义提供的多边合作机制，以及建构主义的安全共同体都可以为东北亚安全提供解决方案，但是也都有其不足之处。

在现实主义视角下，由于美国霸权的衰落，霸权稳定论提倡的"美国霸权"能否提供强有力的支撑？在缺少强有力的"霸权"领导下，每一个国家都会为了实现本国利益"最大化"而将成本转嫁到别的国家。"安全困境"的两难局面导致各国互相猜疑，国家间的合作很难开展。同时，美国治理下的东北亚国家间的同盟会使成员国缺乏与其他国家进行互动的自由。虽然同盟关系能把成员国之间出现的冲突范围和烈度降到最低，但是它们与

---

① 利昂 V. 西加尔：《通往和平之路》，《波士顿环球报》2013 年 4 月 12 日。

同盟之外的国家发生冲突的范围和烈度却会增加,客观上制约了东北亚地区进一步的发展。

六 结束语

综上所述,东北亚要想在政治、安全领域的地区治理问题上达成共识,取决于经济合作的效应,多边合作模式将是东北亚地区治理的主要模式。东北亚地区治理进程将是一个很漫长的过程,而且还存在很多变量,尽管如此,政治、安全制度合作也不是遥不可及的,只要经济合作制度能给地区内所有国家带来好处,未来的东北亚是可以在政治、安全领域进行合作的,而且这种合作也是可以进一步深化至制度层面的。总之,推动东北亚地区治理,不仅能够为地区各国带来巨大收益,而且可以提高地区整体的优势和地位,缓解"安全困境"的压力,保障各国的安全和地区的稳定。面对全球化与地区主义浪潮,东北亚国家的分散状况不利于各个国家的继续发展。通过地区治理,重建程度不同的地区规范与制度,形成地区整体性优势,是未来东北亚区域的一种发展潮流。

自由制度主义提供的多边合作机制,指出稳定与繁荣的东北亚符合各国的国家利益,区域内的各国不需要依赖外部的"霸权"安全保障,完全可以通过对等的多边合作实现东北亚地区的治理。但自由制度主义无法解决区域制度化合作中,缺少共同的观念和规范的内部制约与美国外部干预的问题。

建构主义主张的多边安全共同体,目前尚缺少必要的条件。要想解决"安全困境"问题,必须超越上述范式,树立综合安全的观念,由大国协商建立安全框架,通过双边对话和多领域的战略性合作,建立综合安全的利益共享体,通过多层次的安全合作实现持久安全。

区域合作是一种双赢的结果,既可以加强区域内双边贸易关系,也可以实现多边政治、经济与安全的多样化伙伴关系。通过推动良好的地区治理、多边安全论坛的设立、互利双赢的可持续发展的地区合作机制的建设实现地区治理的互利共赢,从而推动东北亚地区治理向"多边主义"方向发展,建立稳定及互惠的区域合作关系,寻求建立一个新的国际政治与经济格局。

东北亚安全与发展问题成为 21 世纪世界关注的焦点,东北亚安全形势的恶化与安全问题的集中爆发，一方面，来自当前国际体系转型和国际规范重组在安全领域的体现①，另一方面，也来自东北亚各国基于不同利益的权力设计的冲突。

如何实现多元体制的相互依赖，而不是单一体制的主宰；如何实现和谐合作；如何将过去的"适者生存"的竞争模式转向冲突较少、更加睿智、更加合作的"智者生存"合作模式，兼顾区域内各国的不同立场，汇合区域内各国的不同利益，尊重各国不同的历史与发展道路，广泛地包容不同的政治和文化环境，开辟东北亚新的地区治理结构，也许是"21世纪超越狭隘的'发展'观念的'和谐主义'的一种平衡境界"。②

---

① 张春：《当代全球安全治理：供需失衡与中国的可能贡献》，载《1911～1921～2011：中国道路与世界变迁》（上海市社会科学界第九届学术年会论文集，2011年度），上海人民出版社，2011，第17页。

② 尼古拉斯·伯格伦、内森·加德尔斯：《21世纪的治国之道：东西方之间的中间道路》，波利蒂出版社，2012，第4页。

俄罗斯综合开发远东地区的倡议

〔俄罗斯〕古宾 A. B. *

目前，俄罗斯领导层对远东地区给予了极大的关注，该地区无论是在军事上、政治上，还是在经济上都具有重要的战略意义。由于国家对远东地区缺乏有效监管，以及现存的一些发展失衡问题，国家安全面临着威胁。在全国 36% 的土地上仅仅生活着不足全国 5% 的人口，巨大的自然资源储备伴随着不发达的交通和社会基础设施，同时居民数量减少日趋严重。西方预计，俄罗斯在远东开发问题上的失败将使该地区变成"缺乏竞争力的边远地区"，只能提供原材料。①

在 2013 年 4 月 2 日的俄罗斯远东、布里亚特共和国、外贝加尔边疆区及伊尔库茨克州社会经济发展国家委员会会议上，俄罗斯总理梅德韦杰夫批准了《2025 年前俄罗斯远东及外贝加尔地区经济社会发展战略》。② 该战略

---

* 〔俄罗斯〕古宾 A. B.，远东联邦大学区域及国际研究学院副教授。

① Blank S. J., Toward a New Chinese Order in Asia: Russia's Failure: NBR special report / Stephen J. Blank; The National Bureau of Asian Research. Seattle; Washington D. C., 2011. March. № 26. p. 13.

② Государственная программа Российской Федерации "Социально – экономическое развитие Дальнего Востока и Байкальского региона до 2025 года" принята распоряжением Правительства Российской Федерации № 466 – р // Министерство Российской Федерации по развитию Дальнего Востока: интернет – сайт. 2013. 3 апреля. URL: http://minvostokrazvitia.ru/press – center/news _ minvostok/? ELEMENT_ ID = 459 (дата обращения: 21.05.2013).

由 12 个子规划和两个联邦规划组成（《千岛群岛和萨哈林州经济社会发展规划》和《远东及外贝加尔地区经济社会发展规划》），该文件的签订仅仅是保障区域发展的第一步。目前，俄罗斯远东发展部正酝酿一项联邦规划——《2018 年前远东及外贝加尔地区经济社会发展规划》，这将是一个非常具体的项目。根据相关部门的资料，在联邦整体规划框架下远东地区每年可以获得 1000 亿~1100 亿卢布的联邦资金。①

在《2025 年前俄罗斯远东及外贝加尔地区经济社会发展战略》框架下②，各项规划的制定和实施表明了莫斯科方面继续推进东向外交的意图，并体现在俄罗斯新的对外政策构想中。③ 该文件明确指出"巩固和加强俄罗斯在亚太地区的地位具有日益重要的意义，俄罗斯属于这个蓬勃发展的地缘政治空间，这里正逐渐成为世界政治和经济的重心。"俄罗斯对参与该地区一体化进程表现出极大的兴趣，希望借此实现西伯利亚和远东地区的经济发展规划，同时俄罗斯也积极参与公平和透明的集体安全及合作框架建设。④

不过，俄罗斯当局也承认，远东地区经济直接依赖于国家的整体局势，

①　Государственная программа Российской Федерации "Социально - экономическое развитие Дальнего Востока и Байкальского региона до 2025 года" принята распоряжением Правительства Российской Федерации № 466 – р//Официальный сайт Полномочного представителя Президента Российской Федерации в Дальневосточном федеральный округе: интернет – сайт. 2013. 3 апреля. URL: http: //www. dfo. gov. ru/index. php? id = 13&oid = 3353 （дата обращения: 25. 05. 2013）.

②　Стратегия социально – экономического развития Дальнего Востока и Забайкальского региона до 2025 года // Министерство регионального развития Российской Федерации: интернет – сайт. URL: http: //www. minregion. ru/ activities/territorial_ planning/strategy/federal_ development/346/ （датаобращения: 19. 04. 2013）.

③　Концепция внешней политики Российской Федерации. Утверждена Президентом Российской Федерации В. В. Путиным 12 февраля 2003 г. // Министерство иностранных дел Российской Федерации: офиц. интернет – сайт. 2013. 18 февраля. URL: http: //www. mid. ru/brp_ 4. nsf/0/6D84DDEDEDBF7DA644257B16 0051BF7F （дата обращения: 05. 04. 2013）.

④　Там же.

同时也依赖于亚太地区的市场形势，因此是国民经济的子系统。① 基于这个原因，俄罗斯需要向亚太地区供应产品，包括西伯利亚和远东地区的资源。2012 年俄罗斯 53% 的出口产品是指向欧洲的，向亚太地区的出口仅占17%。②

非常明显，俄罗斯远东和外贝加尔地区具有几项明显的竞争优势，可以充分利用。第一，可以直接进入具有发展活力的亚太地区市场，首先是中国和东南亚国家；第二，具有巨大的自然资源潜力，拥有大量的煤炭、碳氢化合物、水利、铁矿、有色金属矿、稀有金属矿、林木等资源；第三，多样的气候条件有利于发展多种工农业。不足之处仍然在于人口密度低、社会发展落后、基础设施不发达、内部市场不完善，以及以资源行业为主的片面的宏观经济等几个方面。③

俄罗斯经济发展部前部长 A. 别洛乌索夫曾表示，为了最大限度地实现现有优势，保障远东地区快速发展，必须集中力量发展四个方面：第一，快速发展交通和能源基础设施；第二，创造条件实施 15～20 个长期投资项目，并以此构建发展中心；第三，在远东和贝加尔地区形成市场竞争环境；第四，通过改善居住环境、发展科教的途径提高区域人力资源潜力。④

然而，在俄罗斯表明综合开发该区域的意图后，至今区域内外国投资总量依然没有明显增长，可能会引起潜在的外国投资者的误解。在这方面，俄罗斯领导人将远东地区经济主权受损的风险视为发展亚洲方向的真正威胁的想法是可以理解的，首先是原料出口领域，在中国不断降低对俄区域开发项

---

① Итоги социально - экономического развития Дальнего Востока в первом полугодии 2013 года // Министерство Российской Федерации по развитию Дальнего Востока: интернет - сайт. 2013. 6 августа. URL: http: //minvostokrazvitia. ru/press - center/ news_ minvostok/? ELEMENT_ ID = 972 （дата обращения: 15. 04. 2013）.

② Там же.

③ Пономарёва Н. Планы на Восток / Наталья Пономарёва // Интерфакс - Россия: интернет - сайт. 2013. 3 апреля. URL: http: //www. interfax - russia. ru/FarEast/view. asp? id = 392081 （дата обращения: 25. 06. 2013）.

④ Заседание Государственной комиссии по развитию Дальнего Востока, Республики Бурятия, Забайкальского края и Иркутской области: стенограмма заседания // Правительство Российской Федерации: офиц. интернет - сайт. 2013. 2 апреля. URL: http: //government. ru/news/1139 （дата обращения: 25. 06. 2013）.

目兴趣的背景下，俄罗斯对中国的依赖性不断增强。在这种情况下，尽管存在诸多悲观评价，政治主权仍然在该区域具有稳定地位，无论是内部因素还是外部因素引发的离心倾向都没有发生。

远东发展部前部长 B. 伊沙耶夫指出："今日的俄罗斯没有充分把握与经济发展速度最快的亚太区域的合作机遇。"① 因此，为了解决经济任务，包括改善居民福利和发展基础设施，可以在平等的、非歧视的基础上建立多元化联系，扩大其他国家参与俄罗斯倡议的形式。有鉴于此，计划投资的 10 万亿卢布中的 61% 为预算外资金（滨海边疆区 1.4 万亿卢布，其中只有 330 亿卢布来自边疆区预算）②，需要从境外获得。关注参与项目的资金、组织结构和具体条件是非常重要的。

众所周知，近几年俄罗斯从碳氢化合物出口中获得的巨额资金更多地被用于发展回收周期快的领域。在我们看来，规划中预测的 1:5 的乘数因子被高估了，也缺乏足够明确的依据，因为在几乎为"零"的社会生产和运输设施基础上，未来 10～15 年远东地区的发展可能是无利可图的。至 2025 年生产总值增至 2.2 倍的预期，可能由于高成本和通货膨胀而达不到明显效果。

对于俄罗斯而言，美国为了扩大和巩固政治联系而发展贸易联盟的经验是非常具有示范性的。因为对于我们而言将其列入现有合作机制至少在名义上是可行的，特别是为了跟踪地区发展局势和巩固自己的地位更应该关注东亚峰会和亚太区域合作伙伴。③

但是，局势依然复杂，很显然俄罗斯远东地区的主要合作伙伴是亚太地区国家，目前这些国家还没能为俄罗斯发展提供足够量的资金。

---

① Панкратова Д. Развитие Дальнего Востока принесёт пользу всей России / Дарья Панкратова // Регионы России：информ. агентство. URL：http：//gosrf. ru/ news/9133/（дата обращения：05. 04. 2013）.

② На развитие Приморья выделят в два раза больше средств, чем на Саммит АТЭС // Prima Media：информ. агентство. 2013. 5 апреля. URL：http：// primamedia. ru/news/economics/05. 04. 2013/268246/na － razvitie － primorya － videlyat － v － dva － raza － bolshe － sredstv － chem － na － sammit － ates. html（дата обращения：10. 04. 2013）.

③ Севастьянов С. В. Новые проекты азиатско － тихоокеанской интеграции / Севастьянов С. В. // Мировая экономика и международные отношения. 2011. № 1. С. 48 － 54.

东风、西风与图们江

〔韩国〕 崔元植*

一 东亚问题外在显化？

后冷战时代以来，一波一浪横跨太平洋的世界轴心落到了大海中央。东亚再次陷入了纷争，如同回到了冷战时代。这是西风压倒东风的最后挣扎，还是重返西风的征兆呢？也许，事实并非后者。倘若美国一如既往地忠于做一个"平衡者"，日本首相安倍晋三也不会如此推动右倾化，俄罗斯总统普京也不会如此迅速地在克里米亚半岛投入俄罗斯军队。当然，美国其实是想利用日本来牵制中国与朝鲜半岛，因此事实上成为安倍军事主义的后盾，但最近日本的行为则超出了美国容忍的限度。尽管如此，美国支持日本派宪兵到西太平洋地区，但似乎不会重蹈当年的覆辙，再次引起太平洋战争。再加上一个决定性因素，那就是中国的崛起。有分析称，克里米亚公投事态意味着欲阻止俄罗斯西进的美国包围圈被突围，从这一点来说，其与日本右倾化不无相似之处。当然，俄罗斯的举动不同于日本，那就是美国并没有力挺俄罗斯。不管怎么说，克里米亚事件的影响力不会止于亚洲西部边境，进而会波及亚洲东北部边境。众所周知，后冷战时期在东北亚地区俄罗斯几乎失去了影响力，普京总统上任之后，高举"亚欧大陆桥"的旗帜，试图重现在图们江流域昔日的辉煌。或许，俄罗斯在东亚的地位将会日益提升，但这并不意味着会陷入新冷战时代。这当然归因于现在的俄罗斯并非社会主义体

* 〔韩国〕崔元植，韩国红荷大学教授。

制，但更为关键的因素应该是中国。如果出现类似新冷战的迹象，那也应该是在中美两国之间。一言以蔽之，西道已近黄昏时分。

那么，这里为何如此混乱呢？原因在于东风季节的时机还未成熟。远至俄罗斯、日本、韩国、朝鲜等国家，甚而连中国可以说也并未具备一定的实力。后冷战时期，或急或缓进行的东亚各国之间以东亚共同体为目标的相互对话，几乎消失殆尽。但是，朝鲜半岛成为这一事态重要的一极。值得注意的是，2010 年的"天安舰"事件和延坪岛炮击事件发生之后，有的分析则耐人寻味，"虽然避免了最糟糕的武力冲突，但这却造成了中美两国影响力扩增、朝韩关系的向心力极具萎缩的严重后果"[1]；亦有指责说，"2000 年代的初中期，潜藏在朝鲜半岛的半岛问题的'内化'趋势已失去其动因"[2]，很是令人痛心。而朝鲜半岛与东亚之间如阴阳般互根互依。"朝鲜半岛问题'外在显化'"[3] 的同时，东亚问题经内化也转向外在显化。它的出路到底在哪里？

二　东亚政治

一直以来，我以"外围——东亚、内围——地方自治"为关键词进行着有关国家的研究。尤其在后冷战时期，资本全球化兴起，将国家视作棋盘上的卒子的超国家主义或超民族主义思潮正在泛滥，对此，我持批判态度。因此，我认为强调国家的重要性是很有必要的。然而，国家的概念过于强硬，将其软化的工作也是很有必要的。虽然这种事不会在不远的将来发生，但我们也可以预见一种情况，就是作为全人类所憧憬的乌托邦、世界政府以及大同世界并非基于现有的国家概念之上。因此，我一直认为，超国家主义式思维方式的预备训练和国家至上式思维方式的训练应双管齐下。

上述方法更适用于朝鲜半岛。随着后冷战潮流涌入朝鲜半岛，日美韩"南方三角同盟"与苏中朝"北方三角同盟"之间的对峙也随之解冻。停战

---

[1]　泰勒·沃什伯恩：《美国的重返亚洲战略》，李勇民（音）译，创作与批评，2014，第 5 页。

[2]　泰勒·沃什伯恩：《美国的重返亚洲战略》，李勇民（音）译，创作与批评，2014，第 6 页。

[3]　泰勒·沃什伯恩：《美国的重返亚洲战略》，李勇民（音）译，创作与批评，2014，第 6 页。

线被划分之后，原本坚固的分裂体制开始被撼动了。主动应对这种情况，并为了和平解除朝鲜半岛的分裂体制，应通过对话构建超越现存朝韩两国的新国家秩序。以武力手段欲吸收一方的吸收统一方式，在朝鲜战争（1950～1953年）中已被证明其不可行性。不仅如此，中俄（苏联）和美日任何一方都不希望朝鲜半岛的统一被或南或北任何一方完全牵制。那么，就只有一条路，应积极开展对周边四强的增信工作，朝韩在不摒弃自身独立性的情况下，形成邦联盟（confederation）或联邦制（federation）。但我认为，前者作为统一的目标模式更加切实可行，后者的实现过程和步骤较为烦琐。不管怎么说，如果聚焦于南北邦联制，就能深知国家至上主义和超国家主义思维是不可分离的。

就国家之内的地区和国家之外的地域来说，可将它们视作"啐啄"①。若前者"啐"是里面小鸡敲打蛋壳的费心劳苦，那么后者"啄"则是外面母鸡啄破蛋壳的辛苦。通过地方自治的扩大来淡化韩国悠久的中央集权主义，并通过加深对地域反省来超越固执的半国家主义，顾全整个朝鲜半岛，进而放眼一国之外围，具备望眼东亚的国际视野。将目光投向整个朝鲜半岛，意味着自然地走向半岛统一的思维模式，同时应具备对周边国家感受的感知。光复（或分裂）乘"民主主义联合国的划时代胜利"之势，正如李康国（1906～1955年）沉痛地指责，"朝鲜问题的解决必受到所有的国际制约"②，分裂的结束或统一均已超出了南北问题本身。无论以什么样的方式统一，美国、中国、俄罗斯甚至日本都不会静观其变，这一点是不言自明的。因此，朝鲜半岛问题与东亚问题是息息相关的。

近来，尤其在"岁月号"事件发生以后，我更加认识到了问题的症结是国家。事实上，"发展型独裁（developmental dictatorship）"积聚而成的弊端集中暴露之后，进入风险社会的韩国的脆弱性可见一斑，同时让我们深切地体会到曾一度流行的"让我们超越国家"的口号潜藏着多大的危害性。成功构筑国家体系，其重要因素再强调也不为过。一直以来，思考或实践有关国家的问题时，我总是以文化为轴。但重新梳理我的想法，觉得问题的症

---

① 鸡在孵化时，小鸡为破壳而出，在壳内吮声，谓之"啐"，母鸡同时在壳外啮壳，称为"啄"。后者先于或后于前者，都是错误的。两者同时进行才能成功，称为"啐啄同时"。

② 李康国：《民主主义朝鲜的建设》，朝鲜人民报社厚生部，1946，第110页。

结还是在于政治。虽说我们应该铭记政治与文化相交时才能融为一体，但如果有政治因素阻挠，文化再倾注全力也无所适从。重视文化的视角是基于"周边包围中心"，要准备好与周边的持久战，为了这一战略也有必要撼动重心。在东亚，中心地带与周边亦应被视作一个整体，应该更加强调双管齐下的重要性。关键还是在于中国与美国。从外啄破国家的东亚，为了有效出台应对方案，尤为重要的是东亚各国应摆正各自的政治立场。如何重构东亚政治，是我们所面临的问题。

三 重回"东"与"西"的问题

为了回归东亚政治，东方与西方的问题再次被提及。东方主义依旧是个问题，但被西方或欧美显化了的"第三世界主义"和"亚洲主义"思潮更有乘胜之势。如果（东）亚洲共同体一直高喊"亚洲人的亚洲"这样排外性的口号，这就如同长期以来支配亚洲社会的西方主义一样不具有积极意义，正如日本帝国主义的"大东亚共荣圈"，其或许反而会转化为亚洲的灾难。亚洲主义全面否定欧美，但这并不能替代西方主义，而是极有可能沦为对西方主义的模仿。20 世纪的亚洲矛盾和纷争不断，以此为鉴，我们应谨慎思索一个全新的亚洲，同时，现在正是东西方对话的最佳时期。

每当这一问题被提及，就有一位常客，那就是拉迪亚德·吉卜林（1865～1936 年），他一直高喊东西方的相遇是不可能的。吉卜林生于印度，留下了《丛林之书》（1894 年）等名作，难道他一直就只做大英帝国的拥护者吗？在近代小说可供分享的智慧故事大幅减少的总趋势下，他被称为深深扎根于人民生活中的优秀故事作家之一，瓦尔特·本雅明是如此赞美吉卜林的："他是英国船员和殖民地军人一同经历的'最后的避难所'"[1]。再谈备受争议的吉卜林的诗《东西方民谣》（1889 年），这首诗被殖民地军人口传了下来。诗句如下：

> 哦，东是东，西是西，两者永不相遇，
> 直到天与地终于站到上帝的大审判席，

---

[1] Walter Benjamin, The Storyteller, trans. by Harry John, Illuminations (Harcourt Brace Jovanovich, Inc., 1968), p. 101.

　　但当两位巨人相对而立，无所谓东也无所谓西，

　　也别在意那种族与血裔，尽管他们来自世界的两极。

　　在这四句诗中，第一行诗句是我们早已习见的，而下面三行诗句，悄然动摇着我们的先入之见。

　　强者相见不分东西，这是不是就意味着东西相见是可能的呢？这个民谣讲述的是偷了英军大校母马的印度不法分子头目卡魔（Kamal）与追赶他们的大校的儿子之间的对决。结果，卡魔（Kamal）被大校的儿子——守备队军官的勇气所折服，不仅把马还回去，还把自己的独生子送到守备队做骑兵。这次东西方的交战，是西风压倒了东风，东风被西风折服。强者相见，难免奇怪，原来如此。即便如此，把吉卜林作为彻底否定东西对话的西欧主义元凶的传闻，只不过是引用不当，夸大其词。事实上，很少有像吉卜林这样关注非西方和西方国家之交的西欧文人。这部民谣亦如此。吉卜林是一位痴迷于印度的作家。尽管如此，从学习中形成的"超自我"压倒了通过经验形成的真实的"自我"，因此他很遗憾地只停留在一半的对话上。

　　在这里，一一列举东西方对话的目录已超出了我的能力范围。在"西方冲击"尤为明显的近代，东西方之间的对话在很大程度上并没有脱离吉卜林的范围这一说法一点不为过。同时，我们无法忽视，对于导致这种不对称性的对话，东方俨然也负有责任。东西方碰撞初期，东方贱视了西方，这是源于意识形态的过剩。当时，如果东方能够洞察西方之精髓，率先进行革新，也许西方帝国主义的进程便会终。与此同时，东方还出现了无视西方崛起、只闻东方落后的西方主义者，他们的言论成了那时东西方对话最大的障碍。在韩国，人们常用"半开化"来讽刺那些只学到西方思想皮毛的西方主义者，但问题是他们对此依旧乐此不疲，盲目崇拜西方的西方主义的横行，会阻碍东西方真正的对话。

　　在单方面施惠和单方面受惠的情况下，双方之间是很难存在真正的友谊的。同样，在严重失衡的情况下，对话也是很难成立的。近代以来，东西方之间鲜有成功的对话。东方长期处于西方压倒性的影响之下，也许这是理所当然的结果。其实，也有部分西方学者未受东方主义的影响，树立了自由的先驱性思想。其中，德国著名的思想家歌德（1749～1832）参与的"世界文学"深受中国小说的影响。朝鲜后期的实学者也将中国之外的西欧看作另一种文明，并不断追求国家的改革，实属东西方对话的先驱者。但这种执

着的理想主义在资本的席卷下惨遭破坏亦是事实。经历了百年激荡的20世纪，亚洲开始苏醒，新的理想主义也正在春风中成长。随着东西方之间的不均衡现象日渐减少，西方开始重新审视东方，由此大大提高了东西方之间进行对话的可能性，当然，也有障碍因素。如同西方，东方也滋生着一系列的问题。亚洲正反省疏于对话的亚洲各国，而同时亚洲主义却在潜滋暗涨。这一点足以证明，亚洲确实需要建设性的对话，尤其是大国之间的竞争愈演愈烈的东北亚地区。不然怎会出现"亚洲＋3"这种窘困的局面呢？以互惠平等的原则发展亚洲内部的交流，并进行与非亚洲圈国家之间的对话，同样需要我们做出努力。其中，与西方国家的对话尤为关键。欧洲是我们最好的老师，也是最佳反面教材。在克服西方主义的同时，更要警戒亚洲主义，东西方国家都应还原自己的真貌。从"非一非二"的角度出发，应真正地废弃"或东或西"的东西两点论，倾力做好东西方之间的对话。帮人也帮己，这不仅仅有助于西方国家，也是为了东方国家，我认为时机非常适宜。

四　再谈图们江

如何摆脱东北亚政冷经热（政治冷淡、经济火热）的现状，使之转化为政经并热（政治火热、经济火热）呢？需要再次强调的是，目前世界的中心正转向太平洋地区。为了顺应这一趋势，建构"不一样的东亚"，东北亚各国之间的合作是必不可少的。但是，尽管冷战体系已在全世界范围内解构，弥留在东北亚地区的冷战阴影仍然挥之不去。如果把范围纯粹锁定在东北亚地区的话，事实上"冷战"这一说法并不一定很准确。1945年日本战败后，中国卷入国共内战，国民党内战失利，退踞台湾，1949年中华人民共和国成立。次年（1950年），朝鲜半岛南北之间爆发了大规模的热战，由于南北分界线的变更，双方于1953年休战。起源于西方的冷战，在东北亚转化成了热战。遗憾的是，战后处理到现在依旧是模棱两可，严重阻碍了东北亚合作体系的构筑。东北亚合作体系的构筑，可以说是打开冷战最后一道枷锁的世界性课题。

理想很丰满，现实很骨感。在构建东北亚合作体系的设想中，日本前首相鸠山由纪夫提出的"东亚共同体构想"尤为重要。以经济合作为基础、具有高度政治倾向性的这一构想，是明治维新以来一直追求"脱亚入欧"的日本回归亚洲的哲学基础的表现。该构想提出不到一年就遭遇了挫折，无论对日本还是整个东北亚来说，都令人倍感遗憾。受内外因素的影响，结果不尽如人意，正是美国的牵制起到了作用。对于今后东北亚合作体系中有可能面临的美国的干涉，我们应深思熟虑，日本前首相鸠山由纪夫执政时期的日本是最好的例子。

"六方会谈"又如何？2013 年 6 月，中美首脑会谈协商建设"新型大国关系"，两国有望达成战略妥协，令人期待。也有人把这比作欧洲安全与合作体系（《赫尔辛基协议》，1975 年），即中美苏两国达成的战略妥协。但是，即便中美两国达成了协议，也很难确定能否像《赫尔辛基协议》那样明确。众所周知，美苏冷战时期，东北亚社会主义国家相对于苏联自律性很高。因此，当苏联的掌控力减弱时，东北亚并不像经过东欧革命实现德国统一的欧洲，即使苏联解体了，朝鲜半岛也没有实现统一。中朝苏虽然关系友好，但是相互间的自律性很高，这样的东北亚与美苏权威性牢固的欧洲大陆是截然不同的。有分析称，这种独立性在时下中朝两国关系中可见一斑。另外，战后的日本不同于战后的德国。众所周知，日本的右倾化是由美国推波助澜而成的。因此，东北亚合作体制举步维艰，朝鲜半岛一分为二，这些问题只要与美国的干涉重叠就会变得纷繁复杂。美国就是个问题。就如中苏两国与韩国建交是打破冷战的开端，美日两国与朝鲜建交也会为冷战打上休止符。到那时，朝核问题"六方会谈"也会得到解锁。

关于这一问题，朝鲜半岛作为东北亚纷争的原点之一是至关重要的。从这一点来说，朴槿惠政府所提出的"东北亚和平合作构想"被评为东北亚版的赫尔辛基进程，由此可以乐观地预测，它可能成为解决朝鲜半岛问题外化的基石。众所周知，这一期待已破灭。其实，解决方法非常简单，即恢复《6·15 宣言》即可。如果忌讳金大中时期的政策，那么也可以恢复至卢泰愚时期的《朝韩基本协议书》。《朝韩基本协议书》既是今后朝鲜半岛计划的划时代出发点，也是韩国前总统金大中提出的阳光政策的雏形。金大中曾在总统就任仪式上宣布："解决南北问题的大门已经开启，落实《朝韩基本协议书》就是开启这扇大门的钥匙。"①

该协议表明，朝韩两国是具有自主主权的国家，但在走向统一的过程中暂时形成这一特殊关系，以两国相互认定主权及其体制为依托，进行和解、

① 林东源：《朝鲜半岛的和平与统一》，《民主、和平、福利研讨会创立报告资料集》2010 年 12 月，第 49 页。

协作、不侵犯和军备控制，最终从停战状态转变为巩固的和平状态，因此被誉为东北亚版的赫尔辛基进程。韩国"六共"（"第六共和国"）时期的北方政策的精髓如果得以继承和发展，这一政策将会成为解决朝鲜半岛问题内化的契机，使该问题转而变为东亚内化的问题。由此可见，在中国、俄罗斯、朝鲜接壤的超国界合作地带，以多方对话交流为目的组织的图们江论坛的重要性，自不必赘述。

（卢雪花译）

朝韩协议书的历史演变及其统一原则

〔韩国〕 朴永钧*

一　引言：朝韩协议书的历史演变
及其历史继承性问题

纵观历史，朝韩两国为了国家的统一共签订了四次协议书，分别是 1972 年的《7·4 南北联合声明》、1991 年的《朝韩基本协议书》、2000 年的《6·15 共同宣言》、2006 年的《10·4 宣言》。但是，今天的朝韩两国关系处于对峙、紧张局面，反而让历史的车轮倒退，致使这些协议书成为一纸空文。就算是为了打破现今的僵局，也有必要重新回到原点去考察朝韩之间的协议书所明示的精神、价值观以及原则，我们要在这里重头来过。

朝韩两国关系如果真想破冰回暖，只去反思协议书所明示的精神、价值观以及原则是远远不够的。之所以如此，是因为固然有明示各项条文的协议书，但双方对其内容的诠释是对有利于自己立场的选择性地取舍，长期持续对抗状态。不仅如此，朝韩两国随着冲突的加剧，根据自己所属的政治集团或政治利害关系片面地解释协议书或对其进行歪曲。近来，韩国大部分人认为，《6·15 共同宣言》和《10·4 宣言》与朴正熙—卢泰愚政府时期的协议书无关，而是根据金大中—卢武铉政府所特有的政治倾向所导致的结果而已。

但上述协议书并不能以"民族"和"文化"这两种价值观来一分为二

---

* 〔韩国〕朴永钧，韩国建国大学统一人文学研究团 HK 教授。

的。事实上，这四份协议书是集"和平"与"统一"两种价值观于一身来构建"和平统一"原则的过程，同时书写着将其具体化的南北协议书的历史演变过程。从历史的角度来看，如果说《7·4南北联合声明》和《朝韩基本协议书》是将"和平统一"原则更加清晰化的过程的话，那么《6·15共同宣言》和《10·4宣言》可以说是在这种"和平统一"原则的基础之上，对南北统一方案与和平体制构建、社会经济文化交流政策进行具体化的过程。从这一点来看，南北协议书的历史已架空在"朴正熙—卢泰愚"对"金大中—卢武铉"这一政治倾向二分法的视角之上。

从这个意义上来讲，正像如今韩国的保守势力，根据政治倾向或所属政党的历史继承性，选择拒绝或否定协议书的精神和内容，只会自相矛盾，陷入尴尬的境地。因为，否定《6·15共同宣言》和《10·4宣言》，必然会招致自我否定《7·4南北联合声明》和《朝韩基本协议书》的结果。因此，本文从"作为沟通的统一大业"①的视角出发，力求探析能使朝韩两国破冰回暖的契机。

二　朝韩协议书的历史演变："和平统一"原则的确立及实施之路

（1）《7·4南北联合声明》：民族统一的愿望及同一民族的价值

1972年签订的《7·4南北联合声明》是南北分裂和朝鲜战争（即"6·25"战争）以后首次提出的以统一为目标的声明，该声明最根本的理念植根于以"一个民族"为依托、对"民族同一化"予以共同认知的"民族"价值。在"祖国统一的三项原则"之中，除了直指作为实现统一的手段及方法的"和平原则"之外，体现"自主原则"的"反对外国势力的干涉，根据民族自决的原则自主地解决统一问题"的第二项原则，以及体现"民族大团结原则"的"超越思想、信念和制度的不同，促成民族大团结"的第三项原则，事实上都是基于"我们是一个民族"的信念。

---

① 朴永钧：《统一的人文展望：作为沟通的统一论》，《时代和哲学》24－3。韩国哲学思想研究会（2013）已经论及南或北提出的统一模式，对统一持批判态度，认为只有在"南与北的沟通"中才能出台真正的"统一模式"，"作为沟通的统一"就是从这一观点出发的。本文基于这种观点进行探析。

正因为如此，朝韩两国一味地去强调"统一当然论"，而忽视了两个国家分裂的"现实"情况。因为，实现统一意味着需克服"民族≠国家"的认知错位，应构建"民族＝国家"的共同认知。也就是说，要克服朝鲜半岛现存的韩国和朝鲜两个国家，从各自的立场去看的话，这应该是对国家的"自我否定"的缩影。因此，也有可能引起"反国家"之嫌。

另外，趋于"一个民族"的同一化"冲动"，就如由爱所生的热情，很有可能导致否定相互之间差异的"暴力性"。一般来说，人们随着爱恋会产生"合二为一"的冲动，将爱视作"你我不分融为一""我和你同心结"的浪漫主义倾向。正如阿兰·巴迪欧所言，"有可能导致一种热情，那就是明知每一次的结果都是走向'死亡'，但哪怕使用极端的暴力手段也要消除'他者的差异及分裂'，以此实现'合为一'。"①

基于此，我们可以设想，有一种"冲动"想通过消除两个分裂国家的差异和分裂来实现"合二为一"，它甚至容忍在"民族≠国家"的认知错位下，试图通过吸收统一的方式成为代表民族的国家的"带有攻击性的同一化欲望"，使其正当化，因此导致两者对抗。随之，南北两个分裂国家一方面要应对这种自我否定的"危险"，另一方面为了维持现存的国家，导致一味地将自己塑造成唯一的"民族代表"而激化正统性竞争的副作用。

在《7·4南北联合声明》之后，朝韩两国各自强调走向"现存国家形式的整合"，最终走向南北对峙正是这种副作用所导致的。有一部分人受西方"超民族""超国家"意识形态的影响，认为"民族的同一化"和德国的法西斯一样危险，应予以警戒，同时否定"统一"的"当然性"，将"民族"视作虚无缥缈的、被编造的东西。但这种现象说明，这些人忽视了朝鲜半岛的统一是基于南北共同拥有的悠久的社会、历史、文化土壤。

朝韩两国之间对"合一"的愿望与源自西方的"民族国家"的形式有根本性的区别。近代以前，西方的民族国家并不是以特定地区为中心的"一个政治体"而存在的，但朝鲜半岛的"民族主义"，至少是从渤海灭亡后的高丽时代开始，就以"一个政治体"来形成"历史国家"的②。另外，朝鲜半岛的"民族主义"源于日帝强占时期的反殖民地化的反帝国主义斗

---

① Alain Badiou：《爱的礼赞》，曹在龙译，路图书出版社，2011，第41页。
② Eric John Hobsbawn：《1780以后的民族和民族主义》，姜明世译，创作和批评社，2008，第94页。

争这一"抵抗民族主义"。

朝鲜半岛内含的"民族同一化"愿望基于"受挫"的被压抑的欲望，因此可以说这种"被压抑了的释放"愈演愈烈。朝韩两国首次对"统一"达成协议的《7·4南北联合声明》的出发点是"民族"，之后签订的朝韩关系协议书均以"我们的民族"为基石，并且以"自主的"统一作为基本原则。因此，《7·4南北联合声明》中的"民族价值"和"民族爱"既是统一的基本前提条件也是出发点，在今后所有南北关系中，都将会起到如土壤一样基本的作用。①

但是，即便如此，"民族同一化"愿望和"合一"的冲动很有可能试图去消除两个相爱的个体的差异和不同，以致产生对立，因此，朝韩两国有必要将"统一"这一目标建立在两国国家关系之上。因为"爱的敌人不是竞争者而是利己主义"，"追求与差异相反的同一性……执着于自己的世界的'自我'"②。随之，在走向"统一"的"同一化"过程中，不该忘记将南北这个"二"的概念引入其中。从此意义上来说，在这种"统一志向性"的特殊南北关系之中，将南北两国视作"统一"的两个主体并体现在协议书中的，当数《朝韩基本协议书》。

（2）《朝韩基本协议书》："二"的哲学和"和平"的价值

朝韩两国当局者在1991年签订的《朝韩基本协议书》中表示："两者关系并非是国与国之间的关系，而是在统一志向性的过程中，暂时形成的特殊的关系。双方对此达成共识，并为实现和平统一，共同努力。"这里所谓的"统一"不再是"所当然"意义上的"一个民族"论，而是从两国关系是建立在"统一志向性的特殊关系"的观点出发的。

当然，并不是说《朝韩基本协议书》随之就否定了《7·4南北联合声明》，也不是将"民族"的价值置于次要的地位。《朝韩基本协议书》再次确认了"在《7·4南北联合声明》中阐明的祖国统一三项原则，对于'在

---

① "《7·4南北联合声明》以后，南北关系时而紧张，时而和缓，只要朝韩签订协议，基本都以《7·4南北联合声明》的基本精神作为基础。从此意义上来讲，朝韩之间不管进行任何一种形态的对话，或走向任何一种形态的统一方式，都将谨遵《7·4南北联合声明》的三大原则。"（李光奎："任何一种朝韩关系协议，其源流要追溯到《7·4南北联合声明》"。《朝鲜》第379号，朝鲜研究所，2003，第37~38页。）

② Alain Badiou：《爱情礼赞》，曹在龙译，路图书出版社，2011，第71页。

统一志向性的过程中暂时形成的特殊关系'达成了共识。"即便如此，我们也应该承认，从朝韩两个国家关系是在"统一志向性过程中暂时形成的特殊关系"这一观点来看，在实现统一之前，两国关系仍处于"暂时的"国家间关系。

需提及的是，这里所谓的南北关系并非与其他国家相同的"正常的两国关系"。它不是一个"现存的两个国家"的概念，而是只存在于走向"一个统一的国家"的过程中的"国家"而已，其性质是"暂时性"的。这两国虽然也直指在朝鲜半岛现存的两个国家，但是通常也会被"替换"概念，即将其视为解决分裂去追求统一的"过程中的主体"。《朝韩基本协议书》所指的"统一"不是从"一个民族"的"所当然"的角度去谈及，而是基于正掌控着朝鲜半岛的南北"两国"的现实层面，因此这个"统一"其实是两国为了合作协力而实现共同志向的一个"过程"。

因此，在《朝韩基本协议书》中一个重要的概念就是"作为过程的统一"。因为在实现统一的过程中，南北两个国家为了走向实现统一之目标，必须成为相互对话、相互协力的两个主体。韩国统一部前任部长林东源表示，《朝韩基本协议书》也认为"统一"作为一个过程来推进，南北关系是在这一基础之上确立的暂时的特殊关系。[①] 协议也表示，将"对峙"转变成"合作"的、两者共识的"和平"价值观才是最重要的，这一点正是《朝韩基本协议书》中"和平"的地位骤然上升的原因所在。[②]

《7·4南北联合声明》虽然并没有涉及"体制认知"的问题，只表明以和平的方式实现统一大业，双方都不采取反对对方的武力行动。但是，《朝韩基本协议书》表明，"南北双方应互相尊重对方的体制"，强调了"体制认知"，并实行"为实现和平的诸多措施"。《朝韩基本协议书》对"民族"价值和"合一"的愿望表示认同，但同时也将"统一"视作朝韩两国作为一个"过程"来推进的"结果"，由此，"和平的原则"与"统一"确立了密不可分的关系，等同视之，明确规定了"和平统一"的原则。

---

① 林东源：《朝韩基本协议书》与《6·15共同宣言》，历史问题研究所编《历史批评》97，2011，第122页。

② 前任统一部部长郑世铉表示："《朝韩基本协议书》的意义在于，其前提是'过程'，而不是'结果'，同时为改善朝韩关系并和平共处，提出了基本特征。"（郑世铉：《〈朝韩基本协议书〉的法律性质及政治意义》，统一问题研究所编《统一问题研究》4-1，1992，第18页。）

但是，这并不是说"和平统一"的原则是相互没有碰撞的价值观。这里俨然存在着一定程度的"断裂"和"冲突"，因为基于"一个民族"愿望之上的"统一"将两个不同的个体和主体作为前提，随之，将某种暴力性及压抑性排除的"和平"价值观是建立在"一个"和"两个"之上的。从这一点来说，在朝韩关系中"二"的概念与没有血缘关系相连的"二"有根本性的区别。

在形同陌路、互不相干的关系中，我们不会在乎对方。这里"二"所指的意义贯通着对西方盛行的"多样性"和"差异"持宽容态度的自由主义者的态度，在这种情况下，"二"即是"两个"个体。但"在相爱的人们的关系"之中的"二"，因其旨在成为"一体"，因此这个"二"的个体就不是完全独立分开的"二"，"朝韩同时加入联合国"就是最好的范例。

当时，人们对这种"朝韩同时加入联合国"的局面非常担心，担心这会导致永久性的分裂。当然从表面来看，"朝韩同时加入联合国"，意味着国际社会正式认可了朝鲜半岛上存在两个国家的事实。也就是说，"三八线"以南是大韩民国，以北是朝鲜民主主义人民共和国。但是，在"朝韩同时加入联合国"的那一年，也就是1991年的12月，南北签订了《朝韩基本协议书》，重申这是南北"走向统一的特殊关系"。

对此，韩国超分裂和平论者的代表者权赫范[1]对"统一当然论"和"民族同质性论"进行了批判，更对统一概念本身持批判态度，主张"作为普遍价值观的和平"才是首要的。但是，这实际上是因为没有正确认识朝鲜半岛这一特殊境域，没能很好地把握"为和平的统一"和"为统一的和平"两者的辩证关系。[2] 从朝鲜半岛的角度去分析的话，"和平体制的构建是促进'作为过程的统一'的前提条件，具有现实意义"。另外，它蕴含着"统一的国家追求的是和平国家志向性"的内涵。[3]

---

[1] 权赫范：《从统一到超分裂：恢复民族同质性及对民族繁荣论的批判性反思》，《统一问题研究所》22，2000，第5~6页。

[2] 郑英徹：《朝鲜半岛的"和平"与"统一"：理论的紧张性和现实的同一性》，《朝鲜研究学报》第14册第2号，第191页。

[3] 权赫范：《从统一到超分裂：恢复民族同质性及对民族繁荣论的批判性反思》，《统一问题研究》22，2000，第5~6页。郑英徹：《朝鲜半岛的"和平"与"统一"：理论的紧张性和现实的同一性》，《朝鲜研究学报》第14册第2号，第191页。

（3）《6·15 共同宣言》和《10·4 宣言》：探索朝韩"共性"和"共赢"之路

根据《7·4 南北联合声明》和《朝韩基本协议书》而确立的"和平统一"原则，成为朝韩之间签订的南北协议书的基本前提条件，《6·15 共同宣言》和《10·4 宣言》正是建立在这种机制上的南北沟通的产物。之所以如此评价上述宣言的原因在于，《6·15 共同宣言》和《10·4 宣言》都是在"和平统一"原则之上，承认朝韩两国是志向统一的主体，尽管互相之间存在差异和不同，但在尊重差异的同时，力求摸索出相互之间的"共性"，减缓两者的对立和敌对关系，在和平原则中寻找超越"共存"的"共赢"之路。

朝韩两国首脑历史上首次在平壤举行了会晤，并达成了《6·15 共同宣言》，宣言表示朝韩首脑的相逢与会晤对"实现和平统一具有重要的意义"。宣言的第一条再次确认了"自主原则"，第二条认为，"对于南北统一，韩国提出了联邦制统一方案，而朝鲜则提出了较为松散的邦联制统一方案，两者具有共通性，今后应致力于这种统一方式的实现。"但是，"自主原则"已在《7·4 南北联合声明》中提及过，因此《6·15 共同宣言》中被认为有进步意义的是第二条。

白乐晴认为，《6·15 共同宣言》第二条应理解为"首先，虽然我们热盼统一，但这不能急于求成；第二，采取什么样的形式来实现统一，不要过早确定固定范式，现在我们去做现在所能做的为统一做准备的事情"，进而将此理解为"作为过程的统一"。① 但是，对于"统一"的概念，正如林东源和郑世铉所说，从《朝韩基本协议书》角度来看，可以从宋斗律所提出的基本统一哲学的认识论转换中找到《6·15 共同宣言》的历史意义。

他将《6·15 共同宣言》的第二条视为根本性的统一哲学的转换，即"南中有北""北中有南"，"寻找自我心中的他者"这一意识转变得以实现。② 他认为朝韩两国虽然因"三八线"分地而立，但两者并非互相无视对方存在的关系。从这个观点来说，他摆脱了裴忠律所言的以"三八线"为

---

① "需摒弃统一应走向单一型国家完整的统一的思想，在联邦制与比较松散的邦联制之间，如果双方哪一天找到了契合点，双方也相互认同的话，那就意味着已进入统一的第一阶段。我们需要这种思维方式。"白乐晴：《朝鲜半岛式统一：现在进行时》，《创作与批评》，2006，第 20~21 页。

② 宋斗律：《境界人的思考》，韩民族新闻社，2002，第 91 页。

界的"南与北"二选一的论调，从对统一认识的根本性的意识转换出发，确立了将"南与北"视作整个朝鲜半岛层面的思维方式。

随之，他主张如果摆脱"或南或北"的观念，做到"南中有北""北中有南"的话，就能从"北"的邦联制中找到"南"的朝鲜民族共同体，也能从"南"的朝鲜民族共同体中找到"北"的邦联制，他强调"超越南北之间相对立的体制和理念"，转换观念，树立朝鲜半岛整体意识，而不是"你死我活"的二选一，要有"南北共赢"的意识。① 因此，《6·15 共同宣言》是以民族统一的愿望为基础的，它承认南北之间的差异和不同，同时为了实现未来的统一目标，超越两国之间的差异和不同，寻求其"共性"的历史范例。

相反，在寻找"共性"的统一哲学认识论转换基础上发表的《10·4 宣言》已经超越了单纯的促进两国之间和平关系的"和平原则"，而成为南北双方共同探索"相生"道路上的一个范例。2006 年朝韩双方领导人会晤签署的《南北关系发展与和平宣言》被正式命名为《10·4 宣言》，宣言称"我们坚信如果我们民族能团结合作就一定能开拓出一个民族繁荣、自主统一的新时代，我们将在贯彻《6·15 共同宣言》的基础上发展朝韩关系。"为此，朝韩双方以朝韩共同繁荣为出发点，提出了具体而细节化的措施。

这些项目都是在"超越思想和制度的差异，相互信赖、尊重南北关系的基础上"提出的，并致力于诸如缓和紧张局势、保障地区和平、签订停战宣言、和平机制构筑等各种和平原则措施，除此之外，还包括在"为了民族经济均衡发展和共同繁荣，促进经济合作、互利共赢和互通有无的原则"下制定的推动经济发展方面的详细措施。② 因此，《10·4 宣言》可以说是一种范例，那就是朝韩是共同创建"统一"的两个主体，相互尊重为

---

① 宋斗律：《寻找统一的伦理》，韩民族新闻社，1995，第 235 页。

② 从这种意义上，郑英徹对《10·4 宣言》做了如下评价："2000 年朝韩首脑会晤中达成协议的《6·15 共同宣言》是朝韩关系历史的里程碑。但是，《6·15 共同宣言》中未提及有关和平的内容，这一点说明朝韩两国要走的路还很长。但之后南北关系回暖，又随着朝鲜半岛局势的和缓，终于迎来了《10·4 宣言》，宣言明确表示双方对和平体制构筑和朝鲜半岛和平达成了共识。可以说，这意味着'和平中的统一'和'统一中的和平'的关系是密不可分的。"（郑英徹：《朝鲜半岛的"和平"与"统一"：理论的紧张性和现实的同一性》，《朝鲜研究学报》第 14 册第 2 号，第 203 页。）

"共存"的"和平体制构建"共商谋策，进而从"统一的朝鲜半岛"的整体层面去探索"共赢之路"。

三　结语：沟通的精神与"统一"的构筑

如今，为了打破陷入僵局的朝韩关系，实现和平统一，最重要的是要回到协议书的精神和原则上来，虽然朝鲜和韩国存在着体制差异和对于正统性的竞争，但这些协议书是双方以统一为目标共同提出的，也是实现"作为过程的统一"的朝韩两国合作的产物。所谓的爱，就是能够意识到一个事实，就是"和我所爱的女人共同目视同一个方向"①，同时也是"不以我的观点为主，而是以两个人的视角去共同营造共同的生活"②，创造"一种共同的东西"。这正是《朝韩基本协议书》的意义所在。

朝韩协议书的价值不是因其比韩国或朝鲜某一方提出的方案更为具体明了，而是因为南与北的"两个"个体为了"统一的目标"共同创造出一种东西，然后在试图走向"合一"的民族同一化的意愿下，实现由南北两个主体推荐的"统一大业"，这必然隐含着一种危险系数，未来之路有许多我们无法预测的障碍物和绊脚石，但正因如此，才能够建立旨在南北沟通的合作心态。从这个意义来说，朝韩协议书是南北"沟通"的产物，也是凝聚着能够克服障碍的统一原则的文书。

所以，南北共同倡导的统一，不应该以韩国或者朝鲜任何一方提出来的价值观或者原则为主导，而是在和平统一的原则下，重新梳理朝韩协议书的精神，共同协商，求同存异，携手进步。在这种沟通与协议的意愿下，统一不单是两个国家的体制合并，而是超越这种体制合并，通过两个国家的沟通来重塑民族的"新生活"，③正如《6·15 共同宣言》和《10·4 宣言》所示，超越南北关系，寻求朝鲜半岛的民族共同性，辐射南与北的"共赢"之路。我们应有勇气重新开始这种冒险之旅。

（卢雪花译）

---

① Alain Badiou：《爱情礼赞》，曹在龙译，路图书出版社，2011，第41页。
② Alain Badiou：《爱情礼赞》，曹在龙译，路图书出版社，2011，第97页。
③ Alain Badiou：《爱情礼赞》，曹在龙译，路图书出版社，2011，第43~44页。

中国外交的转型与中国对
朝鲜半岛"再均衡"政策

〔韩国〕李熙玉[*]

一 引言

美国保守主义者认为，苏联解体、冷战体系结束之后，世界进入了罗马帝国之后前所未有的单极体系时代。他们坚信，以美国为中心的单极秩序，在民主主义和资本主义的世界支配力基础上，将会进一步强化。他们认为，中国的崛起主要局限在经济层面上，更有预测说，中国今后将会成为典型的西方国家去顺应自由民主主义国际社会。[①]

然而，2008 年的美国经济危机，不是一场单纯的金融危机，而是具有美国资本主义综合危机的性质。[②] 它意味着西方近代霸权的结束和新国际秩序的诞生。事实上，在这期间，虽然非西方世界逐渐地被西方化，但包括东亚国家在内的发展中国家的经济越发达，它们的当地化、本土化现象就越显著。传统视角认为，由于社会主义体制是一个棋盘模式，只改变其中的一部分实属不易。但中国却在改革开放以后，经历了 30 年以上的适应（adaptation）

---

* 〔韩国〕李熙玉，韩国成均馆大学政治外交学专业教授。

① Martin Jacques, When China Rules the World: The End of the Western World and the Birth of a New Global Order (New York: Penguin Books, 2012), p. 25.

② 袁泰俊认为，美国很难恢复产业资本和金融资本的分离给美国所带来的制度败笔。

〔韩〕袁泰俊：《百年激进》，金真公译，四季出版社，2013，第 169~176 页。

和萎缩（atrophy）的反复交替，依然维持着社会主义体制。① 另外，近代化论认为，经济的发展造就了中产阶级，而这些中产阶级又形成了市民社会的主导力量来建设"民主中国"，但这种近代化论是无法有效地说明今天的中国。相反，今日的中国，它不是"奇迹"的结果，人们更倾向于从实事求是的发展模式和软性权威主义的弹性上去寻找原因。②

特别是中国经济灵活运用市场规则促进经济发展，并使资本利益从属于国家利益，为非资本主义的市场经济开辟了道路。③ 从这一点来说，即便中国实行"民主化"，也不能保证那就是自由民主主义体制。④ 当前，中国以民族自豪感为基础，提出了国家富强、民族复兴和人民幸福的"中国梦"的政治理论，并制定国家战略来实现伟大梦想。⑤ 从短期目标来看，这一时期与"全面建设小康社会"、中国共产党建党 100 周年（2021 年）相一致。

"中国梦"以民族自豪感为依托，从这一点来看，中国新的国家目标将不会对国际秩序现有的游戏规则唯命是从。由此，出现了新型大国外交、周边外交、发展中国家外交、经济外交、主办国外交等新型外交形式。⑥ 它的核心是，一方面通过新型大国外交来确立强国外交的外交认同性，另一方面对东南亚这个中国核心周边地区进行积极的政策影射。中国的这种对外政策基本上都强调"核心利益"，通过海洋强国化、国防力的强化来实现军事平衡以及新型大国关系的扩大与适应等所谓的中国式"认同政治"。

因此，今后中国对于朝鲜半岛政策的变化，也将由 2008 年美国金

① David Shambaugh, China's Communist Party: Atrophy and Adaptation (Berkeley: University of California Press, 2008), pp. 161 - 181.

② Minxin Pei, "Is CCP Rule Fragile or Resilient", Journal of Democracy, Vol. 23, No. 1, Jan., 2012, pp. 27 - 40.

③ Giovanni Arrighi, Adam Smith in Beijing: lineages of the twenty-first century (London: Verso, 2007).

④ 关于中国对民主主义的多种解析参照了李熙玉、张允美：《如何实现中国的民主主义》，成均馆大学出版社，2013。

⑤ 中共中央对外联络部研究室：《中国梦与世界》，外文出版社，2013；《国际中国研究动态》2014 年第 1 期；最初的构想来自十八届三中全会《人民日报》2013 年 11 月 13 日。

⑥ 《京华时报》2013 年 12 月 18 日。

融危机后的中美关系以及东亚新兴力量的分布对中韩关系的影响来决定。尤其在朴槿惠—习近平体制形成以后，尽管中韩关系已迈上了"成熟的"战略合作伙伴这一较高水平的外交关系，但与两者的双边关系相比，新型大国关系和中日间矛盾日益上升的东亚秩序对其产生的影响更为深远。事实上，中韩两国之间并没有太大的隔阂，对中韩关系产生影响的主要因素是两国围绕朝鲜问题而严重的一些问题。中国的周边外交政策将会更加积极地影响韩国，更高水平的中韩两国关系的重构迫在眉睫。2014 年的中韩首脑会谈向我们很好地揭示了中韩两国国家利益的共同点和战略差异所在。

二　中国外交的转型

国际学术界对中国国力的评价包含了对其形象和实体的评价，也夹杂了一些主观臆造的断言（wishful thinking）。一般来说，威胁（T）可以用"能力（C）×意图（I）+认识（P）"来说明。[①] 也就是说，能力和意图中无论哪一个变量趋向于零，都不能构成威胁，但对对方的认识却是与能力和意图无关的独立变量。

一般而言，对中国国力的评价是通过经济力、军事力等硬性指标与软实力、话语权等软性指标来评价的。因此，尽管中国的综合国力在迅速增强，但在短时间内很难赶超美国的国力。[②] 尤为重要的是，美国拥有占世界军备40% 以上的军事力、强大的经济力、高水平的研发能力和教育质量、能够提供优秀劳动力的高质量中年人群及软实力等，纵观这些因素，美国仍然拥有无可比拟的实力。[③] 相反，虽然到 2020 年代中期，中国的 GDP 总量能够超越美国，但 2012 年底中国的人均 GDP 才停留在 6000 美元。特别是，中国的增长一直依靠海外直接投资和贸易，制造业在国际分工的价值链中并未占

---

① 〔日〕天儿慧：《中国は威胁か》，颈草书房，1997，第 6 ~ 20 页。

② 虽然阎学通教授预测在未来 10 年内（2023 年），可能会迎来中美两极体系，但中国的综合国力（综合国力 = 政治力 ×（军事力 + 经济力 + 文化力）到时才达到美国水平的一半。阎学通：《历史的惯性》，中信出版社，2013，第 19 页。

③ Josep Joffe, "Default Power: The False Prophecy of America's Decline," Foreign Affairs, Vol. 88, Issue 5, Sep./Oct. 2009, pp. 21 – 35.

有相对的优势。加上社会政治的腐败、失业、社会差距、环境污染等问题，中国则显示出了"脆弱的超级大国"① 的特征。

中国也认为 G2 体制或者"中美"的概念是不切实际的。② 因此，中国一直不介入与中国国力不相符的国际问题，只要中国的核心利益不受损害，就不愿去打破包括中美关系在内的现状。在这一点上，主张"韬光养晦"的乐观自由主义者的影响力是不容小觑的。他们一直强调政府的官方话语，即做好自己的事，摒弃大国主义的话语和行动，无论大国小国都要平等对待，"绝不谋求霸权"。③ 也就是说，中国的国内矛盾不允许其继续壮大可与美国相抗衡的军事力量，因此只有在国际社会允许、与中国的国际利益息息相关的领域上才"有所作为"。④

尽管中国迅速地崛起，但即便到了 2023 年，中国的综合国力也仅达到美国综合国力的一半。⑤ 中国的外交基调受限于强调攻势外交的政策集团和主张废除"韬晦"论的政策集团，但并未反映在决策上。纵观这些因素，中国的外交特征可以概括为：中国想要打破现有国际秩序的意志和能力都很脆弱，因此不会轻易地去挑战现有的国际秩序，而是会努力去适应。事实上，由于野心膨胀、独具魅力的理念、政治号召力、地缘政治环境的制约等因素，中国不可能具有像 20 世纪美国那样的领导力，很有可能会被世界趋势所同化。⑥ 也就是说，除了坚持领土和主权问题等核心利益之外，中国很有可能会逐渐地聚焦于恢复国际关系的民主化和公正的

---

① Susan L. Shirk, China: Fragile Superpower (Oxford University Press, 2008).

② Fred C. Bergsten, "A Partnership of Equals," Foreign Affairs, 2008, pp. 57 – 69; Nail Ferguson, "Not Two Countries, But One: Chimerica," Telegraph, March 3, 2007; 并且美国和韩国之间存在着战略差异，从现实的角度来说，全球紧密联系在一起，中美共治体系的形成希望渺茫。

③ 〔韩〕赵英男：《中国梦》，罗南出版社，2013，第 280 ~ 281 页。

④ 袁鹏：《"和谐世界"与中国"新外交"》，《现代国际关系》2007 年第 4 期，第 3 页；习近平上台以后一部分人分析认为，中国的外交将会向"积极主动有所作为"转型。贺凯：《中国外交向有所作为转型》，《世界知识》2013 年第 14 期，第 57 页。

⑤ 阎学通：《历史的惯性》，中信出版社，2013，第 18 ~ 22 页。

⑥ William W. Keller and Thomas G. Rawski, "China's Peaceful Rise: Road Map or Fantasy"; "China's Rise and the Balance of Influence in Asia" (University of Pittsburgh Press, 1997), pp. 193 – 207.

国际规范。①

　　然而，中国的世界战略和外交政策，在 2008 年美国金融危机以后，因中美之间力量对比的变化导致东亚次区域秩序发生变化，正在寻求一条新的道路，即东亚现有的国际秩序显示，美国所谓的自由主义秩序的规范力相对削弱，领导力也有所减退，中国亦无法提供"中国价值"和应对规范。在这一过程中，区域内成员的安保自主性增强，相对宽松的安保体制开始启动。② 随着东亚地缘政治安全保障竞争的激化，一个"封闭的世界"悄然筑起，并随之出现了指向东亚的领土纷争、历史争端、资源和能源以及海上运输等矛盾。换句话说，这一国际秩序不是约束了各国的政策和行动，而是相对强化了次国际秩序，并且大大提高了包括中国在内的区域内主要行为体的安全保障自主性。

　　在这个过程中，中国的新型大国关系论③应运而生。虽然新型大国关系的框架是"避免冲突与对抗、相互尊重、合作共赢"，但其内容也会根据具体情况而不断变化，它的意义和性质也有各种不同诠释。从长远来看，这意味着推动时代潮流前进的不是冲突而是合作，美国应实事求是地去接受中国崛起这一事实，并构建符合当前时代的新型大国外交，中美两国也应互相尊重核心利益。④ 事实上，中国已通过中美峰会向世界各国明确地阐明了这一意志。⑤然而，中国的新型大国外交可以被看作是一种大国改良主义（great power reformism），这意味着中国外交将逐渐摆脱传统的地缘政治学和发展中国家论，进而向强国作用论转变。另外，这一关系不仅适应于美国，也适应于俄罗斯等

①　实际上，如果这样的要素和友好的国家环境、国内政治瓶颈、政治家手段等一起使用的话，可能会实现和平的力量转移。Zhu Zhiqun, US-China Relations in the 21 Century: Power Transition and Peace（New York: Routledge, 2006）, pp. 167 – 185.

②　Stephan F. Szabo, "Welcome to the Post-Western World," Current History, January 2011, p. 10.

③　杨洁勉：《新型大国关系：理论、战略和政策建构》，《国际问题研究》2013 年第 3 期。

④　中国的《外交白皮书》中将"国家主权、国家安全、领土完整、国家统一、国家宪法所确立的国家政治制度和社会大局的安定、经济社会可持续发展的基本保障"作为核心利益。http://www.chinanews.com/gn/2011/09 – 06/3308862.shtml，检索日期：2013 年 10 月 9 日。

⑤　此次峰会以历史为鉴，登高望远，强调相互尊重、互尊互信、互利共赢。http://news.xinhuanet.com/world/2012 – 02/14/c_ 111522525.htm，检索日期：2013 年 10 月 4 日。

其他国家，即中国外交反映了新的时代环境，求"转变"的呼声正在日益强大。① 美国也认为，对中国实行根本性的封锁是不可能的，也是不应该的。很明显，美国对华实施"封锁／介入"战略也是以接受中美之间利益均衡体制为前提的。②

三　东亚再均衡和反均衡秩序

（1）中国的反均衡政策

美国曾经历过无数次的危机、经济滞涨和国际纷争，但从美国的实力仍大于其他国家实力之和 ［P（U）＞ΣP（Rest）］ 的角度来看，可以说美国仍保持着单极霸权地位。③ 美国之所以能够坚守霸权地位，是因为其领导层对本国抱有自信及对国际市场强大的掌控力，而中国作为挑战国，追赶美国心有余而力不足。但是，曾为国际社会提供公共产品的美国霸权能力相对衰退，曾代表资本主义的美国价值失去了原有的号召力，而且至今未找到明确的应对方案。在这种情况下，美国当下面临的问题是应该抛弃泛美主义（Pan Americanism）思想，首先解决自身的生存问题。这也是美国从伊拉克和阿富汗战线撤回，重返东亚牵制中国的背景。④ 美国的这种外交行为可视作从修正主义转向不介入和维持现状的表现。

---

① 〔韩〕赵英男：《中国梦》，2013，第 283 页；《未来十年的中国外交转型》，《环球网》，http：//www. huanqiu. com，检索日期：2012 年 1 月 7 日；中国把美国作为利益相关者和规则制定者，对美运用了多种金融套头交易政策。Evan S. Medeiros，"Strategic Hedging and the Future of Asia-PacificSt Ability，" The Washington Quarterly，2005，pp. 145－167.

② 虽然美国以现实主义的悲观主义为基础躲避传统的安全困境，中国崛起的力量优势也让美国意识到了牵制中国的必要性。Jeffery A. Bader，Obama and China's Rise：An Insider's Account of America's Asia Strategy（Washington D. C：Brookings Institute Press，2012），pp. 70－71.

③ 李熙玉、于婉莹：《"均衡"的东北亚国际关系与半岛安全结构》，《东北亚论坛》2014 年第 2 期。

④ Aron Friedberg，A Conquest for Supremacy：China，America and the Struggle for Mastery in Asia（New York：W. W. Norton，2011）；Aron Friedberg，"Bucking Beijing：An Alternative US China Policy，" Foreign Affair s，Vol. 91，No. 5，September/October 2012.

在这种背景下，重返东亚的美国最重要的政策目标就是阻止中国崛起，防止打破亚太地区的力量均衡。另外，诱导中国适应美国主导的现行国际秩序，促使其增加在反恐、人道主义灾难救援、粮食安全、环境问题等公共管理上的贡献度，在阿富汗、中东、南亚、东北亚等问题上发挥建设性的作用，相互尊重各自的核心利益，合作共进。① 为此，美国的许多东亚政策得以具体化。第一，加强与传统友好国家同盟关系的同时，与印度、缅甸、印度尼西亚、越南等在牵制中国上具有战略意义的国家建立了新的安全关系。无视中日之间的领土纷争和日本右倾化问题，美国甚至重新修订了《美日防卫合作指针》，支持日本的集体自卫权构想，并对日本的"国家正常化"实际上采取了默认的态度，这些全都是为了牵制中国。第二，积极参加亚太地区各种多边机制。美国参加东亚峰会并主导跨太平洋线路经济伙伴关系协议（Trans-Pacific Partnership，TPP）是出于战略意义的，旨在牵制中国主导的多边主义。②

中国的东亚战略，意在促进经济的可持续发展，构建以中国为中心的安全环境。第一，加深与俄罗斯等强邻友邦的关系，以此来牵制美国，并充分利用朝鲜等国的地缘政治价值，在中美关系中占据重要的战略地位。第二，对周边国家实行"睦邻、安邻、富邻"的睦邻友好政策。③ 特别是习近平主席提出要努力寻求同各方利益的汇合点，确立正确的义利观，对此具体提出了"亲、诚、惠、容"的四字理念。④ 这是为了削弱植根于怀揣历史记忆的周边国家中的中国威胁论，冲破美国对中国的围堵。第三，对于美国传统的盟国——日本和韩国，欲削弱或抵制其同盟体制，同时与俄罗斯、朝鲜等国

① 金灿荣、刘宣佑、黄达：《美国亚太再平衡战略对中美关系的影响》，《东北亚论坛》2013 年第 5 期，第 12 页。

② 美国在 2011 年 11 月还参加了之前犹豫不定的东亚峰会（EAS）。"U. S. Joins East Asia Summit：Implications for Regional Cooperation"，http：//www. nbr. org/research/activity. aspx？id ＝ 183E，检索日期：2012 年 12 月 19 日。

③ 陈向阳：《中国睦邻外交》，时事出版社，2003，第 266 ~ 270 页；在习近平第一执政期的对外政策中仍然贯彻着这个内容。《睦邻、安邻、富邻新一届政府开展周边外交活动》，http：//www. gov. cn/jrzg/2013 – 11/03/content 2520429. htm，检索日期：2013 年 12 月 20 日。

④ 王毅：《坚持正确义利观积极发挥负责人大国作用：深刻领会习近平同志关于外交工作的重要讲话精神》，http：//www. gov. cn/jrzg/2013 – 09/10/content_2484898. htm，检索日期：2013 年 12 月 20 日。

家进行战略合作，共同构建对抗轴。第四，中国同时追求三种战略，即对于非战略性利益采取让步、加强援助等措施，同时改善国家形象的新单边主义（Neo-unilateralism）；通过自由贸易区和地区主义来确保桥头堡地位的新双边主义（Neo-bilateralism）；原则的多边主义和工具性的多边主义相结合的新多边主义（Neo-multilateralism）。① 实际上，中国在 1994 年确立新安全观后，积极利用 ARF（东盟地区论坛）、SCO（上海合作组织）、"ASEAN + 3"（"东盟 + 3"）等区域多边安全对话机制，努力使"六方会谈"机制发展成为东北亚的多边安全体制。特别是中国为对抗美国的跨太平洋战略经济伙伴关系协议（TPP），对区域内所涵盖的区域全面经济伙伴关系（Regional Comprehensive Economic Partnership，RCEP）的签订给予高度重视。虽然 TPP 把创建新的贸易规范作为目标，RCEP 的目标是建立市场一体化，但二者互相重叠的自由贸易区使贸易成本大大减少。另外，尽管亚洲相互协作与信任措施会议（Conference on Interaction and Contidence-Building Measures in Asia，CICA）和亚洲基础设施投资银行（Asian Infrastructure Investmet Bank，AIIB）讨论的出发点不同，但它们的政治意图都是为了挫败美国企图削弱中国周边势力的意图，进而扩大中国的影响力。

但是，中国的东亚战略是很难转变成攻势外交的。除了领土问题和历史问题等核心利益之外，中国虽然在东亚批判美国的单边主义，但又不愿成为否认美国的地位来打破现状的国家，因此采取折中主义的立场。因为中美之间的长期矛盾会导致军备扩充带来的负担、贸易摩擦、台湾问题的恶化、民主化外部压力的加重等。另外，中国还力图消除"中国威胁论"，实现所谓世界强国真正意义上的强国化。从这一点来看，尽管习近平时期的外交把胡锦涛时期的"和平崛起"改为"和平发展"，但实质上没有大的变化。②

当美国爆发金融危机时，中国却保持着相对稳定的经济增长，并对本国的政治体制充满自信，中国对美国的认识也逐渐发生了变化。因此，在这一过程中，中国强调"中华民族伟大复兴"的同时，还强调了指向多极化的和谐世界和"国际关系的民主化"倾向。如此看来，中国崛起内含的国际

① 〔韩〕李熙玉：《东アジアの地域协力：多角的な安全保障协力に中心に》，《法政论集》，2011。

② Robert G. Sutter, China's Rise in Asia: Promises and Perils. Plymouth（U. K.：Rowman & Littlefield, 2006），pp. 265 – 278.

政治意义，并非指向今后中国走西方化所做的准备过程，①而是通过中国模式的革新来寻找中国的存在方式和中国式外交认同性的过程。

表1　单级体系下的美国外交及中国和韩国的应对*

单级体系下的美国外交行为及选择			
维持现状	不接触	修正主义	扩张
美国			

中国和韩国的外交行为和选择					
硬制衡	软制衡	规避	中立	追随	地区平衡者
中国			韩国		

* 李熙玉、于婉莹：《"均衡"的东北亚国际关系与半岛安全机构》，《东北亚论坛》2014年第2期。

基于此，我们可以预测东亚的新秩序，对此也有多种视角。一种模式是中国霸权模式或中国向美国挑战的霸权竞争模式。但是，这一模式有局限性，那就是中国的实力尚且不足，中美在安全和经济领域的相互依存度不断升温，这种模式是中美两国都不愿看到的局面。另一种模式是以美国为中心的"中心辐射型（hub and spokes）"模式，以及以东亚国家的共同安全和共同繁荣为基础的"大国协调"模式。然而，这些模式在东亚增强互信和国家实力的非均衡等方面尚有局限性。与之相反，下列这几种模式具有现实性，如强化中美之间战略伙伴关系的共治模式、规范共同体模式、复合相互依存模式等。当然，与其说是这些模式中的某一模式发挥了典型的作用，不如说是几个模式的功能共同体现在某个模式上。②今后，日本有可能导致中美两极体系产生裂痕，并为构建中美日三国鼎立之势大力提高其国家实力，但在安全环境方面很难从根本上取替中美共同治理模式。因为就全球范围来说，中美之间的力量对比保持着不对称性，但就整个东亚地区而言，两国势均力敌。

（2）中日关系和亚洲悖论

现在，东北亚存在一种悖论，虽然经济上的相互依赖不断深化，但政治

① Martin Jacques, When China Rules the World: The End of the Western World and the Birth of a New global Order (New York: Penguin Books, 2012).

② David Shambaugh ed. , Power Shift: China and Asia's New Dynamics (Berkeley: University of California Press, 2005), pp. 12 – 19.

矛盾与安全合作却没有进展。① 为了克服这种现象，韩国政府提出了东北亚和平合作构想。这一概念虽然还在构想阶段，但基本上会以先易后难的方式来推进，即从软性安全问题（soft security issues）着手逐渐发展到硬性安全问题（hard security issue）。这对解决因硬性问题陷于僵局的东北亚安全问题颇具意义。韩国认为，现有的"六方会谈"、朝鲜半岛信任进程构想、东北亚和平合作构想可作为解决东北亚问题的一种方法论，具有良性循环的结构。2013 年 6 月，中国通过中韩之间签订的《中韩面向未来联合声明》及朴槿惠—习近平峰会，对东北亚和平合作构想表示了原则性的支持。② 但是，东北亚的矛盾从根本上来说是冷战的遗产和近代与后近代之间的冲突，所以短期内很难消除。在这一过程中，不要说消除矛盾，更有一些势力和集团试图通过这一矛盾来渔翁得利。

深化这种东北亚悖论的原因之一是日本。诸如钓鱼钓"国有化"问题的日本右倾化现象，就像是吸引所有问题的东北亚黑洞。日本的对华政策目标是实现对中国的平衡。面对试图进入西太平洋的中国，日本一方面强化美日同盟的外部平衡（external balancing），另一方面加强自身防御能力的内部平衡（internal balancing）。之所以如此，是因为日本还将中国视为自由主义国际秩序的挑战者，提出通过"自由与繁荣之弧"包围中国。安倍内阁在"这是走向'强大日本'的最后一次机会"的认识下，将安倍经济学与历史修正主义结合起来，以此来保障其前进的动力。

对于中日关系，我们可以从东北亚秩序结构、国家及具体事件三个层面进行分析。第一，从东北亚秩序的结构来看，中国已经不是在美国管控下听之任之的规则遵循者，在必要的时候，中国亦开始发挥规则制定者的作用。第二，从国家层面来看，习近平体制与安倍内阁形成后，两国政府都处于确立外交政策的过程中。日本从防御能力最大化、安静外交转向"主张外交"与价值外交；而中国则采取海洋强国化、积极外交、传播中国制度的软实力外交来应对日本的政策变化。在这一过程中，两国新政府的"认同政治"

① 〔韩〕东北亚和平合作构想小组：《东北亚和平合作构想》，高升出版社，2014。
② 在 2014 年峰会上，东北亚和平合作构想并未含置其中。这并不是因其主旨所导致的，应该是韩中两国间对于亚洲地区安全构造问题上的认识差异所导致的。韩国政府对于中国所强调的亚洲互相协作与信任措施会议和亚洲基础设施投资银行并未转变态度的情况下，中国对此公开支持应有过顾忌。

发生了冲突。第三，从具体事件的层面来看，日本实行钓鱼岛"国有化"，拒绝与历史对话，否认过去，两国在这一问题上存在着体面外交与感情外交，并在历史问题和领土纷争问题上互不让步，这些问题均已被纳入安全领域。

中国也凭借崛起的力量展开了攻式外交。中国改变路线，以"主动作为"替代可以称之为防御现实主义的"韬光养晦"路线，积极参与国际问题处理。① 来自中国网民的舆论被深刻反映到中国的决策过程当中，体现出强烈的民族主义和国家主义色彩。中国并没有采取像 2010 年中日关系恶化时禁止稀土类矿产出口等经济措施，但对于中日之间的矛盾，日本国内的批判呼声越高，中国的应对就越从容。中国以"欲盖弥彰，越抹越黑"来②批评日本对历史的认识；另外，中国外交部发言人表示"中国领导人很忙，我们还是让他们有更多的时间来做有用、有效的事情"。③ 2014 年举行的全国人大会议通过将 12 月 13 日设立为"南京大屠杀"死难者国家公祭日，中国外交部表示，"如果日本蓄意继续挑战中日关系的底线，中方必将奉陪到底"。④ 如上所述，中日两国关系现在处于强硬对强硬的针锋相对的局面。

近来，造成日本选择这种充满矛盾的行径的原因与美国的东亚政策不无关联。由于财政困境，美国对日本推行"责任外包（outsourcing policy）"的外交来加强美日、美日韩同盟体制，确保牵制中国的效果。时隔 17 年，美国与日本协议修改了《日美防卫合作指针》，使日本实现国家正常化更进一步。但在 2007 年，美国众议院表决通过慰安妇决议，7 年后美国总统签署了包括日军"慰安妇"问题在内的 2014 年财政预算案，并呼吁日本"只有尊重历史，才能解决问题"，在这一问题上与日本划清了界限。但是，美国

---

① 袁鹏：《和谐世界和中国新外交》，《现代国际关系》2007 年第 4 期，第 3 页；贺凯：《中国外交向有所作为转型》，《世界知识》2013 年第 14 期，第 57 页。

② 王毅：《安倍的辩解是欲盖弥彰，越抹越黑》，新华网，2014 年 1 月 23 日。http：//news. xinhuanet. com/world/2014 - 01/ 23/c_ 119104800. htm，检索日期：2014 年 5 月 11 日。

③ 秦刚：《外交部例行记者会》，新华网，2014 年 1 月 23 日，http：//news. xinhuanet. com/world/2014 - 01/23/c_ 126052142. htm，检索日期：：2014 年 5 月 11 日。

④ 秦刚：《外交部例行记者会》，新华网，2014 年 1 月 23 日，http：//news. xinhuanet. com/world/2014 - 01/23/c_ 126052142. htm，检索日期：2014 年 5 月 11 日。

在日本向正常国家迈进的过程中，基本上采取了袖手旁观或默认的态度。2014 年奥巴马访日时明确表态："钓鱼岛在美日安保条约的管辖之下"。①

如此看来，中日关系存在的问题并不仅仅是简单的主权或历史认识问题，未来中日关系还会在诸多因素的综合作用下展开。中国颇有代表性的现实主义国际政治学者阎学通教授曾指出，在未来 10 年内世界将会形成两极秩序。如果这样的秩序变化出现在东北亚的话，美国将会通过亚洲再均衡政策来减缓中国崛起的速度，中国也将积极实行对抗美国的反均衡政策。同时，日本也频频出招插队，旨在形成中美日三国鼎立的结构。

四　中国对朝鲜半岛的"再均衡"政策

美国致力于将东北亚势力均衡的局面朝着有利于美国的方向发展，特别是通过强化地区内双边同盟和区域同盟制衡中国。从这一点来说，朝鲜半岛是重要的战略据点。从中国的立场来看，朝鲜半岛亦是中国对冲美国对华封锁网的战略要塞。结果，朝鲜半岛作为中美间的一个战略生命圈（lebensraum），也被拓展成了利益的重叠领域。② 中国对朝鲜半岛的政策也随着中美关系和美国东亚政策的转变而出现新的变化。中国希望跟韩国和朝鲜都能成为友好邦国，因此与二者都保持着均衡的双边关系。虽然中国对朝鲜"一边倒"政策已经消失，但这并不意味着从此中韩关系就会完全走向"一边倒"。也就是说，中韩关系和中朝关系都处于中国对朝鲜半岛的战略构想之中，表明中国想要同时与两国发展关系的强烈意愿。③

中国历来对朝鲜半岛问题的政策是通过对话和协商原则来解决半岛的和平与安定、半岛无核化问题。尽管新一届政府反对朝鲜进行核试验，但朝鲜还是一意孤行，于 2013 年进行了第三次核试验，之后中国的对朝政策，特别是对朝鲜核政策发生了变化，即将现有的对朝鲜半岛的政策调整为朝鲜半

---

① Obama，"U. S. Treaty Commitment to Japan is 'Absolute'"，U. S. Department of Defense，2014. 4. 24，http：//www. defense. gov/news/newsarticle. aspx？id = 122120，检索日期：2014 年 5 月 11 日。

② 〔韩〕李熙玉：《中国的崛起与中美关系的新变化：重叠的扩大与矛盾的日常化》，《外交安全研究》2010 年第 6 卷第 2 号，第 52 ~ 55 页。

③ 〔韩〕车昌勋：《中国的对朝鲜半岛政策》，《韩国和国际政治》2013 年第 29 卷第 1 号，第 82 页。

岛无核化、朝鲜半岛的和平与安定、通过对话和协商解决半岛问题。① 虽然这一政策的变化不无受朝鲜第三次核试验的影响，但从根本上来说，它强调了中国主张朝鲜半岛无核化的意志，这也是中国向美国传达的一种讯息，那就是在解决朝鲜核问题上中国和美国拥有共同的认识。

当然，中国对朝鲜半岛外交措辞的变化并不代表其外交政策根本性的变化。因为在中美之间矛盾与竞争同在的局势下，对朝鲜核试验的批判是在所难免的，并且也不能无视朝鲜核试验对东北地区核安全环境所产生的影响。加上，中国对朝鲜核试验所引发的朝鲜半岛现状的变化对中国可持续发展产生的影响表现出极大的担忧。虽然中国对朝鲜半岛的政策是通过半岛无核化来谋求朝鲜半岛的和平与安定，但也将继续主张通过对话与协商解决问题。然而现在中国的政策有了些变化，可以说这些变化是从更长远的角度去考量实现无核化、对朝政策等。为此，中国一再强调中韩关系的安定，并通过与朝鲜的经济合作，推行中国所谓的"再均衡"政策。

综上所述，可以看出中国针对朝鲜半岛制定了"维持现状"的柔韧性政策，以及追求中韩关系与中朝关系的安定和发展并行的战略，把整个朝鲜半岛作为一个政策单位。特别是中国区别对待"朝鲜核问题"和"朝鲜问题"的性质，显示了对不首先解决朝鲜问题就很难解决朝鲜核问题的现实性认识，尤其是2008年美国爆发金融危机之后，中国对美国认识的变化使这一政策具有可行性。这就是2009年第二次核试验之后，中国对朝政策的调整依然走向正常化的背景。② 这也是中国在金正日逝世后，迅速对金正恩体制表示支持，为朝鲜能够以正常国家参与到国际社会而铺平周边环境的政策背景。

中国朝鲜半岛政策的"进化"，在重新确立中韩关系的过程中也得以体现。在中韩关系上，中国的"反均衡"政策与美国的东亚"再均衡"政策并行；在中日关系上，从地缘政治的角度出发，中国与位居东北亚核心地带的韩国构筑共同的历史问题认知，共同对冲日本的右倾化倾向。

---

① 《王毅强调中方在朝鲜半岛问题上三个"坚持"立场》，http：//news. xinhuanet. com/world/2013 –04/13/c_ 115377162. htm，检索日期：2013 年 4 月 30 日。

② 此观点参考了下面的详细研究。李熙玉、朴龙国：《中国的对朝鲜同盟安全困境管理：以对美国的认识和朝鲜地政学的再构成为中心》，《中苏研究》2013 年第 37 卷第 3 号。

中韩建交后，中韩关系的发展如表 2 所示。① 在较短的时间内，韩国与俄罗斯、巴基斯坦、印度、越南、蒙古等国家建立了高层次的战略关系。② 值得注意的是，中国与韩国的关系取得了空前的发展，与 1992 年前后同中国建交的任何一个国家相比，韩国与中国的关系都有过之而无不及。继 1992 年建立了友好合作关系之后，1998 年中韩政府之间又构建了"合作伙伴关系"；2003 年两国将伙伴关系上升为"全面合作伙伴关系"；2013 年和 2014 年中韩两国在维持原有外交关系形式的前提下，发表了《中韩面向未来联合声明》。③ 声明表示，为了强化对朝鲜半岛无核化的共同认识和战略沟通，决定召开高级别对话、充实战略对话、扩大全方位合作和公共外交合作。战略关系的充实化超越了双边关系，具有谋求区域合作、全球性合作的意义。从战略角度来看，不仅遏制了美国在朝鲜半岛影响力的扩大，也防止了美国在朝鲜半岛单方面实行的对华封锁。

表 2　中韩关系的发展过程

区别	时期	中国	韩国	特征
睦邻友好关系	1992 年	改革开放政策、经济互补性、对台压力	北方外交、确立国际地位	卢泰愚—江泽民
合作伙伴	1998 年	责任大国论、需要牵制美国的单边主义、多极化	阳光政策、经济合作	金大中—江泽民
全面合作伙伴	2003 年	和平崛起、六方会谈	解决朝核问题、平衡者外交	卢武铉—胡锦涛
战略合作伙伴	2008 年	牵制韩美同盟、和谐外交、软实力	重视韩美同盟	李明博—胡锦涛
成熟的合作伙伴关系、充实化	（2013 年）2014 年	防止对美倾斜、区域合作	中国作用论、朝鲜无核化、自由贸易协定（FTA）	朴槿惠—习近平

---

① Lee, Heeok, "China's Policy toward（South）Korea：Objectives of and Obstacles to the Strategic Partnership," Korean Journal of Defense Analysis, Vol. 22, No. 3, September, 2010, pp. 283 – 301.

② 对韩中关系建交 20 年的总体评价，请参照：李熙玉、车载富：《1992～2012 韩中关系的发展：成果与展望》，东北亚历史财团，2012，第 18～22 页；郑在浩：《韩中"战略合作伙伴"关系的新解析》，《东北亚论坛》2013 年第 5 期，第 36～41 页。

③ 《人民日报》2013 年 6 月 28 日；在 2014 年的韩中峰会上，韩中两国建立了"成熟的"战略合作伙伴关系。《人民日报》2014 年 7 月 5 日。

五 "新型"中韩关系面临的问题

虽然中韩关系取得了一定的发展，但如何构建新型中韩关系，进一步提升中韩两国关系的层次，是当前所面临的问题。① 首先，两国的国家战略和政治体制不同，与同俄罗斯、越南、印度、巴基斯坦、蒙古建立的战略合作伙伴关系相比，中韩关系在"战略具体性"方面存在着差异。这主要体现在朝鲜半岛统一及未来韩国、韩美同盟、朝鲜核问题及朝鲜问题、相互认识等影响两国关系的根本因素上。

首先，对于未来韩国和朝鲜半岛统一的认识差异。中国一直以来在原则上公开支持朝鲜半岛统一，其核心是自由、和平统一，并通过对话、信赖、协商的方法来改善朝韩关系。中国一方面认为，外部势力的介入将会使朝鲜半岛的统一实际上变成"吸收统一"；另一方面也表示了朝鲜半岛自主、和平的统一进程才更加符合中国的立场。因此，韩国政府为改善朝韩关系而做出积极的努力，中国表示支持并积极合作。② 但是，中国尚无法确定朝鲜半岛的统一是否有利于中国的国家利益，因此实际上停留在维持现状的局面上。而韩国国内的大部分人则认为，中国其实是希望维持朝鲜半岛现状的。③ 他们认为，与其说实现"中立化"的朝鲜半岛统一，不如实现自由民主主义价值下的半岛统一。随着中美关系的变化和中国的可持续崛起，对中国作用论的评价也将会有所改变。

其次，对韩美同盟的认识差异。虽然在程度上有所差异，但历届韩国政府一直强调韩美同盟是韩国安全环境的基本轴。即便是曾经指出韩美之间垂

---

① 〔韩〕李熙玉：《新的 20 年：韩中关系的新思考》，《成均中国观察》2013 年第 3 期，第 8～13 页；李熙玉：《21 世纪韩中关系的课题与研究方案》，《中国战略观察》2000 年第 4 期。

② 在韩中首脑会谈中，朴槿惠总统、习近平主席就朝鲜半岛统一问题进行了非公开的深层次的对话。习近平主席特别强调了"中国支持朝鲜半岛的和平统一"。此外，韩国为了准备统一时代的到来，准备与周边国家合作的这一新战略构想也反映了韩国的立场。《对韩中首脑会谈高层参与者的采访》，《朝鲜时报》2013 年 2 月 17 日。

③ 中国国内有关朝鲜半岛统一的利弊的分析请参考：李熙玉：《朝鲜半岛问题与中国的作用》，《韩国与国际政治》2004 年第 2 期。

直关系所存在的问题的卢武铉政府，也并没有把中韩关系和韩美关系对等地均衡起来，事实上这两种关系之间存在着一定的战略性差异。随着韩国保守政权的上台，韩美同盟的强化变成了一个基数。问题在于，中国对韩美同盟的认识也正在发生变化，虽然中国至今都未对驻韩美军和韩美同盟表示过明确的支持，但中国事实上已经接受了美国作为域外平衡者的身份。但是随着中国的崛起、美国的再均衡政策的全面启动，韩国很有可能被牵扯其中，中国也将强烈指出根植于韩美同盟的问题。事实上，李明博政府上台初期，通过加强与美国的价值同盟、韩美自由贸易协定等经济同盟时，中国对此表示了批判性立场。当美国以"天安舰"事件为由，进驻朝鲜半岛周边海域时，中国并不认为韩美同盟的这种做法对朝鲜半岛的和平与安定产生积极的影响。① 因此，中国很有可能要求韩国均衡韩美关系和中韩关系。② 特别是对韩美、中韩关系同时牵扯的事件，中国的担忧会持续升级。最近中韩两国在萨德（末端高空区域防御，Terminal High-Altitude Area Defense，简称THAAD）问题上的认识差异就反映了这一问题。

第三，对朝鲜核问题和朝鲜问题的认识差异。韩国曾实行过所谓的"阳光政策"和严格的互惠主义政策。结果，虽然取得了一定的成果，但同时也有很多局限性。中国也经历过类似的路径，一方面强烈反对朝鲜核试验，对其实行强烈的批判和限制政策，但也同时推进接触政策，保持与朝鲜的经济合作。新一届中国政府更加巩固了对朝鲜半岛无核化的立场，③ 但也体会到高压政策导致美朝在排斥中国的情况下进行直接对话的影响，因此从

① 中国外交部发言人曾公开指出"韩美军事同盟为内战遗产"，导致韩中两国出现外交摩擦。外交部发言人秦刚举行记者会，http://fmprc.gov.cn/chn/pds/wjdt/fyrbt/t71488.htm，检索日期：2010 年 7 月 8 日；美国对朝鲜半岛军事训练的正式批判参考如下：《中国再次强烈呼吁朝韩保持冷静克制尽快进行对话接触》，http://news.xinhuanet.com/politics/2010－11/25/c_ 12817646.htm，检索日期：2012 年 10 月 8 日。

② 阎学通教授强调韩美同盟和韩中同盟的同时建立是使韩国的安全得到保障的有效途径。虽然这不是中国政府的正式立场，但也明确地反映了中国政府的认识变化。阎学通：《历史的惯性》，中信出版社，2013，第 198～199 页。

③ 中国在表面上强调朝鲜半岛的无核化，因韩国政府没有持有核武器的意愿，国际社会也不会认可韩国拥有核武器，所以朝鲜半岛的无核化事实上意味着朝鲜的无核化。虽然中国也主张朝鲜半岛的无核化，但实际上是反对朝鲜拥有核武器。

中长期的角度调整了对朝政策。从这一点可以看出，就朝鲜半岛无核化问题来说，中韩两国存在方法论差异。中国为实现朝鲜半岛无核化，对朝鲜"有理由的安全担忧"予以考虑，更加致力于维持周边国际环境的安定。因此，中国要求重启"六方会谈"机制。但韩国政府更加强调，朝鲜应就无核化问题首先采取"有诚意的措施"。同时，韩国希望中国能在牵制朝鲜不再重复协商与挑衅的恶性循环方面发挥更大的作用。另外，两国在朝鲜核问题和朝鲜问题处理方法上也存在着差异。尽管中国同时采取介入和限制政策，但并未促成朝鲜体制的变化，因此对朝鲜核问题和朝鲜问题应区别对待。但是韩国并没有将这两个问题区别开来，或采取互惠主义政策，或通过国际合作来解决朝鲜问题。

第四，中韩之间相互认识的差异。两国之间的战略合作伙伴关系体现了跨越冷战思维、寻求合作的时代精神。但严格说来，中韩两国拥有不同的体制和意识形态。事实上，韩国国内蔓延着"中国威胁论"，中国同样认为韩国置于"美国的保护伞"下，无不想在中美关系的大框架下解决问题。如此，中韩两国之间的认识差异和期待视野已宽泛地体现在东亚的多边合作、历史认识与文化认知等方面。[1] 还需关注的是，中韩建交20年来两国已进入全方位合作关系，原本潜藏着的矛盾全都浮出水面，对政治安全关系产生了影响。2013年对防空识别区域问题的相互认识差异和态度差异就是其例。[2] 从两国网民的舆论可以影响对外政策这一事件中也可以看出，两国之间的相互认识差异很有可能影响两国关系。

六 结语

随着国力的提升，各国的外交政策不断变化，这是一种极其自然的现

---

[1] 李熙玉、车载富：《1992～2012 韩中关系的发展：成果与展望》，东北亚历史财团，2012，第 185～220 页；在 2014 年韩中峰会上，韩中两国在区域问题上存在很大分歧，中国一直强调的亚洲相互协作与信任措施会议（CICA）和亚洲基础设施投资银行（AIIB）没有得到韩国的明确支持，其结果使东北亚和平合作构想失去了韩国的支持。Lee Heeok, "South Korea-China Relations, What has Changed and What will be Sustained?" EAF Policy Debates, No. 6, 2013.

[2] 李熙玉、全炳坤、赵世荣：《东北亚的复合构造》，《成均中国观察》2014 年第 10 卷。

象。中国的新型大国外交和周边外交从根本上说，也是为保障其核心利益而做出的一种外交回应。从这一点来说，认为中国的崛起会加剧自身安全困境的言论过于片面化。事实上，"中国威胁论"源于近代西方民主主义是非常普遍的，以及美国例外主义是基于行为和模范这一理论。西方渲染"中国威胁论"暗含着将其扩散并同质化的政治意图。

虽说中美两国之间的力量对比有所变化，但在短时间内，很难实现力量转移。两国的相互依赖度很高，相互利益息息相关，在全球竞争的格局中依然具有广泛的合作基础。纵观因核武器引发的规避风险、相互依赖度、社会开放度、人力交流等因素，即便在东亚形成了中美两极体系，东亚也不会回到昔日的美苏冷战时期的国际秩序。但是从东亚的角度来看，中美之间随时有可能正式展开力量角逐，这将对中韩关系产生巨大的影响。尽管中韩关系因中日矛盾和朝鲜核问题而产生"信赖赤字"的现象，对韩美同盟和中韩战略伙伴关系的未来设计也只停留在政治措辞上，并没有进一步明确的态度，但是美国认为韩国正逐渐变成"小中国"，同时中国对韩国的对美倾斜也表示担忧。不仅如此，在朝鲜问题上，中国希望韩国能够利用韩美同盟采取更为积极的对朝政策，而美国和韩国则希望中国发挥能够促进朝鲜体制变化的影响力。

在这样的环境下，韩国政府选择了加强韩美同盟，并充实中韩战略伙伴关系。韩国意识到了中国的安全忧虑，对美日韩地区同盟体制和东北亚导弹防御体制的参与持消极态度，同时又考虑到美国的担忧，在中韩关系上采取政经分离的态度，在朝鲜问题和朝鲜核问题上强调韩美互助。问题在于，随着中国的崛起和中国对朝鲜半岛政策的变化，上述应对将会变得更加困难。为了解决这一问题，中韩两国应在互相尊重对方核心利益问题上达成共识，还需进行思想上的大转变，① 这样可以应对"友邦共享"的中国的主张，并在中国的东亚霸权秩序形成之前，确保构建起由内到外的和平环境，进而构筑东亚区域主义战略、连锁风险分散战略、个案战略危机管理机制等。

（卢雪花、郑菲菲译）

---

① 门洪华认为，这些思想可以源自改革主义、经济主义、地域主义、和谐主义。门洪华：《魅力中国》，成均中国研究所译，成均馆大学出版社，2014，第 1 ~ 15 页。

东北亚跨境合作趋势及课题：
以大图们江开发计划为例

〔韩国〕任乙初*

一　绪论①

中国国家主席习近平和韩国总统朴槿惠于 2013 年 7 月 3 日举行首脑会谈，就大图们江开发计划（Great Tumen Initiative，GTI）发展成引领东北亚地区发展的经济合作组织进行协商并达成了协议。有评价称，这一协议将会夯实韩国总统朴槿惠所主张的"欧亚倡议"的基础。

大图们江开发计划是以图们江下游为中心，通过开发东北亚地区的交通、能源、旅游、环境领域来实现引资的合作计划，因此位于图们江流域的朝鲜、中国、俄罗斯、韩国和蒙古等国家都被辐射其中。我们期待这一计划能够深化区域内国家之间的经济合作，促进相关领域的经济发展，进而为地区和平与安全做出贡献。尤其是，中国的东北地区、俄罗斯远东及西伯利亚地区、朝鲜的北部地区都蕴藏着丰富的自然资源，如果构筑有效的交通物流网络，充分利用与日本、韩国、北美等产业化地区的经济互补关系，该区域将会具备可推动经济发展的无穷潜力。②

＊　〔韩国〕任乙初，韩国庆南大学远东问题研究所主任、教授。

①　任乙初：《跨境国际合作范例和政策给我们的启示》，"朝鲜半岛开发合作核心计划方案推进的朝韩合作及国际合作课题"，经济·人文社会研究会协同研究丛书，国土研究院，2013，第 135～165 页。

②　崔勋（최훈）：《东北亚经济合作现状和韩国的参与方案——以 GTI 为例》，南北物流论坛第 98 届专家邀请早餐会·韩国海洋水产开发院环东海未来发展论坛，2014，第 1 页。

将欧亚大陆结成一个经济共同体，促使朝鲜作为国际社会的一员参与其中，以此构建朝鲜半岛和平，这一计划有可能成为韩国总统朴槿惠所倡导的"欧亚倡议"的推进主体，韩国政府对此赋予了重要的意义。中韩两国首脑强调，大图们江开发计划将会推动区域内国家的共同繁荣和"欧亚倡议"的实现，并就实现大图们江开发计划在 2016 年转型升级为政府间国际组织而进行合作达成协议。①

由此可知，今后有关大图们江开发计划的讨论将日趋活跃。中韩两国为推进大图们江开发计划而做出的直接、积极的努力，与之前相比发生了很大的变化。本文旨在通过跨境合作模式的探讨来推进图们江流域的开发与发展，进而梳理出东北亚经济合作的趋势和课题。

为此，本文首先介绍一下对大图们江开发计划具有借鉴意义的大湄公河次区域经济合作（Greater Mekong Subregion，简称 GMS）。GMS 是由湄公河流域国家共同发起的合作计划，是对大图们江开发计划的参与国具有参考意义的跨境合作范例。我们有必要将大图们江开发计划作为东北亚多边经济合作项目来推进，可以说，这一范例给我们很大的启发。2012 年，各成员国参加了大图们江开发计划大会，以 GMS 交流合作为例，进而对强化区域合作机制达成了共识。

跨境合作是指国界相邻的国家之间的合作。欧洲联盟将跨国合作视作国际合作、跨境领土合作。欧盟合作模式是国家、地区、地方自治团体之间多种多样的合作模式。跨境合作是指在地理相邻性、发展差距、国土、人口和资源等不同因素背景下，旨在利用自然的互补性来实现区域内国家的共同繁荣，消除区域内国家之间的制度壁垒，加强基础设施的互联互通，实现贸易、投资、金融和人力的自由流动，促使区域内的国家之间进行跨境努力。随着世界一体化发展速度的加快，欧盟和北美的邻国之间，正不断加强地区、区域城市、次区域之间的合作以提高跨境区域的发展和竞争力，以此为提高国家整体竞争力做出贡献。

东北亚各国亦如此，一方面使区域内各国的经济利益实现最大化，另一方面为了夯实东北亚可持续和平的基础有必要灵活运用地理上邻国的优势，进行跨境合作。随着交通、通信工具和技术革新的飞速发展，国家之间的地理邻近优势日益加大。跨国合作不仅可以深化东北亚经济一体化，还可以成为各国经济增长的新动力。

---

① 《联合新闻》2014 年 7 月 3 日。

二　跨境合作范例的研究：大湄公河次区域经济合作

（1）计划概要

对于东北亚跨国合作计划来说，东南亚地区正在积极推进的大湄公河次区域经济合作，具有很大的参考意义。这个计划是由湄公河①流域的 6 个国家（中国、泰国、缅甸、老挝、柬埔寨、越南）为了减贫、可持续经济发展而共同发起的。湄公河地区拥有丰富的资源②和众多的人口（约 3.25 亿），经济开放意愿强烈，具有很大的潜力，是一个成长和机遇共存之地。湄公河干流全长为朝鲜半岛南北长度的四倍，约为 4800 千米，流域面积达 81 万平方公里，具有丰富的水流量。因此，水力发电、水资源开发需求不断增加，不仅如此，木材、矿产资源也相当丰富。

与湄公河临接的 5 个国家（柬埔寨、老挝、缅甸、越南、泰国）全年经济增长率达 5% 以上。湄公河经济圈位于"世界最大的市场"的中国（约 13 亿人）与印度（约 11 亿人）之间，加上东盟的约 6 亿人口，湄公河区域及周边总人口约为 30 亿人，由此被称为进驻巨大市场的"桥头堡"，也是一个投资战略要塞。除中国以外，湄公河流域 5 个国家的经济规模在过去 10 年间增加了（从 2001 年的 1600 亿美元到 2010 年的 4470 亿美元）1.8 倍。

始于 1992 年由亚洲开发银行（Asian Development Bank，ADB）主导的GMS 实施至今，其 6 个成员的经济发展势头良好。以减贫、可持续发展的经济增长为目的，GMS 成员之间正在积极推进交通、能源、通信、人力资源开发、旅游、环境、贸易、投资等跨 8 个领域的共同开发。对此，各国采取了在各个经济走廊优先构筑基础设施，并逐步扩大到通信、环境、贸易、投资等其他领域的开发方式。

---

① 位于中南半岛的湄公河流经 6 个国家，是东南亚流域面积最广的河流。湄公河长为 4181 千米（居世界第 12 位），流域面积为 81 万平方千米（是朝鲜半岛面积的四倍），流经中国、泰国、老挝、越南、柬埔寨、缅甸 6 国。

② 越南（原油 10 亿吨，位居东南亚第三），缅甸（天然气 17.5 兆立方尺，位居南亚第四），泰国（橡胶位居世界第一），老挝（木材），柬埔寨（水产品）等。

图1　湄公河流域的位置及相关国家

表1　GMS 经济走廊（corridor）的现状

	GMS 经济走廊概要
内容	按地区来分,共有南北、东西和南部等3个经济走廊。 经济走廊(Corridor)发展阶段 (ⅰ)现正构建交通基础设施(Transport Corridor) ↓ (ⅱ)改善物流环境(Logistics Corridor) ↓ (ⅲ)促进民间投资(Economic Corridor) ◇南北经济走廊、东西经济走廊分别由中国和日本进行重点投资及开发。

（2）主体机构

GMS 的主要出资方是亚洲开发银行（ADB），除此之外，还有各种主体机构参与了大湄公河次区域经济合作。首先是湄公河委员会，该委员会于1957 年成立，由亚太经济社会委员会的前身亚洲及远东经济委员会（Economic Commission for Asia and Far East，ECAFE）提议的，为了调整湄公河下游水资源暂由泰国、老挝、越南等3 个国家成立并运营的。1995 年 4月，泰国、老挝、柬埔寨、越南等 4 国为该地区持续性开发签订了合作协议。1996 年 11 月，中国和缅甸成为湄公河委员会对话伙伴。

东盟—湄公河流域开发论坛（ASEAN Mekong Basin Development Forum，AMBDC）也被认定为重要的主体，该论坛以援助湄公河流域东盟新加入国的经济开发和促进区域一体化为目的。在 8 个合作领域的多数方案中，"新加坡—昆明铁路"作为重点项目被推进。东盟一体化倡议（IAI）从 2002年 7 月至 2008 年 6 月，在加强基础设施建设、人才培养、信息及通信技术合作和强化地区经济等 4 个领域，共推进了 44 项方案。

（3）大湄公河次区域经济合作的实施过程①

1992 年，亚洲开发银行（ADB）发起并开始实施大湄公河次区域经济合作。通过每年召开的 GMS 部长级会议，确立了实施项目及核心战略。在基础设施、贸易、投资、农业、林业、矿业、工业、旅游、人才教育、科学技术等领域各自组成相关协商机构，每年召开 1~2 次会议。计划方案在出台后 10 余年间，由于开发、投资资金动员有限，主体机构的不确定性，参与国意愿不坚定，东亚经济危机的影响，以及在投资环境、技术能力、实施能力等方面相关国家自身具有的局限性，其推行速度较为缓慢。但是 2000年前后，随着战略的调整，其推行速度也开始加快，即以 8 个领域各自实施相关项目为主的方式，转变为以强化 11 个标志性项目为中心的区域合作开发体系。

因此，自 2002 年 11 月起，每三年举办一次大湄公河次区域经济合作（GMS）领导人会议，使次区域开发进入了一个新阶段。② 截止到 2011 年 9月，GMS 投资总额约为 140 亿美元（55 个投资方案），旨在有效利用公共产品，加强次区域合作，加速经济增长，缩小各国之间的发展差距。大湄公河次区域经济合作（GMS）领导人会议于 2011 年 12 月发表了《大湄公河次区域经济合作新十年（2012~2022）战略框架》，就通过具体项目的调整来提高政策、计划、项目的实施速度以及各个领域的优先发展项目达成了协议，具体如下：

——将次区域的主要地带开发成经济走廊；

——以加强道路、铁路等交通通道的互联互通来支撑经济合作走廊；

——为了提供可持续、安全、具有竞争力的能源，采取综合开发利用方式；

——加强次区域国家之间的通信联系性以及信息通信的适用技术；

---

① 郑在浣、权景德：《大湄公河次区域经济合作：GMS 计划方案 10 年评估及启示》；Asian Development Bank，The Greater Mekong SubregionEconomic Cooperation Program Strategic Framework 2012 – 2022（2011）相关内容概要。

② 2002 年在金边召开的第一次领导人会议就 GMS 的基本目标达成协议，以后每三年定期举行一次领导人会议。

——把大湄公河次区域开发成单独旅游目的地并促进旅游项目；

——促进具有竞争力、气候亲和力、可持续性的农业开发；

——强化次区域的环境管理；

——加强有利于一体化建设的人力资源合作开发。

（4）大湄公河次区域经济合作的5大实施原则①

大湄公河次区域经济合作的首要原则是强化基础设施的联通。该原则为了保障基础设施的投资利益，覆盖了包括农业、运输、能源和通信领域在内的区域合作。随之，东西走廊、南北走廊、南部走廊的区域间联通性得到了加强，并且通过"GMS能源互联互通项目"奠定了格子型通信网络的基础。在此基础之上构建光通信网络，次区域内国家之间以数据、资料、网络服务为目的的信息高速公路正在建设当中。

第二，促进边境贸易投资和旅游顺畅化。这一原则旨在实现次区域内国家之间的贸易、投资、旅游的顺畅化。旅游投资协调委员会是次区域内各领域机构委员会当中最为活跃的一个机构，其湄公河旅游协调办公室的运营得到了各成员国的财政援助。

第三，扩大民间团体的参与度及强化竞争力。民间参与被视作GMS开发动力的必要因素。该战略最引人瞩目的成果是建立了由GMS各国工商界人士组成的"GMS工商论坛"，该论坛就促进贸易与投资的相关政策及改革方案等进行协商。

第四，人力资源的开发。人力资源开发战略的标志性成果为"金边规划"②，该规划为实现经济开放及经济一体化奠定了基础。

第五，环境保护与共享资源的可持续利用。该原则意味着将环境因素置于跨境合作及经济开发之上，由此为可持续发展奠定了基础，以致实现有效的综合性议题。以"摆脱贫困、走向自由、生态富有的GMS"为主旨，GMS开展实施了"核心环境项目及生态多样性廊道规划"，为农村地区土地利用管理机制与可持续财政机制的构建提供了援助。为此，GMS环境工作

---

① Asian Development Bank, The Greater Mekong Subregion Economic Cooperation Program Strategic Framework 2012 – 2022（2011）的主要内容概要。

② GMS为了帮助柬埔寨金边地区社会经济的发展实施了开发管理计划，它包括不同领域学习项目、GMS公务员组织的力量强化项目、一流机关的学习项目、专家培训或平生学习项目等。

组设立了环境管理中心。

另外，还确立了 GMS 的 11 个核心项目①，即经济合作走廊的开发；通信网络及信息通信技术；域内电力互联互通及交流协定；搞活跨国贸易及投资；扩大民间团体的参与度，强化竞争力；人力资源的开发及技术能力的提升；战略环境机制的构建；洪水控制及水资源管理；旅游开发等。

（5）开发及投资现状②

1992 年以来，GMS 共有 41 个项目获得了投资，总额为 110 多亿美元。其中，成员国政府投资了 33 亿美元，亚洲开发银行（ABD）提供贷款 38 亿美元，共同投资 40 亿美元，无偿援助 2 亿美元。一直以来，中国致力于 GMS 的南北经济走廊建设，而日本则集中投资东西经济走廊建设。

2012 年日本政府开启了大湄公河次区域 5 国首脑会议，表示 3 年内以政府开发援助（ODA）方式提供 6000 亿日元来推动基础设施建设。这并非对发展中国家单纯的援助，而是为了完善"日本企业进驻湄公河流域的补给据点"。另外，日本政府在 2013 年 4 月举办的日本与湄公河国家峰会上表明，截止到 2015 年，将会向泰国、缅甸、柬埔寨、老挝、越南等湄公河流域 5 个国家提供 74 亿美元的政府开发援助。

仅 2011 年一年，中国对老挝投资竟达 5.4 亿美元，这是对韩投资的 2 倍，此外，正在建设中国昆明—老挝琅南塔—泰国曼谷高速道路。中国亦对缅甸实行了"胡萝卜"政策，中国承诺在中缅石油天然气管道地区，修建 20 余所医院和学校。中国政府为了进一步将影响力辐射范围扩大到东南亚，正在探讨设立大规模的金融机构来支撑东南亚发展中国家的基础设施建设。

GMS 的核心在于基础设施的联通性，始于中国云南省，路径柬埔寨、泰国、老挝、缅甸、越南 6 国的湄公河一带铁路网络建设项目正在建设当中。如果 2025 年铁路网络建设完工的话，湄公河流域 6 个国家 3 亿人口的流动、客货运输得以便利化，这将有利于区域发展。连接湄公河一带 6 个国家的交通网络也正在加紧建设，据亚洲开发银行预测，东南亚 10 个国家的基础设施投资至少需要 600 亿美元。如果交通网络的建设得以顺利完成，那么在东南亚地区生产的产品运往中东与欧洲的速度将会加快。

---

① 郑在浣、权景德：《大湄公河次区域经济合作：GMS 计划方案 10 年评估及启示》。
② 企划财政部在首尔举办的"大湄公河次区域经济合作"相关报道资料，2010 年 8 月 30 日。

三 东北亚跨境合作范例：大图们江开发计划（GTI）

东北亚地区依然受限于地缘政治，互信程度较低，在跨境合作、基础设施构建等方面的合作关系也处于低迷状态。事实上，大图们江开发计划相关国家之间的合作进展缓慢，原因如下：域内各国之间具有不同的经济体制及发展速度差距、邻国之间的历史纷争与领土争端问题、源自地缘政治学的复杂因素等。中国、日本及俄罗斯等区域内强国，因其传统的竞争关系及不同战略而提出的由各自主导的双边合作外交关系也是影响因子。① 毋庸置疑，虽然多边合作关系尚处于低迷阶段，但作为东北亚跨境合作范例的大图们江开发计划是不容小觑的。

大图们江开发计划是联合国开发计划署的地域合作项目之一，是为了促进东北亚地区经济开发合作，由韩国、中国、俄罗斯、蒙古等4国组成的东北亚地区多边协商组织。朝鲜曾经也是成员国，但是在第二次核试验后，为了抗议国际社会的制裁决议，于2009年11月退出该组织。在联合国开发计划署的资助下，图们江开发计划于1992年正式启动，从下面的图中可以看出，2005年9月，图们江开发计划扩大了区域范围，建立共同基金，强化推行机制，进而转变为大图们江开发计划。

如果说图们江开发计划的区域范围是罗津（朝鲜）—哈桑（俄罗斯远东）—珲春（中国吉林省）等图们江临近城市（图们江小三角洲）的话，大图们江开发计划则是面向中国的东北三省和内蒙古、蒙古东部的整个地区、俄罗斯的沿海州、韩国的东部海岸城市等地区的。并且，从边境地区共同开发模式转变为推行交通、贸易和投资、旅游、能源及环境等5大领域优先合作项目的政府协作机构。

为了推进东北亚地区合作，通过联合国开发计划署总署与各分管委员会的定期会议、企业家座谈会、贸易投资研讨会等，促进了东北亚地区产、学、民、官交流合作，同时大力推进了投资、交通、旅游、环境等主要领域

---

① 崔勋（최훈）：《东北亚经济合作现状和韩国的参与方案——以GTI为例》，南北物流论坛第98届专家邀请早餐会·韩国海洋水产开发院环东海未来发展论坛，2014，第1页。

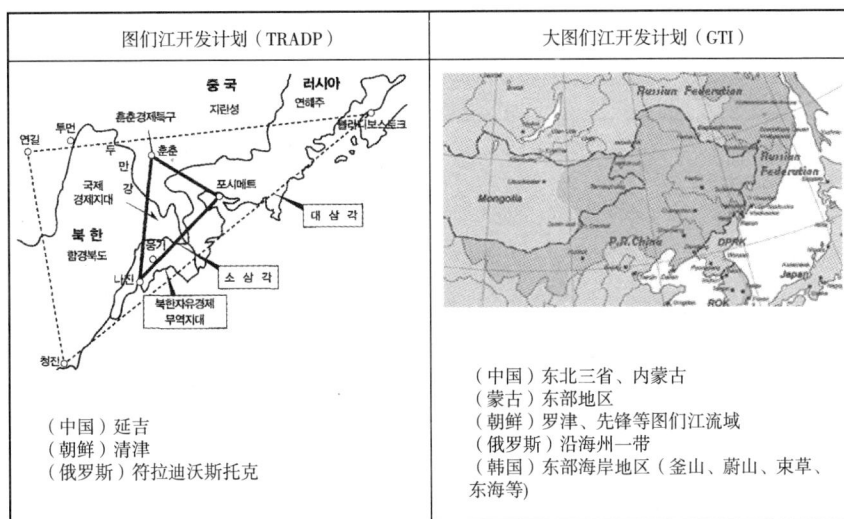

图 2 图们江开发计划和大图们江开发计划的比较

之间多方合作的基础调查和研究。例如，中蒙铁路可行性调查（1998 年）、图们江流域运输量预测研究（1999 年）、图们区域道路网研究（2003 年）、东北亚能源合作基础调查（2005 年）、签证流程简化研究（2010 年）、图们江水资源保护可行性研究（2011 年）等。另外，还向发展中国家（朝鲜、蒙古）提供提高能源与资源开发力度的强化研修项目及旅游销售技术培训项目（2006 年）。

目前，为了确保物流运输的便利化，各国正在推进交通运输网的研究、贸易发展研究以及跨境旅游多国合作产品研究。[①] 为确保物流运输便利化，交通基础设施建设项目有东北亚渡轮航线的定期开通、俄罗斯扎鲁比诺港现有基础设施的现代化推进等，此外，包括图们江水资源保护可行性评价等环境保护项目在内的 10 个项目正在实施当中。

大图们江开发计划下设贸易发展、交通、旅游、能源、环境、地方合作等 6 个分委员会。其中，贸易发展委员会是以消除区域内贸易壁垒、简化报关手续为目的，每年召开一次会议。首届会议于 2011 年 11 月在中国北京召开，第二届会议于 2012 年 10 月在韩国首尔举行。第二届会议参会者有 4 国

---

① 企划财政部：《大图们江开发计划（GTI）第 13 届大会结果》，《新闻报道》2012 年 10 月 12 日。

领导人，以及亚太经济社会委员会（ESCAP）、德国国际合作机构（GIZ）、世界海关组织（World Custom Organization，WCO）等国际组织相关人员50多名。本次会议通过了各种计划，如通过对各成员国政策、制度、形式、范例及其问题研究来促进贸易发展的综合研究项目、强化贸易发展合作项目实施计划等。尤其是，韩国政府为了解决域内韩国企业的困境并扩大其影响力，积极参加了此次会议，并决定为了东北亚地区的物流、旅游便利化，共同推进 GTI 综合交通运输网络建设。

在大图们开发计划的实施方面，中国正发挥着主导性作用。20 世纪 90 年代初期，在联合国开发计划署的倡导下，图们江开发计划（Tumen River Area Development Program，TRADP）正式启动。虽然有一段时期，图们江开发进展缓慢，但是，进入 21 世纪，中国中央政府对该地区的关注度骤然上升，这得力于 GTI 在国家发展战略层面地位的升格。中国第四、第五代领导人选择了将国内发展规划同域内国家间合作联系起来，促进本国落后地区发展的同时，将邻国自然而然地纳入到中国的影响范围之内的地缘经济学战略。[1] 由此可见，中国在东南亚地区致力于"西部大开发"和"大湄公河次区域经济合作"，在东北亚地区则强有力地推进"东北振兴战略"和"大图们江开发计划"。目前，中国一方面考虑未来的大图们江经济圈的形成；另一方面，积极引导图们江地区的开发事业，以做好迎接未来的准备。随之，大图们江开发计划将势如破竹。

大图们江开发计划的主要课题具体体现在 2012 年于俄罗斯符拉迪沃斯托克召开的第 13 届大会上通过的《符拉迪沃斯托克宣言》。[2] 各成员国表示，从各成员国之间的合作伙伴关系的角度加强 GTI，并为增进多国之间的经济合作，决定提升代表团地位。韩国政府表示，将把副部长级的 GTI 代表升格为部长级，并引导日本参与其中，将 GTI 发展成国际组织。另外，就通过探析 APEC 模式或其他模式实现 GTI 向独立经济组织转变的可行方案达成了协议。此外，就由协调小组的专题会议提出并由协调委员会和事务局决定在下届大会上

---

① 企划财政部：《大图们江开发计划（GTI）第 13 届大会结果》，《新闻报道》2012 年 10 月 12 日。

② GTI 大会是为强化图们江、东北亚接壤地区的经济发展与合作而举行的会议，每年召开一次，是 GTI 的企划、协调最高决策机构，第 13 届大会于 2012 年 10 月在符拉迪沃斯托克召开。企划财政部：《大图们江开发计划（GTI）第 13 届大会结果》，《新闻报道》2012 年 10 月 12 日。

获批的 GTI 法律转换文件及开发路线图这一事项，也达成了协议。可以说，今后的核心课题就是积极推进东北亚经济一体化，将 GTI 发展成中枢国际组织。

交通领域，贸易、投资领域，旅游观光领域，能源、环境领域等被选定为优先合作领域，各国正大力促进相关合作方案的研究。首先，在交通领域方面，将有利于区域联系的基础交通设施合作视为重中之重；其次，确定了其为其他领域的发展奠定基础的重要性。GTI 相关国家进一步探讨了有关输送网络建构现状，并为交通领域新项目（陆海路调查研究、2013 江原贸易投资博览会等）的发展提供可持续援助。在贸易、投资方面，着重强调了由韩国关税厅主管的贸易便利化研修项目开展的定期化；在旅游观光领域，确认了签证简化实施的重要性，对东北亚旅游项目促进中心的设立予以支持；此外，再次确认能源、环境开发合作的重要性，由事务局协助并推进具有实效性的开发计划。各个成员国指出，事务局应在搞活 GTI 域内多边或双边合作方面加强力度。

从合作开发方面来看，除俄罗斯进出口银行之外，中国进出口银行、韩国进出口银行、蒙古开发银行之间共同签署了《谅解备忘录》（MOU），正式成立了东北亚进出口银行联盟。在 2012 年召开的 GTI 大会上，各个成员国表示，将以 APEC、大湄公河次区域经济合作、上海合作组织及韩国—中国—日本 3 国首脑会议等交流合作范例为基础，倾力打造区域合作机制。

此外，各个成员国之间也达成了以下协议，即截止到 2016 年，强化东北亚地区经济合作体制，使 GTI 向独立的经济合作组织转变。[1] 有分析称，近年来 GTI 所取得的重大成果得力于 2012 年后各成员国政府领导层的交替，在政治上实现了对东北亚开发的支持。近期，GTI 正积极推进交通、旅游等基础合作项目。随之，将大力推进交通网络和基础设施的建设。

四 东北亚跨境合作趋势与课题[2]

纵观 GMS 的进展状况可以看出，为了成功推进在东北亚地区最具代表

---

[1]　崔勋（최훈）：《东北亚经济合作现状和韩国的参与方案——以 GTI 为例》，南北物流论坛第 98 届专家邀请早餐会·韩国海洋水产开发院环东海未来发展论坛，2014，第 4 页。

[2]　崔勋（최훈）：《东北亚经济合作现状和韩国的参与方案——以 GTI 为例》，南北物流论坛第 98 届专家邀请早餐会·韩国海洋水产开发院环东海未来发展论坛，2014，第 5 页。

性的 GTI 这一跨境合作计划，需确定几大主要课题，如动员开发投资资金、确定主体机构明确的参与意向、发掘中小规模的跨境合作计划、改善跨境合作的持续制度化和参与国的投资环境、确立区域领导者之间面向未来的区域发展共同战略及展望等。

纵观近几年所取得的成就，可以说，GMS 项目在资源调配方面取得的成果最引人瞩目。与 2001 年到 2006 年所达成的交易额 43 亿美元（年均 7 亿美元）相比，2007 年到 2010 年之间，累计交易额高达 71 亿美元（年均 18 亿美元），实现了大幅度增长。[①] 与此同时，GMS 成员国认识到各个国家发展阶段的差异，并对发展缓慢的国家给予特别的关注。但发展水平较低的国家依然能够从中获利，因此对地区合作和整合能做出持续性贡献，该计划并未忽视这些国家的国力增强，这些因素全都有利于开发计划的有效推进。

还有一点值得注意，各国对构建战略合作及伙伴关系方面给予了关注，特别是东盟—湄公河委员会通过责任分工维持了相互间紧密的合作伙伴关系。从项目管理和合作层面来看，各国对政府、市民社会、非政府机构、民间团体、学界及捐赠团体在内的所有利害当事者的参与度都给予了高度的重视。不仅政府高层，而且区域民间自治团体，对项目的信息共享和共识都建立了广泛的认可，在各国中央政府之间、国内沟通的加强及项目信息的普及等方面都起到了巨大的作用。

考虑到区域合作项目评价的复杂性，GMS 一贯强调观察和评估的重要性。只有制定全面的项目与计划评价指标，才能进行高质量的评估。基于此，GMS 构建了战略目标，通过分论坛有效实施相关措施，并提高适用度。大部分 GMS 论坛和实务团体，首先对预计项目进行优劣排序，明确项目的关节点，预先准备相关战略和业务等有效实施方案。

在所定战略目标中最引人瞩目的成果是基础设施联通领域，与软件领域相比，硬件领域的可视成果更为突出。从初级实施阶段来看，作为主导者的亚洲开发银行（ABD）的重要性自不必赘述。GMS 成员国都具有明确的主人翁意识，但同时对亚洲开发银行（ADB）作为主导者的作用也给予了积极的评

---

① Asian Development Bank, The Greater Mekong Subregion Economic Cooperation Program Strategic Framework 2012 – 2022 （2011）；Asian Development Bank, Overview Greater MEkong Subregion Economic Cooperation Program （2012） 相关内容概括。

价，并希望今后亚洲开发银行（ADB）可以在 GMS 中一直发挥着重要的作用。

与 GMS 的主导者亚洲开发银行（ADB）相比，GTI 同样需要承担核心作用的主体机构。还有不容忽视的一点就是，湄公河委员会（Mekong River Commission，MRC）、东盟—湄公河流域开发论坛（ASEAN Mekong Basin Development Forum，AMBDC）等多样的多边合作机制成为 GMS 成功推进的基石。由此可知，GTI 同样需要东北亚跨境合作、多边或双边及政府—民间共同合作团体等合作机制。

为了实现跨境合作、开发交通基础设施，诸如亚洲开发银行（ADB）等国际金融机构的参与以及周边国家的政府开发援助（Official Development Assistance，ODA）资金是必不可少的。正如大湄公河次区域经济合作范例所示，为了使东北亚地区跨境合作的发展进展顺利，各国中央政府应当积极探讨如何运用政府开发援助（ODA）。

就主体机构与资金调配来说，有必要关注近期由中国政府主导创立的亚洲基础设施投资银行（Asian Infrastructure Investment Bank，AIIB）的动态。事实上，亚洲开发银行（ADB）对东北亚地区，特别是对图们江流域开发持消极的态度，在亚洲基础设施投资银行（AIIB）的事务范围不与亚洲开发银行重叠的情况下，亚洲基础设施投资银行（AIIB）将会在东北亚地区合作开发进程中发挥举足轻重的作用。①

为了搞活跨境合作，需积极引导各个利益相关机构的参与，而财政激励措施将会成为一种有效的手段。欧盟成立后，其欧洲区域发展基金对大规模边境地区（RegioTriRhena，MeuseRhine Euregion，Oresund 等地）产生了直接的影响，在推进区域内中小规模的跨境合作方面，至今还发挥着巨大的作用。② 欧洲区域发展基金的 INTERREG 项目作为欧盟各国之间实现区域合作发展的标志性政策，为欧盟成为真正的经济共同体奠定了有效的基础。

---

① 崔勋（최훈）：《东北亚经济合作现状和韩国的参与方案——以 GTI 为例》，南北物流论坛第 98 届专家邀请早餐会·韩国海洋水产开发院环东海未来发展论坛，2014，第 9 页。

② 这一项目始于 20 世纪 90 年代，已经进入第三个阶段。（INTERREG Ⅰ：1990 - 1993 年，INTERREG Ⅱ：1994 ~ 1999 年，INTERREG Ⅲ：2000 ~ 2006 年）。现在它被纳入到欧盟凝聚与区域政策（EU Cohesion and Regional Policy），该政策的年预算为 44 亿欧元（2007 ~ 2013 年总额为 3080 亿欧元），年预算的 1.8% 也就是 7920 万欧元用于跨境合作。

在促进跨境合作的制度化、贸易和投资等方面，应启动双边投资保障协定、科学技术协定、环境协定等政府之间的合作机制，应逐步扩大合作机制的有效化，使其具有强有力的约束力。与此同时，相关协定应鼓励国家之间的区域合作，理应将区域合作的实践和研究委任于延边朝鲜族自治州等地方政府和延边大学等教育机构，使其发挥更大的作用。

为了实现图们江地区的区域、城市之间联通性的最大化，务必推进以铁路、公路、港口、航空等领域为主的区域内基础设施建设。朝鲜半岛纵贯铁路、西伯利亚横贯铁路、中国横贯铁路、蒙古横贯铁路、西伯利亚油气管道等建设，将为促进东北亚划时代的跨境合作提供一个坚实的基础。考虑到东北亚的人口、作为世界生产桥头堡的经济潜力及各种金融开发需求，应考虑具有吸引丰富资金流动的国际金融制度的引进。

可以说，东北亚跨境合作成功的关节点在于营造和平的安全环境。倘若制度与理念的冲突一直未减退、军事对峙不见缓和，跨境合作将不得不面临极大的挑战。为了提高东北亚国家之间的联通性，跨境合作的首要课题是铁路、公路、航空、天然气管道等基础设施的连接，应优先考虑铁路、公路等交通基础设施的建设，建立韩国、中国、俄罗斯之间资源开发及旅游产业领域的共同合作项目，以此来促进东北亚区域内新的增长点。正如 GMS 范例所示，首先从基础设施建设的阶段性构筑开始，改善物流环境，从而营造吸引民间投资的经济走廊。

为了实现这一目标，所有成员国应致力于多边合作。若所有成员国都进入合作框架之内，跨境合作就具有安定和可持续性，并持续促进跨境合作的制度化。通过中央和地方政府之间的合作来完善制度，使跨境的人力、物流更加畅通。其中，入关入境手续简化、劳动市场的资格限制缓和、签证手续简化等应放到首要位置。

最后，需要一种能够有效解决历史纷争与领土争端问题的领导能力。这种领导能力需高瞻远瞩、登高望远，不仅要解决信仰矛盾及领土纷争等历史遗留问题，还要超越域内霸权竞争，促进区域内共同向善的未来指向型发展战略的实现，进而形成东北亚地区的共同价值观（common vision）。缺乏区域共同体认识的跨境合作，只能停留在单纯而反复的友好交流层面上。

（卢雪花、杨文艳译）

中韩自由贸易协议及其
对东北亚经济的冲击

刘德海[*]

一 前言

中国传统的朝鲜半岛政策是"北重于南",即将朝鲜的战略利益置于韩国的经贸利益之上。2010 年的"天安舰"事件就是最明显的代表,就算北京怀疑朝鲜可能涉嫌爆破,但仍以韩国缺乏直接证据为由,并未站在李明博政府一边而批判朝鲜。习近平上台迄今对朝鲜半岛政策最大的变化是其政府与韩国关系走得较近,而对金正恩政权相对较冷淡。这主要是因为习近平上台以来积极推动以"新型大国关系"为主轴的对美国外交。构筑新型大国关系是国家主席习近平于 2013 年 6 月与奥巴马在美国举行会谈时提议的。习近平所提出的新型大国关系是以中美关系平等与尊重彼此核心利益为前提,如美国不对中国视为核心利益的西藏、新疆、台湾等问题唱反调,中国则可在经济和安全保障等共同课题上与美国合作。但其后,由于美国公开支持日本绕过宪法明确集体自卫权,中国即宣布在东海上空划设防空识别区,美中关系走向对抗。其后,奥巴马在 2013 年访日时一边倒向日本,使习近平决定在南海问题上挑战美国,在西沙群岛建钻油平台,但在中美举行战略经济对话,双方关系改善后,中国又撤走钻井平台,以缓解与美国、东盟的冲突,以利于构建中美共治(如双边投资协议),压制日本,改善与东盟关系

---

* 刘德海,台湾政治大学外交学系主任、教授。

（如 2013 年 11 月的亚太经济合作组织（Asia-Pacific Economic Cooperation，APEC）高峰会）。

二 中国朝鲜半岛政策的变化

中国最高领导人习近平上台以来，东北亚国际关系出现明显变化。习近平积极推动以构建"新型大国关系"为主轴的对美国外交政策，意欲在东亚构建中美共治的局面。与此同时，日本安倍政府则力图制造美中矛盾，使两强龃龉，导致两国集团（Group 2，简称 G2）破局，为日本再度崛起寻求机会。另外，美国奥巴马政府自 2009 年以来，积极推动重返亚洲的政策，试图以跨太平洋战略经济伙伴关系协议（Trans-Pacific Partnership，TPP）作为达成重返亚洲的工具。2012 年 7 月，奥巴马成功地以钓鱼岛问题迫使来访的日本首相安倍回到 TPP 谈判桌上，2013 年 4 月，奥巴马访日时因轻信安倍承诺签署 TPP 协议，在中日钓鱼岛领土纷争上罕见一边倒向日本，盼能换取安倍的 TPP 协议，以利于其在 2013 年 11 月 APEC 峰会上与中国商谈亚太未来经济整合，结果铩羽而归，且迄今日本仍未对 TPP 做出让步。可见，国力式微的美国，见中国国力蒸蒸日上，无法单独对抗，因而企图利用中日钓鱼岛领土纷争与日本的积极反中制造对美国有利的战略优势，盼能逼迫北京做出经济让步（如美中双边投资协议）。

在此背景下，2013 年 7 月初习主席访问首尔时，与韩国总统朴槿惠协议在 2013 年底前签署双边自由贸易协议（Free Trade Agreement，FTA），构建以中韩经济为主轴的东北亚经济整合模式，改变北京原先以中日韩 FTA 为先的做法。这与日本决定以日美主导的 TPP（日美的国内生产总值（Gross Domestic Product，GDP）加在一起约占全部成员国 GDP 的 80%）来对抗中国的做法有密切关联，因为这意味着日本在中日韩 FTA 与 TPP 间已做出抉择。北京显然有意一石三鸟，借此对中国台湾地区、朝鲜与日本施压，同时为 APEC 峰会取得有利的局面创造条件（中方已对韩方表示盼能在 11 月 APEC 峰会之前完成 FTA 签署）。① 中韩决定在 2013 年底签署 FTA 堪称是两国在经济上联系日益紧密的必然结果。中韩两国还就人民币与韩元的

---

① "Trade minister expects conclusion of FTA talks with China soon," The Korea Herald, September 3, 2014, http：//www. koreaherald. com/view. php? ud = 20140903000664.

直接交易达成一致。中国预定给韩方 800 亿元人民币的合格境外机构投资者（Qualified Foreign Institutional Investor，QFII）额度。①

三 韩国的对应政策

对韩国而言，不仅要注意在美、韩、中三角关系里，在美中两强间取得平衡，维护涉及其战略利益的韩美同盟，以及维持韩中友好以保障其经贸利益，同时亦需关注美、日、中与美、日、韩另两个三角关系，不希望华府（因联日抗中）倒向东京而损及其利益（美国支持日本的集体自卫权），也不希望中日钓鱼岛领土纷争伤及韩国的国家利益（如奥巴马成功地在 2013 年 7 月以钓鱼岛问题压迫安倍加入 TPP 谈判，导致韩国经贸利益受到威胁；而中国划定的防空识别区，包括韩国"离岛"和防空识别区的部分区域等）。韩国政府之所以决定参与 TPP 谈判正是对中国单方面在东海划设防空识别区的回应，以及应对日本参与 TPP 谈判对韩国的不利，改善与美国关系（美国一直敦促韩国参与 TPP 谈判，但韩国政府一直未予正面答复）防止华府倒向日本，同时对中国施压以尽快完成韩中 FTA 谈判。其结果成功地促使习近平在 2013 年 7 月初访问首尔时两国达成协议在 2013 年底签订FTA。韩国政府于 2012 年 11 月在对外经济部长会议上公开表示韩国非常关注加入 TPP 的问题。韩国如与参与 TPP 的 12 个国家的 GDP 合并，TPP 国家的 GDP 就占世界经济规模的 38.4%。如果协商成功，TPP 将成为世界最大的自由贸易市场，为了韩国的国家利益，加入 TPP 是必然的选择。韩国已与美国、智利、秘鲁、新加坡、越南、马来西亚、文莱等 7 个 TPP 参与国分别签署了 FTA 或韩—东盟 FTA。如果韩国加入 TPP 也将随之带来与其日本、加拿大、澳大利亚、新西兰、墨西哥等 5 国签署 FTA 的机遇。虽然加入 TPP 也有不利的方面，但是如果日本加入 TPP，而韩国不加入的话，那么韩国将会丧失在这段时间通过 FTA 所获得的比较优势。韩国政府之所以要加入 TPP，除经济利益的考虑外，也受到急剧变化的东北亚地区安全保障秩序重组的冲击。美国为了加强 TPP 的影响力，不断推动日本和韩国加入TPP。韩国加入 TPP 将为加强韩美同盟关系做出贡献。在美国与中国争夺东

---

① 《中韩签署自贸协定对日本影响最大》，日本经济新闻中文网，2014 年 7 月 4日，http://cn.nikkei.com/politicsaeconomy/investtrade/10007 - 20140704.html。

北亚地区领导权的现实中，韩国需要采取更为灵活、更均衡的经济外交战略。然而，当朴槿惠政府宣布愿意进行 TPP 协商后，美国的反应冷淡，仅略表欢迎，但称韩国需等 TPP 现有的 12 个国家完成第一阶段的谈判，制定规则后再加入第二阶段的协商。这与朴槿惠政府决定参加 TPP 协商的初衷相左，韩国之所以急着宣布就是希望能参与 TPP 的规则制定，以保障自身的权益，不想因后加入而只能依别国制定的规则来运作。朴槿惠政府立即决定改变策略，与目前没有同韩国签订双边 FTA 的 TPP 国家加速签署 FTA，以尽可能降低第一阶段 TPP 协商可能对韩国造成的负面冲击。因而，韩国首先在 2012 年 12 月与澳大利亚达成 FTA，继而在 2013 年与加拿大完成 FTA 协商，目前正与新西兰、墨西哥两国积极进行 FTA 协商。

2012 年 6 月底，朴槿惠总统访问北京，带领大批商界人士前往，尤其与以往不同的是，不少韩国中小企业领袖随行，使双方 FTA 谈判立场的差距缩短了。中国亦因与美国在亚洲竞争政经主导权的加剧，希望在 FTA 谈判上取得更大优势。而现在中日钓鱼岛领土纷争与韩日独岛（竹岛）领土纷争持续，日本成为中韩共同的敌人，这使韩中 FTA 谈判在 2013 年 11 月 APEC 峰会前完成的概率升高。根据奥田聪与渡边雄一 2011 年的报告，韩中 FTA 若生效，韩国的贸易获利将是中国的两倍以上，中国对韩国出口将会增加 126.3 亿美元。另外，韩中 FTA 若生效，韩国对中国出口将会增加 277.5 亿美元。在中国市场受到冲击最大的外国产品将是日本的产品（预估约 53.3 亿美元）；其次为中国台湾地区（33.2 亿美元，被替代的产品类别以光学精密机械业最多，超过 15.4 亿美元，再就是纺织与成衣类的 3.8 亿美元）。

由于中日经贸因钓鱼岛纷争陷入衰退，且韩中 FTA 签署在即，韩国政府已针对大陆市场的变迁迅雷不及掩耳地推出一系列支持方案以促进韩国企业扩大对中出口，乘胜追击，占领中国大陆日益迅速扩大的内需市场。这些措施包括扩充当地网络流通体系和物流基础设施、促进信息支持体系化、进军农水产食品和文化医疗等有潜力的服务业、打造新万金韩中经济合作园区等。此举的另一主要目的是使对中国出口重心从中间产品和加工贸易转向消费品和服务投资。有预测称，中国内需市场规模 2014 年有望达到 5.7 万亿美元，成为世界第二大消费市场。而且，中国内需市场的规模在 2020 年将会由 2013 年的 4.7 万亿美元激增至 9.9 万亿美元，增长超过一倍以上。过去五年里，中国内需市场规模的年平均增长率为 13.7%。目前接近三分之一的世界奢侈品是由中国消费者所购买。① 而 2012 年韩国对中消费品出口额仅为 47 亿美元。中国现在虽然是韩国第一大出口对象国（占韩国出口总额的 26%），但韩国出口商品以芯片和液晶显示器（LCD）等中间产品为主，因此韩国政府认为必须尽快改变这种出口模式，试图以此次公布的方案为核心，使对中国消费品出口额到 2020 年增至 170 亿美元。具体的做法如通过电子商务交易扩大出口。韩国贸易协会拟与中国最大的电子商务交易企业阿里巴巴旗下的天猫商城（Tmall）共同宣传 K - mall24，并推进物流合作。同时，加强与苏宁集团、丹尼斯集团、东方 CJ 等当地主要零售企业之间的战略合作。

此外，韩国还制订了中小企业利用三星电子、LG Serveone 等大企业物流体系的方案。随着中国消费水平不断提高，韩国将积极进军文化、医疗等有潜力的服务领域。在文化领域，打造 B2B（企业对企业）平台以对外出售文化资源。韩国进出口银行和文化体育观光部 2015 年上半年将分别成立以有潜力的服务业为核心的"韩中基金"和旨在进军文化领域的"韩中全球合作基金"，规模达 2000 亿韩元。至于医疗服务领域，将以高级医疗服务为核心在中国内陆地区寻找医院合作项目，在医药、医疗器械和医疗 IT 领域寻找中国大客户，并支持其与韩国企业直接联系。在建筑领域，将通过 KSP 事业发掘试点合作项目，并通过推进韩中自由贸易协议（FTA）以打破进军中国建筑市场的壁垒。

朴槿惠政府还将建立中长期支持体系。首先，政府将以韩国中小企业厅出口支持中心和韩国贸易投资振兴公司（KOTRA）驻外贸易馆为核心建立与各机构职能挂钩或集中到一处一站式的支持体系。

再者，朴槿惠政府计划将 2012 年在韩中经济部长会议上与中方达成协议的全罗北道新万金韩中经济合作园区，打造成进军中国的韩企以及在韩中国企业向中国出口的前沿基地。② 两国将于 2015～2020 年间在新万金填海造陆，分阶段逐步建设 25.8 平方千米的经济合作园区，计划在该园

① "Editorial：Exports to China Growing consumer market should be targeted，" The Korea Herald, September 11, 2014, http：//www. koreaherald. com/view. php？ud = 20140911000415.

② 《韩推出新计划支持企业对中出口》，朝鲜日报中文网，2014 年 9 月 5 日，http：//chn. chosun. com/big5/site/data/html_ dir/2014/09/05/20140905000018. html。

区集中生产面向中国国内市场的出口产品。为此，这里将从 2014 年开始吸引对华出口规模比例较大的韩国企业和希望通过"韩国制造"提高品牌附加价值的中国企业入驻，拟优先吸引电子、通信、能源、新材料等能够发挥较大协同效应的产业入驻，以"构建一个两国企业可以合作的体系"。例如，入驻经合园区的中国电视机生产企业可以从旁边的韩国中小企业采购半导体零件，韩企可省大笔物流费用等生产成本，中企也可在本国市场销售产品时打造"韩国制造高端电视机"的品牌形象，实现双赢。[①]

除商品贸易外，韩国与中国大陆在服务业贸易的互动紧密与成长速度也已明显超越中日与两岸服务业的成长幅度，形塑以中国与韩国为轴心的东北亚经济整合，使台日沦为配角。因而使台商传统的"联日抗韩"策略失效。调查显示首尔已跃升为中国人出访海外最中意的城市。2013 年上半年外国人在韩国刷信用卡消费的额度中，中国人的消费额就占了一半以上。2013 年中国游客的信用卡消费额占外国人信用卡消费总额的48.1%，首次攀升至第一名。2013 年上半年又首次超过一半以上。新韩信用卡与韩国文化信息中心共同发表的资料显示，2013 上半年外国人在韩国国内刷卡消费总计 4.8 万亿韩元，比上年同期增加 36.2%，刷卡最多的依次是中国人（52.2%）、日本人（16.8%）和美国人（8.3%），其中中国人的刷卡额高达 2.5 万亿韩元，是排名第二和第三的美国和日本人刷卡消费总额的 2 倍以上。如果将港、台、新、马等的消费额计算在内，比例高达外国人整体刷卡额的 60.5%。相反，2012 年之前一直蝉联第一的日本人信用卡消费额大幅减少。将三大观光业（购物、住宿、餐饮业）的消费额合计后发现，中国人消费额增加 60.4%，日本人则减少 22%。日本人在韩国这些行业的消费额（2973 亿韩元）甚至低于香港、台湾、新加坡、泰国、马来西亚等东南亚主要国家与地区的合计消费额（3414亿韩元）。除观光行业之外，韩国医疗美容行业的外国人刷卡消费额（2294 亿韩元）也比上年同期增加 58.9%，主要得益于整形外科、妇产科等医疗旅游的盛行。在医疗旅行方面，中国人的消费额也比上年大增

---

① 《新万金将建面向中国市场的韩中经合园区》，韩国中央日报中文网，2014 年 9月 6 日，http：//chinese. joins. com/big5/article. do？method = detail&art _ id =124507。

87.4%，以 1164 亿韩元高居第一，俄罗斯以 426 亿韩元位列第二。调查显示，俄罗斯人在韩国国内信用卡消费额的 44% 属于医疗旅游支出。与 2013 年相比外国人信用卡消费额度增加幅度最大的地区依次是济州（81.6%）、京畿（62.5%）和釜山（51.5%）。①

未来，中韩也可能会进一步加强合作共同促进亚洲经济整合，建立亚洲基础设施投资银行（Asian Infrastructure Investment Bank，简称 AIIB 或"亚投行"）就是另一可能途径。2013 年 10 月，习主席在与印度尼西亚总统尤多约诺会谈时提出 AIIB 的构想，旨在支持亚洲地区基础设施建设和永续发展，促进区域经济整合和互联互通。由于美国认为北京此举旨在扩大其对亚洲安全和金融架构的影响力，与美国抗衡，且 AIIB 的加入国是中东和东盟等国，大部分都是亲中国的国家，因此明确反对韩国加入。2013 年 7 月初，白宫国家安全委员会（National Security Council，NSC）负责朝鲜半岛事务的官员塞勒（Sydney Seiler）和美国国务院发言人莎琪（Jen Psaki）分别表明对于韩国加入 AIIB 的忧虑。② 尽管如此，朴槿惠政府正与北京接触，盼能将 AIIB 总部设在首尔或松岛国际城市。③ 习近平在 2013 年 7 月初正式提出邀请，朴槿惠在韩中峰会时高度评价中国推进的 AIIB 建设，但私底下强调 AIIB 是国际机构，若 AIIB 总部设在韩国，美国、日本等西方国家担心中国会控制此机构的忧虑也将得到缓解。而且，AIIB 资本金达 1000 亿美元，如果韩国能成为其总部落户地，那么韩国在国际金融秩序中的地位亦将大幅提高。在是否加入 AIIB 这一问题上，韩国夹在美中两强之间相当为难。韩国国内赞成者认为加入 AIIB 可为该国带来重大经贸利益，为韩国争取亚洲新兴经济体的大规模基础建设工程取得绝对的优势，而反对者则担心伤及韩美

① 《韩国外国人信用卡消费额一半来自中国游客》，韩国中央日报中文网，2014 年 9 月 15 日，http：//chinese. joins. com/big5/article. do? method = detail&art_ id = 124729。

② 《한국에中주도아시아인프라투자은행불참요구》，연합뉴스，2014 年 6 月 28 日，http：//www. yonhapnews. co. kr/international/2014/06/28/0601010100AKR201 40628053000073. HTML。

③ 1997 年日本亦曾有意以 1000 亿美元设立亚洲开发银行，但因美国反对而作罢。《사설：AIIB 참여문제, 경제실익기준으로 접근하라》，매일경제（每日经济），2014 年 7 月 15 日，http：//news. mk. co. kr/column/view. php? sc = 30500003&cm = 사설 &year = 2014&no = 991676&relatedcode = &wonNo = 995765&sID = 。

军事同盟，且认为 AIIB 的加入与否跟基础建设工程的参与无关，韩国企业若具有竞争力仍然有得标的可能，因此韩国政府应明确表示不加入。韩国外国语大学教授康俊荣认为应慎重考虑，从战略层面上看有参与的必要，因为美中目前通过 ADB（Asian Development Bank，亚洲开发银行，简称 ADB）与 AIIB 以及 TPP 与 RCEP（Regional Comprehensive Economic Partnership，区域全面经济伙伴关系，简称 RCEP）进行双轨战略推进，如此使得韩国的战略重要性增加，成为双方争取的对象，因而韩国有借此获取利益极大化的机会。① 此外，尽管可能刺激到朝鲜以及引起中国与俄罗斯的抗议，但美国仍不断对朴槿惠政府施压，试图在韩国部署末段高空区域防御系统（Terminal High-Altitude Area Defense，THAAD）。② 足见美国的东北亚政策偏好以现实主义理念为指导。

四　对台湾地区的影响

由于台湾地区和韩国对中国大陆出口商品的结构相似，中韩签署 FTA，而台湾地区若仍未与中国大陆签订货品贸易协议，则台湾地区将成为仅次于日本的最大受害者。根据台湾当局预估，韩中 FTA 生效后，台湾地区 24.7% 的工业品将受到严重打击，损失金额高达 386 亿美元。从行业来看，钢铁、工程机械、汽车、面板、石化、纺织、玻璃行业将遭到重创。依据台湾产业经济与趋势研究中心（Industrial Economics & Knowledge Center，IEK）统计，未来 3 ~ 5 年，台湾制造业产值衰退概率大增，预测衰退幅度介于 1.59% 与 3.85% 之间，受冲击产业以石化、钢铁、面板、纺织为主。其中受冲击最大的是化学工业，主要集中在石化、塑料、橡胶业等，预估产值将下滑 4.6 个百分点。其次为金属机电业的钢铁、金属制品、机械设备与汽车零组件等，产值预计将下滑 4.2 个百分点。再次是信息电子业，如面板业等，不含半导体业，受影响幅度约 3.3 个百分点；民生工业的纺织品与非金属矿物制品，受影响幅度约 2.39 个百分点。另根据日本学者奥

---

① 《아시아인프라투자은행 참여 놓고 정부 '딜레마' 미국 반대 속 국내 경제 전문가들 찬반 양론나뉘어》，비즈한국，2014 年 7 月 18 日，http：//biz. hankooki. com/lpage/economy/201407/d20140718171025135870. htm。

② http：//www. koreatimes. co. kr/www/news/nation/2014/09/116_ 164038. html.

田聪与渡边雄一 2011 年的报告，韩中 FTA 若生效，韩国对中国出口将会增加 277.5 亿美元。在中国市场受到冲击最大的外国产品将是日本的产品（预估约 53.3 亿美元）；其次为台湾地区（33.2 亿美元，被替代的产品类别以光学精密机械业最多，超过 15.4 亿美元，再就是纺织与成衣类的 3.8 亿美元）。

除上述贸易转移带来的冲击外，更严重的冲击是台商与台湾地区的血脉关系将会断绝，将使台湾地区经济大失血。目前海峡两岸经贸互动仍以投资带动贸易为主。换言之，在中国大陆投资的台商扮演着重要角色，他们从台湾地区进口关键零组件，在大陆拼装后再出口到全球各地。这就是台湾地区对大陆出口拥有庞大顺差的主要原因之一。据台湾地区关税主管部门统计，2013 年海峡两岸贸易总额为 1194.6 亿美元。2013 年台湾地区对中国大陆、香港地区的出口额分别占其出口总额的 26.8% 和 12.1%。台湾地区贸易顺差主要来自中国大陆和香港地区，2013 年顺差额分别为 345.5 亿美元和 331.1 亿美元。韩中 FTA 生效后，台商从台湾地区进口仍将维持关税，但在大陆生产同类产品的韩商从韩国进口零件则为零关税。对台湾地区而言，潜在的冲击极为险恶。以其出口的主力产品液晶面板为例，台、韩面板是中国大陆主要的进口来源，在中国大陆市场占有率分别是 23% 和 27%，竞争激烈，而目前中国大陆面板关税高达 5%，一旦中韩 FTA 给予韩国降税待遇，其影响很快就会反映在台湾地区整体出口表现上。其他如机械、塑料及化学品等，也是关税超过 5% 且台韩竞争激烈的行业产品。[1] 为维持竞争力，大陆台商将中止从台湾地区进口零组件，转而从东南亚甚至韩国进口零组件，或直接采购大陆零组件，或直接将产业的上中下游皆从台湾地区迁至中国大陆或部分生产线迁至东盟国家。这就是为何近两年来台商对大陆投资减少两成，而对东南亚投资增加两成的主要原因。因为 ECFA（Economic Cooperation Framework Agreement，海峡两岸经济合作框架协议，简称 ECFA）下的货品贸易协议迟迟未能签署，台商不得不采取对策。因此，韩中 FTA 生效后，台湾地区从大陆所获得的贸易顺差将会大幅缩水。同时，也会产生投资转移的负面效应，外商将会减少对台湾地区的投资甚至撤出在台湾地区的工厂或公司。

---

[1]　李淳：《中、韩政经整合加速，台湾的下一步何在?》，两岸公评网，http://www.kpwan.com/news/viewNewsPost.do? id=987。

五 日本的应对策略

由于中韩即将签署 FTA，日本被迫重视中日韩 FTA 与 RCEP 谈判，[①] 安倍新内阁希望加速与中国对话。[②] 据中国海关总署的统计，2013 年中国的对日贸易总额同比下滑 5%，连续 2 年出现减少。而中国整体的贸易总额则连续 4 年实现增长。中日贸易规模缩小的趋势正变得愈发明显。[③] 由于安倍政府采取对抗中国的政策，尤其是中日钓鱼岛纷争的长期化，使得日商在中国市场陷于不利局面。最明显的例子就是日本在 2012 年已拱手将中国第一大进口来源国的宝座让给韩国。据韩国产业研究院和贸易协会统计，2013 年初韩国在中国进口市场的占有率从 2012 年的 9.17% 上升至 9.24%，超越日本，成为中国的第一大进口来源国。同期，日本在中国进口市场的占有率从 9.78% 下滑至 8.19%，退居第二。主要原因是中国机械、电子产业迅速发展，对韩国零件的需求激增。另外，由于中国和日本因领土主权问题关系恶化，也使韩国企业间接受益。2012 年中国从韩国进口较多的产品有电器和电子零部件、石油制品、汽车零部件等。其中，中国从韩国进口最多的产品为集成电路，进口额为 452.5 亿美元，同比增长 14.7%。无线通信设备零部件的进口额为 100.7 亿美元，同比增长 20.6%。在此背景下，2013 年 9 月由大型日企高层约 200 人组成代表团访问中国，这是日本经济界史上最大规模的代表团。鉴于目前日中双方正在摸索如何实现 11 月的日中首脑会谈，中方派出国务院副总理汪洋与访华团见面。日中经济协会会长张富士夫表示，"日中关系现处于前所未有的困难状态，但是我们非常希望能够改善双方的关系"。安倍政权也盼此次日本"派出史上最大规模访华团是有意义的，经济交流将有可能创造出良好的政治氛围"。[④]

---

① 《中国が自由化率 40% を主張…日中韓 FTA 交涉》，《讀賣新闻》，2014 年 9 月 2 日，http：//www.yomiuri.co.jp/economy/20140902 – OYT1T50011.html。

② 《安倍新内阁希望加速与中国对话》，《日本经济新闻》，2014 年 9 月 4 日，http：//cn.nikkei.com/politicsaeconomy/politicsasociety/10912 – 20140904.html。

③ 《中日贸易缩小困扰海运企业》，《日本经济新闻》，2014 年 9 月 3 日，http：//cn.nikkei.com/politicsaeconomy/commodity/10883 – 20140903.html。

④ 《日本史上最大经济访华团欲促日中首脑会谈》，朝日新闻中文网，2014 年 9 月 22 日，http：//asahichinese.com/article/news/AJ201409220022。

六　结语

总之，一方面，正当台湾当局对是否应与中国大陆签署服务业贸易协议以及台湾地区朝野对此协议处理是否得当争辩不休之际，台湾地区外贸的最大对手韩国却已与中国决定在 2013 年底前完成韩中 FTA 谈判，为其 FTA 大战略完成封关的最后做准备。台湾地区人民必须务实地重新思考，尤其需擦亮眼看清外在世界，国际经贸环境不会因为台湾当局的好恶而改变，中国的崛起已是无法否认的事实，台湾地区对大陆的经贸倚赖也是无法改变的事实。借力使力是台湾地区唯一的存活之路。借着中国大陆的经贸崛起来维持台湾地区的经贸繁荣是台湾地区唯一的选择，韩国能从 1997 年金融危机脱困乃至再崛起就是依靠中国，"韩国在过去十年一直享受中国带来的好处。2013 年韩国对华出口占到总出口的 26%，比美国市场的 11% 还多。过去三年间，韩国创 1640 亿美元的对华贸易顺差。正是基于这种中国效果，韩国经济在世界金融危机以后才可以保持这种增长势头"。① 而日本一蹶不振以及安倍经济学难有起色就是因为忽略世界最大的市场（对抗中国）。台湾地区的 FTA 路线图应是先完成 ECFA 四项协议，然后再加入 RCEP，而 TPP 与 FTAAP（Free Trade Area of the Asia-Pacific，亚太自由贸易协定，简称 FTAAP）则是最终愿景。

另一方面，全球经贸环境正发生巨变，对各国经贸冲击力远大于一般双边 FTA，大型 FTA 如跨大西洋贸易投资伙伴关系协议（Transatlantic Trade and Investment Partnership，TTIP）、TPP、② 日本—欧盟经济伙伴协议（Economic Partnership Agreement，EPA）与 RCEP 等谈判方兴未艾，③ 而中国亦同时与美国、欧盟分别进行双边投资条约（Bilateral Investment Treaties，BIT）谈判，这些协议中任一项协议的达成很有可能产生连锁效应，最终重

---

① 《对于超级中国经济要以合作竞争力来应对》，韩国中央日报中文网，2014 年 9 月 26 日，http：//chinese. joins. com/big5/article. do？ method = detail&art _ id = 125323。

② Chunding Li, Jing Wang, John Whalley, "China and Global Mega Trade Deals," Working Paper#201416, http：//en. iwep. org. cn/upload/2014/07/d20140731170626992. pdf.

③ Junji Nakagawa, "TPP and Global Governance," The World Financial Review，July 28, 2014，http：//www. worldfinancialreview. com/？ p = 2597.

塑全球经贸的规范与权力结构。如美国与日本签署 TPP，将迫使欧盟尽速与华府达成 TTIP，因为日本与欧盟都对美国出口相类似的产品（如汽车等）。同样地，若美中就 BIT 达成协议将迫使欧盟尽快与北京完成 BIT 谈判，否则欧盟在中国投资将难以与美国企业竞争，反之亦同。这也是台湾地区不得不务实地采取借力使力策略的另一大原因，即利用中国大陆的崛起来维持与增强台湾地区的竞争力。2013 年 11 月 APEC 峰会越来越近，美国对中国的形势也越来越不利。美国迄今未能与日本在 TPP 上达成协议，激进的伊斯兰国（The Islamic State, IS）的兴起迫使原本拟退出战事、全心致力于经济发展的奥巴马在 2013 年 9 月宣布扩大在叙利亚领土上展开对 IS 的空袭范围。美国与伊斯兰国的战斗将走向长期化，有可能导致奥巴马的外交目标重返亚洲战略流于形式。① 同时，华府放下或减缓与北京的战略对抗，转而与北京进行具有交集利益的经济合作的可能性升高。美国总统奥巴马的心腹总统国家安全事务助理苏珊·赖斯在 2013 年 9 月初就任以来首次访问了北京，很可能就是为两国间某种大交易进行磋商。北京 APEC 峰会即将在 11 月召开。赖斯此行备受瞩目。② 换言之，如果美国能走出现实主义的泥沼，接受中国重视经贸的自由主义做法，则不排除中美就 FTAAP 达成协议的可能性，中美也有可能快速达成双边投资协议。③ 事实上，20 世纪末，由于美中就中国入世达成协议，因而使两方得利。④ 更重要的是，中美关系的和谐将使东北亚乃至东亚整个区域无须左右为难并耗损精力与资源应对两大强国，而安心致力于经济发展，增进人民福祉，扮演世界经济火车头的角色。

---

① 《美国再反恐重返亚洲或流于形式》，日本经济新闻中文网，2014 年 9 月 12 日，http：//cn. nikkei. com/politicsaeconomy/politicsasociety/11016 – 20140912. html。

② 《赖斯访华或为中美密约》，日本经济新闻中文网，2014 年 9 月 24 日，http：//cn. nikkei. com/columnviewpoint/column/11137 – 20140924. html。

③ Stephanie Henry, "Bilateral Investment Treaties: What They Are and Why They Matter," http：//www. chinabusinessreview. com/bilateral – investment – treaties – what – they – are – and – why – they – matter/.

④ John Frisbie, "Ten Years of WTO Membership: Gains for China and the US, but More Must Be Done," China Business Review, October 1, 2011, http：//www. chinabusinessreview. com/ten – years – of – wto – membership/.

Structural Shift of the World Economy and Asia's Emerging Economies

〔日本〕 Hitoshi Hirakawa*

Introduction

Entering this century, the structure of the world economy is undergoing large shifts. Ten years after the Asian Currency Crisis occurred in 1997, another global financial crisis with the US as epicenter erupted and spread to the world in 2008. The Sub Prime Loan Crisis, which was triggered by America's Lehman Brothers bankruptcy spread to Europe and then Japan, through various channels. Moreover, the crises become more severe than that in the US epicenter. Needless to say, the crisis has also hit East Asia, which has become the world's manufacturing base.

Despite the severe prospects of the emerging economies after the crisis, the influence of the emerging economies in the world economy has grown stronger. The biggest change is the shifting to a new structure of the development structure from one that is based on advanced economies for half a century. Indeed, it has not been a linear phenomenon. Owing to this, the assessment of the emerging economies has been fluidly vacillating. While going through a zigzag route, passing through some epoch phases, slowly but steadily there seems to be a change towards a new structure. This can be seen in sharp relief when looking at the changes in the global economy for the past ten years, including the current world financial crisis, from the analytical perspective based on the development of the East Asian economy.

---

* 〔日本〕 Hitoshi Hirakawa (Kokushikan University).

In this paper, in section①. we will first of all consider the movements of the advanced and emerging economies after the 1980s, and confirm the large changes in the relationships between these two sets of economies. In section2, we will consider the development mechanism of the emerging economies, which has become the main character in bringing about this structural shift. The dramatic development of theemerging economies after the Second World War started out with the NIES ②type of development, but we will confirm that this is changing to a new development mechanism at the turn of the century. In section 3, we will consider the East Asia's self-reliance accompanying this structural change, and the new regional issues that arises therefrom. Finally, in section [4], we will discuss the effects on the East Asian emerging economies of the various policies adopted by the advanced countries under the current global depression.

Incidentally, in this report, we will call as PoBMEs (Potentially Bigger Market Economies) the emerging economies mainly responsible for triggering the change. We think that this way we can clarify the development mechanism of emerging economies in the world economy at the start of the 21st century, and bring to the fore the features of today's capitalism.

1. The Structural Shift of the World Economy and East Asia

(1) Two Financial Crises and East Asia

The world financial crisis, which erupted at the bankruptcy of the American Lehman Brothers investment bank in September 2008, expanded to Europe and Japan in 2009, transforming into a global crisis. The direct linkage to the European economy was through the large amount of US Sub Prime-based securities bought by the European region, while the linkage for Japan was through the trade stagnation due to her large dependence on exports to the US. The effect of the crisis depends on circumstances of

---

① Paper to be presented at Tumen River Forum 2014, co-hosted by Yanbian Univeristy and Korea Foundation for Advanced Studies, Oct. 11 – 12, Yanbian University, China, and revised the Paper presented at the 61st Annual Conference 2013 of Japan Society of Political Economy, Oct. 5 – 6, Senshu University, Kanagawa, Japan.

② In this paper, NIES consists of four countries/regions of Hong Kong, China, Korea, Singapore, and Taiwan in East Asia.

each region, but it has become a crisis that surpassed the depression of the US economy. Figure 1 shows and confirms a well-known fact. While Japan, since the 1990s, generally had the lowest growth rate after the collapse of the bubble, both the US and Europe had comparatively high growth rates in the second half of the 1990s. However, entering this century, growth rates dramatically dropped due to the global financial crisis. Moreover, the effect on advanced economies, excluding the US, was even larger (Ito 2013) . In 2009, the growth rate of the US was minus 3.1% versus the minus 4.2% of the EU and the, worst figure of minus 5.5% of Japan. The emerging countries are in stark contrast. The emerging economies, such as China, NIES, and ASEAN, grew on the average by 2.7% . It can be seen that despite the effects of the crisis, these economies achieved a V-shape recovery just like the advanced economies, and even grew at a relatively higher rate.

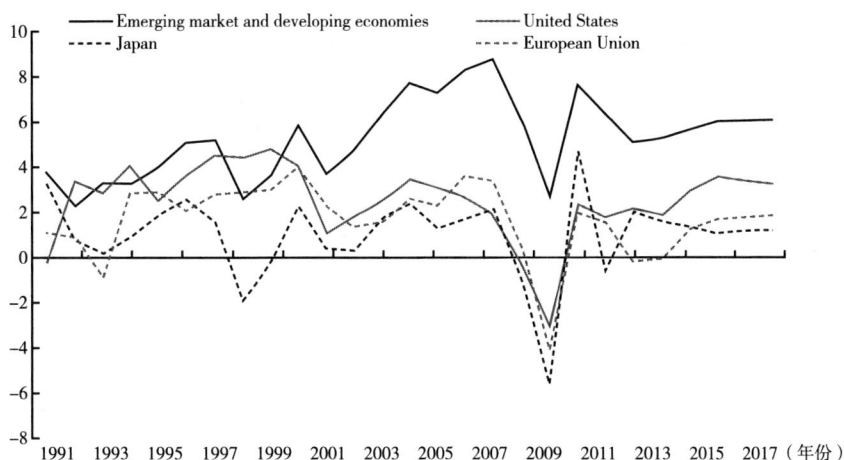

**Figure 1   Major Advanced Economies and Growth
of Emerging Economies (1991 – 2017)**

Note: Estimates after 2013.

Source: created IMF (2013) World Economic Outlook, 2013 April.

Actually, the emerging economies that formed the center of East Asia have experienced two crises since the 1990s, but it seems that these were opportunities to more and more raise their positions in the world economy. Figure 2 mainly shows the economic growth of East Asia. It could be seen that East Asia was able to recover quickly from the 1997 Asian Currency Crisis, despite experiencing a crisis that was much more severe than that of advanced countries. A slight recovery from the 2008 global financial crisis could be seen.

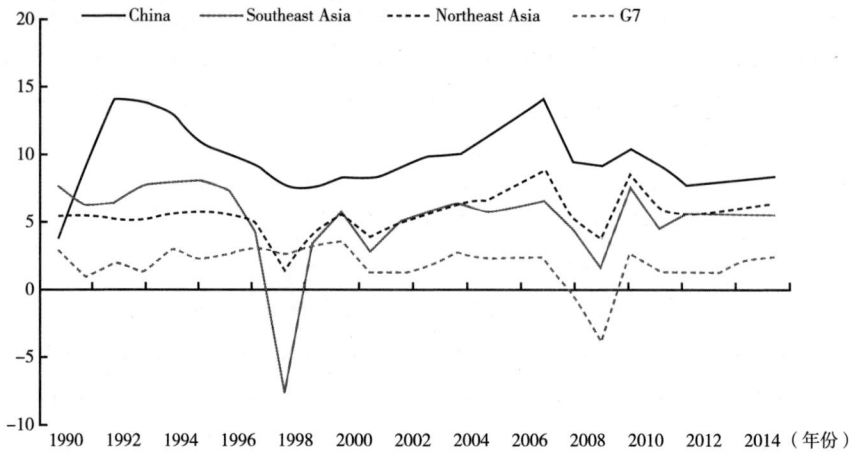

Figure 2   GDP Growth Rates Centered on East Asia Economies 1991－2017

Noted：1. North East Asia consists of China, Hong Kong, China, Japan, Korea, Mongolia, Taiwan; South East Asia consists of ASEAN Plus Timor. 2. Japan belongs to both regions.

Source：created from IMF（2013）*World Economic Outlook Database*, *April*.

Figure 3 was created in order to discern this change as structural shift of the world economy. Using the economic size of the US since the 1980s, this figure shows as catch up rate the changes in the economic size of Europe and Japan, as well as East Asia, NIES, ASEAN, and India. We can observe some important changes.

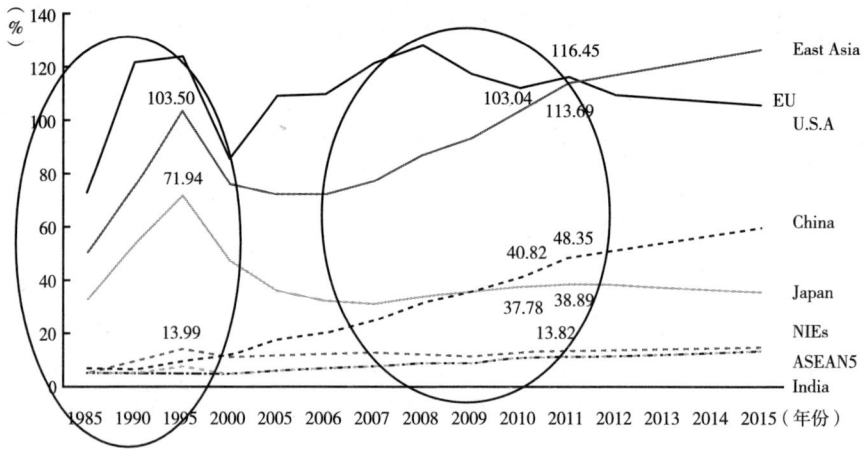

Figure 3   Rate of Catch-Up with the US of Major Countries/Economic Zones

Note：Nominal GDP of the U. S. A is 100.

Source：Created from IMF World Economic Outlook April 2012, Estimates Start After 2012.

Firstly, looking closely at the East Asian economy, East Asia had a peak in 1995 where it approached closely the size of the American economy. It declined retreated substantially in the ensuing crisis, returned in pursuit at the turn of the century, and surpassed the US economy in 2010. Moreover, it can be seen that it almost caught up with the EU in 2011, and in the following year of 2012 overtook the EU, leaping into the world's largest economic network.

Looking next at the internal composition of the East Asian economy, we can see that 2010 was an epochal year when China surpassed Japan. It was also the change of the main entity that defines the trend of the East Asian economy. The curve for the economy of East Asia moved in parallel with Japan's curve until around 2005. This came to move in parallel with the curve of the Chinese economy. While Japan and the US moved more or less in parallel, the NIES, ASEAN 5, and India, among others, continued to follow China's lead.

This structure means that the relative share of the advanced economies in the world economy has declined, while the share of the East Asian economy, led by China, and the other developing/transitional economies has been rising. The structure is one wherein the relative shares have declined for Japan with respect to the East Asian region, and the advanced countries with respect to the world. This can be confirmed from Figure 4.

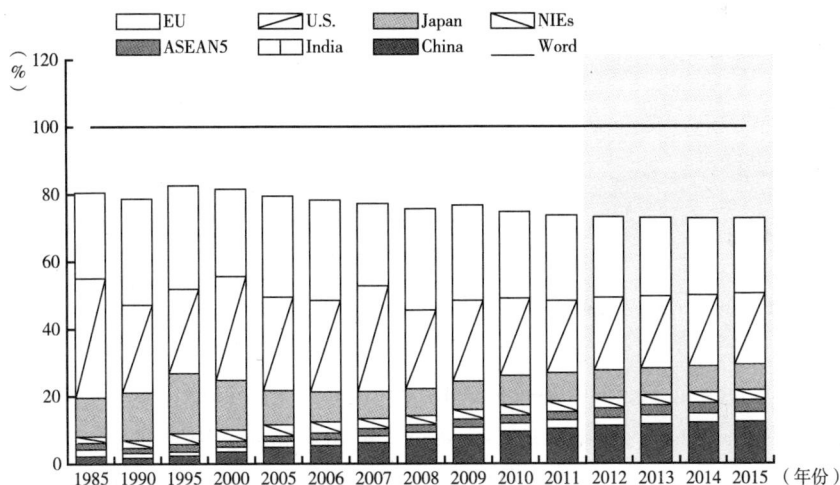

**Figure 4   Structural Shift of the Major Country/Economic Zones
in the World GDP (Nominal GDP) 1985 – 2015**

Source: Created from IMF World Economic Outlook April 2012, Estimates Start After 2012.

(2) The Possibility of Potential Development of the East Asian Economy

In the 2003 Investors Report Goldman Sachs (GS), which coined the term BRICs, predicted that by 2050 China would have passed the US, and Japan and the US would the only two advanced countries in the G6, with the other advanced countries having been replaced by the BRICs (Wilson and Purushothaman 2003). If the current growth continues, the share of East Asia in the world economy in 2025 is predicted to reach 40%, which is the same as the share it had in 1820 (Gill and Kharas 2007). The Asian Development Bank, in a 2011 report, also predicted under the same conditions that Asia will account for more than half of the share in the world GDP, trade, and investment by 2050, and that the share in world GDP would expand to 51% in 2050 from the 27% in 2010 (ADB 2011). The estimates of the World Bank and the Asian Development Bank are premised on the Asian countries overcoming the hurdle known as "middle income trap". Let us think about this possibility.

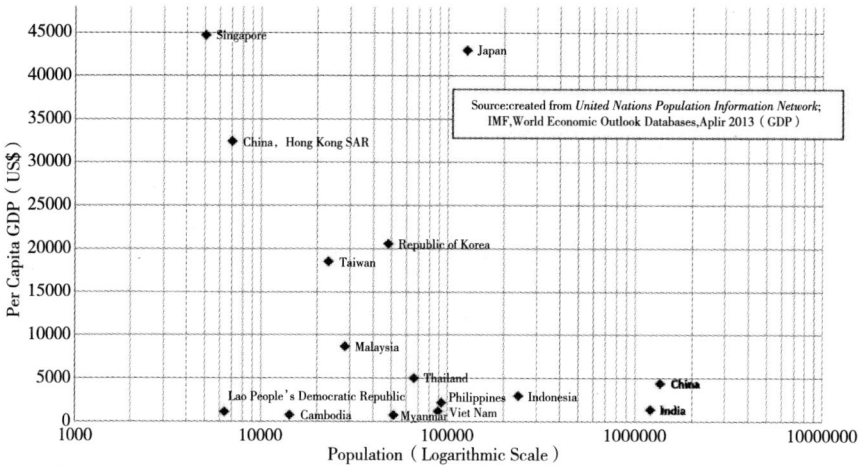

Figure 5   Per Capita GDP and Population of Asian Countries (2010)

Let us look at Figures 5 and 6. One shows the relationship between per capita GDP and population, while the other shows the relationship between the economic growth rate for the past 10 years and population. We can see that countries with a high per capita GDP tend to have small populations, while low-GDP countries tend to have large populations, although these countries have been achieving high growth rates in the past 10 years. This means that East Asia has an extremely large leeway for growth in the future. In Asia, countries with bigger populations and low economic levels are starting to grow, and have extremely large leeway for development. Indeed, it is very much possible in the future that this will cause severe problems in food, resources, and energy on the one hand, and aging population on the other hand. The worsening of the global environmental problem is now clear to everyone. However, the possibility of the expansion of market scale based on population is extremely high, showing the potential for development.

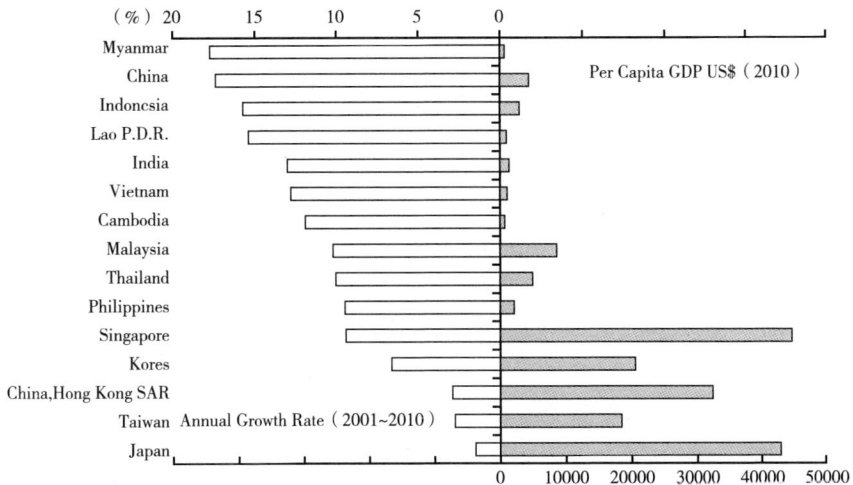

Figure 6   Economic Growth and Per Capita GDP of East Asian Countries

Note: East Asia contained India.

Source: Created fron the IMF, *World Economic Outlook Databases*, Aplir 2013.

2. Diastrophism in the Global Economy

(1) Shifting from NIES to PoBMEs Growth Structure

Will the development of the East Asian continue in the future? The World Bank and Asia Development Bank also have been interested if the East Asian countries could continue the growth of the past decades and finally reach the zone of advanced economies. Needless to say, this issue includes the structural reform of the East Asia emerging economies (World Bank & DRC of the State Council 2012), but here we would like to focus on the structure of the global economy and check the mechanism of growth arrived at by East Asia.

First, let us consider the BRICs mentioned above. This word was coined Jim O'Neill of the Goldman Sachs (GS) in 2001 as the acronym of four countries growing at a high rate as to pose a threat in the future to advanced economies (O'Neill 2001). Of course, countries with the possibility of high growth are not limited to BRICs. The GS research group centered on O'Neill in 2005 has called Next Eleven (N−11) the additional 11 countries. It could be noted that GS is an investment bank, and the kneading out of the terms BRICs and N−11 could very well be for getting investors. However, this coined term itself has no concept. BRICs is a coined term that brings to mind brick but the economic development mechanism is not quite clear. As will be confirmed below, we can treat these economies as a large region of market potentiality. For that purpose, this author would like to use the term PoBMEs (Potentially Bigger Market Economies) to refer in general to these economies. BRICs is a typical economy of PoBMEs.

What are the features of PoBMEs? Under what mechanism are they growing? This becomes clear when we compare the development of the emerging economies with the growth economy of the NIEs over time from the 1970s to the '80s. This is Table 1, from which some features quickly become apparent. (1) There is a world of difference in population size between the two groups. (2) In terms of trade shares, NIES is high, while BRICs is low. (3) The share of manufactured products is high in NIEs, but such a tendency cannot be seen in BRICs. Russia is well known for its remarkable resource exports, and China for its manufactured exports. Brazil and India are in the middle of both countries. India's services export share has been rapidly rising. This is related to the dramatic increase in services exports known as business process outsourcing (BPO) (Hirakawa, Lal, Shinkai, and Tokumaru eds. 2013). Table 2 shows the composition of services exports, where it could generally be confirmed that there was a large increase in the value of services exports over the period 1995 to 2008. At the same time, the rise in the "composition of communications, computers, and information" was remarkable. This category was exceedingly large especially in India.

In short, it could be seen that while the development of the NIES in the 20th century was achieved through manufacturing exports, the PoBMEs or BRICs at the turn of the century have entered the global economy through the export of a variety of goods such manufacturing goods, resources, and services. Needless to say, this is because that in this century size of the population is considered as a critical cause that would determine the scale of the market.

Table 1 Comparison of NIES and BRICs: Population, Trade Ratio,
Share of Manufactured Goods and Services in Exports

	Population (mllion)	Trade Ratio* (%)			Manufactured Export Ratio** (%)			Service Export Ratio*** (%)	
	1970	1970	1976	2008	1970	1976	2008	1995	2008
Singapore	2. 1	225	252	362	31	43	70	18	20
Taiwan	14. 7	63	90	123	79	85	99	12	12
HongKong	3. 9	182	183	354	93	97	83	16	20
Korea	31. 9	38	68	92	77	82	89	15	15
	2000	1995	2000	2008	1995	2000	2008	1995	2008
Brazil	170. 4	16	23	24	54	59	45	11	13
Russia	145. 6	44	71	46	26	22	17	12	10
India	1015. 9	23	28	41	74	79	63	18	36
China	1262. 5	44	50	59	84	88	93	11	9

Notes: * Merchandise Trade/GDP. ** Manufactured Exports/Merchandize Exports. *** Service Exports/ (Merchandize + Service Exports).

Sources: calculated from World Bank (2010) World Development Indicators 2010, and Planning and Development, Republic of China (2010) Taiwan Statistical Data Book 2010.

Table 2 Service Exports of BRICs and NIES (1990, 2006)

	Service Exports		Transportation		Travel		Insurance & Financial Services		Commumication, Compute & Information	
	1990	2006	1990	2006	1990	2006	1990	2006	1990	2006
	Million $		%							
Korea	9155	50385	34. 7	51. 3	34. 5	10. 6	0. 1	5. 8	30. 7	32. 3
Hong Kong	n. a.	72283	n. a.	31. 9	n. a.	16. 2	n. a.	10. 6	n. a.	41. 4
Sigapore	12719	58957	17. 5	35. 6	36. 6	12. 0	0. 7	9. 4	45. 3	43. 1
Brazil	3706	17946	36. 4	19. 2	37. 3	24. 1	3. 1	5. 9	23. 2	50. 9
Russia	n. a"	30691	n. a.	32. 8	n. a.	24. 9	n. a.	3. 1	n. a.	39. 2
India	4610	75057	20. 8	10. 2	33. 8	11. 9	2. 7	4. 2	42. 7	73. 7
China	5748	91. 421	47. 1	23. 0	30. 2	37. 1	3. 9	0. 8	18. 7	39. 1

Source: calculated from World Bank (1997, 2008), World Development Indicators.

Figure 7 shows an overview of the difference between the two development groups that achieved growth in the developing regions after the Second World War of the 20th century. We can confirm the qualitative difference in the development of the NIEs and

107

PoBMEs from the Figure, which conceptualizes the growth structure of the East Asian developing economies in terms of a spatial understanding of capital, labor, and market. In the earlier NIES stage, industrialization was achieved through the highest competitiveness based on low wages, and the sending of products to the markets of advanced economies. The foreign direct investments of advanced economies headed to the NIES of East Asia in search of low wages. This gave NIES the opportunity to develop. In the PoBMEs stage, however, the market itself of the emerging economies becomes the objective of investment and entry. Although there still exists investment based on low wages, a more important investment objective is the entry into the growing and expected growing emerging markets. In the stage preceding the NIES stage, the objective was the entry into markets under import-substitution generally adopted by the developing regions after the war. Capital headed for import-substitution markets.

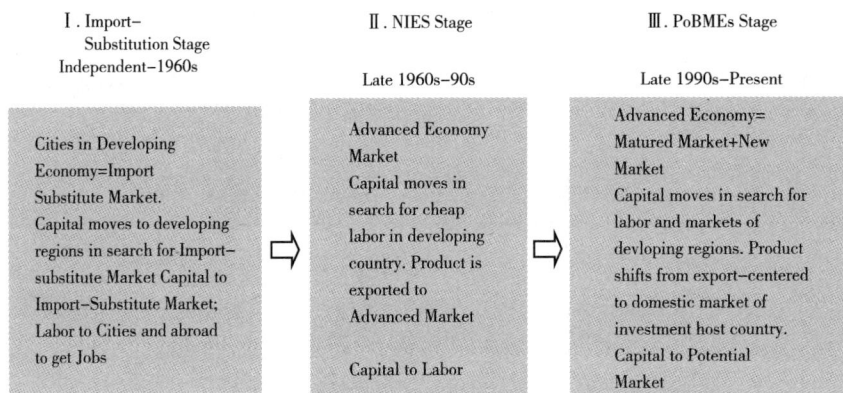

Ⅰ. Import–Substitution Stage Independent–1960s	Ⅱ. NIES Stage Late 1960s–90s	Ⅲ. PoBMEs Stage Late 1990s–Present
Cities in Developing Economy=Import Substitute Market. Capital moves to developing regions in search for Import–substitute Market Capital to Import–Substitute Market; Labor to Cities and abroad to get Jobs	Advanced Economy Market Capital moves in search for cheap labor in developing country. Product is exported to Advanced Market Capital to Labor	Advanced Economy= Matured Market+New Market Capital moves in search for labor and markets of devloping regions. Product shifts from export–centered to domestic market of investment host country. Capital to Potential Market

Figure 7　Changes in the Spatial Relationships of Capital, Labor, and Market: A Conceptual Map

Source: Created by the author.

It would be necessary to touch on the development of India's BPO industry, at this point. The rapid growth of an Indian-style offshore service industry occurred since the 1990s, and could be seen in China, as well as in the Philippines and Vietnam. Next to India, there is a possibility of seeing developments in these countries that would exceed expectations. Such development can be made by IT technological innovation. In contrast that NIEs could develop manufactured industry mainly on the basis of cheap labor, India and several other countries can be also, on the basis of cheap labor with talent, developing ICT-related service industries.

The cheap labor-based NIES-type development in this service industry would play the role of promoting further a PoBMEs-type development through its contribution internal demand, as well as through the upgrading of business.

In retrospect, the development of the newly industrialized economies, which was becoming clearer in the 1970s, was export-oriented or NIES-type. In such a development, the foreign direct investments from advanced regions played an important role. The direct investments from advanced economies secured for the developing economies the capital, technology, as well as market that led to growth. The domestic firms of NIES utilized this opportunity to grow. Checking the investment destinations of the world's direct investments, NIES was the destination of a massive amount of direct investments in the 1970 – '80s. However, in the 1990s, direct investments were heading towards BRICs (Hirakawa and Aung 2011; Hirakawa 2013) . Checking the regional distribution of recipient regions for direct investments of the world from the UNCTAD direct investment statistics, up to around 2000 the advanced regions made up about 80% . Entering this century, however, their share has contracted, and in 2010 fell below 50% . Instead, the major recipient regions became the developing economies and the transitional economies, or in particular East Asia's PoBMEs. In 2010, China received 8.8% , and the East Asian developing region received a total of 29.1% (UNCTAD FDI Database) . The direct investment headed to PoBMEs, as could be seen in the case of Japan's investment objectives, has changed gradually but steadily from low wages to local market.

Figure 8 shows the result of responses related to the medium-term promising business startup countries/regions. The results of the survey questionnaire, which started since 1992, consistently picked China as the most promising country in the medium term. Since around 2003 – 04, it can be seen that interest as investment destinations expanded to BRICs other than China, and PoBMEs such as Indonesia, Thailand, and Vietnam. As is shown in Figure 9, the biggest promising reason is "future growth of local market" . The next promising reason is "low wages", but its share has very much declined. As can be seen from Figure 10, which looks at various features of existing entry destinations by the same survey, the share of marketing base is certainly increasing. Starting from this century, the share is large in NIES for the market base of manufacturing firms, while in ASEAN and China, there was a lot of manufacturing bases. However, at the start of this century, the share of manufacturing bases generally declined, while the share of marketing bases has been rising.

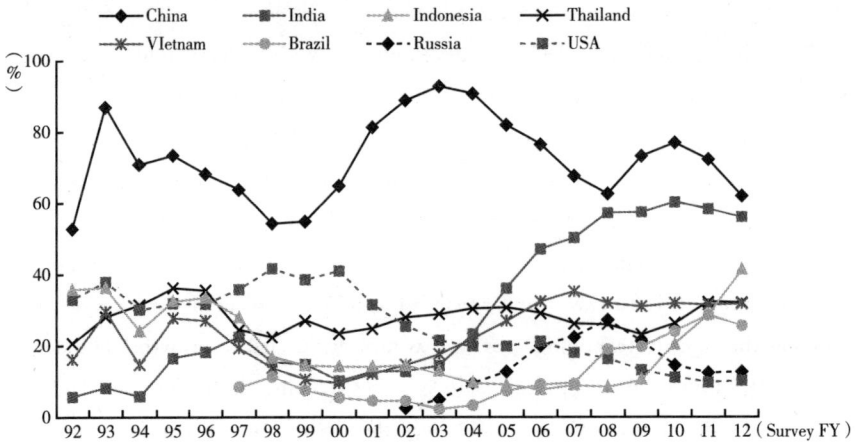

**Figure 8　Transition of Responses of Promising Investment
Destinations for the Next Three Years in Surveys
of Japanese Manufacturing Firms**

Source: cited from JBIC (2012) "FY 2012 Survey (the 24th) Report on the Overseas Business Operations by Japanese Manufacturing Companies".

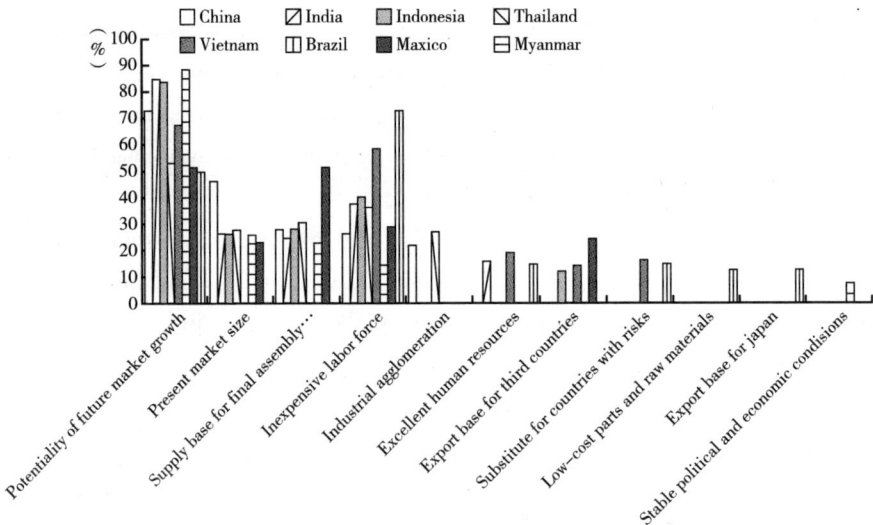

**Figure 9　Favorable Reasons of Mid-Term Promising Countries
(2012 Survey)**

Note: Countries arrange in the most promising order of the 2012 servey from the left.

Source: created from JBIC (2012) Survey Report on Overseas Operations by Japanese Manufacturing Companies, FY 2012, December.

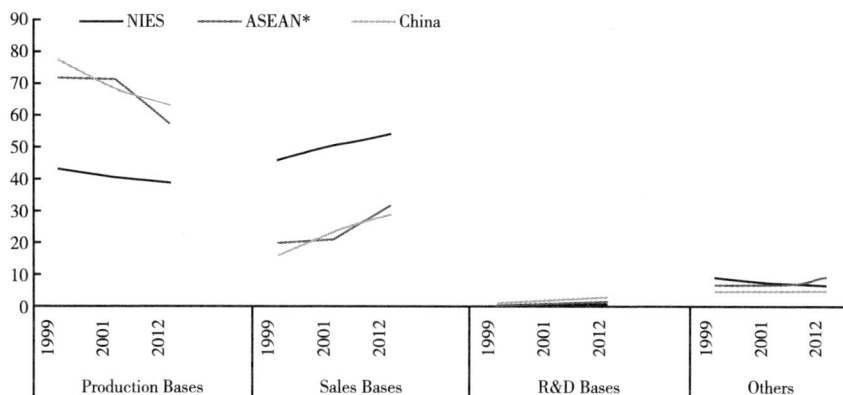

Figure 10 Composition of Features of Bases of Japanese Overseas Corporations

Note: * NIES consists of Hong Kong (China), Korea, Singapore, and Taiwan.

ASEAN in 1999 and 2001 consists of Indonesia, Malaysia, Philippines, and Thailand, ASEN in 2012 adds Vietnam to above ASEAN4.

Source: created from JBIC (1999; 2001; 2012)" Survey Reoprt on Overseaw Business Operations by Japanese Manufacturing Companiew, FY1999, FY2001, FY2012.

(2) The "Middle Income Trap" in East Asia and the New Industrial Clusters

The previously cited 2007 World Bank Report predicts that Vietnam will enter the ranks of the middle income countries in 2010, so that more than 95% of the people in East Asia would be living in middle income countries. Henceforth, a change in growth pattern corresponding to income level is deemed necessary. Otherwise, the middle income countries will be mired between the low-wage poor-country competitors, wherein mature industries dominate, and the rich-country innovators, wherein industries that rapidly change technologies dominate. This is a so-called "middle income trap", which has gotten a lot of interest (Gill and Kharas 2007, 4 −5)

The August 2011 Report of the ADB shares the same view, where, as part of its predictions, it breaks up Asia into three groups based on the growth performance for the past 25 years, and considers the possibility of the second group falling into the "middle income trap" in the next five to ten years. The first group consists of the seven economies that grew rapidly since the 1950s, and have avoided the middle income trap by becoming high income advanced economies in one generation (Brunei, Hong Kong, Japan, South Korea, Macao, Singapore, and Taiwan) . The second group included the giant economies of China and India, and the eleven economies that have reached middle income levels through steady high growth since the 1990s (Armenia, Azerbaijan,

Cambodia, China, Georgia, India, Indonesia, Kazakhstan, Malaysia, Thailand, and Vietnam). Lastly, there are the economies of 31 countries①of the three regions (East Asia-Pacific region, South Asia, and Central Asia) which have been growing sluggishly for a long period of time (ADB 2011, 1). The report makes the following statement focusing on China, Indonesia, Malaysia, the Philippines, and Thailand. "The traditional low-wage manufacturing for export model does not work well for middle income countries. They seem to become trapped in a slow growth mode unless they change strategies and move up the value chain. ···. A majority of Asian economies-including PRC, India, Indonesia, and Viet Nam-still have to demonstrate their ability to avoid this trap and the resulting slow growth experienced by much of Latin America" (ADB 2007, 34).

Needless to say, whether it is BRICs or the broader PoBMEs, future development of all the countries and economies is promised to none. As we will see later, even at the present time, there are countries/economies that are growing steadily, and there are those that do not. The prospects for middle-term growth are the same.

However, the following truth could be generally stated. In recent years, it has often been pointed out that East Asia, entering this century, has become the world's largest manufacturing value-added production region. During the 1970 − 80's when the NIES led the East Asian developing economies, East Asia created areas, epitomized by the export processing zones, to entice foreign firms to develop labor-intensive industries. Japan exported capital goods and raw materials to such areas, which processed, assembled, and then exported to the advanced markets of the US. This was the so-called Japan-NIES-US triangle structure, under which growth was achieved. Regional markets were limited. Despite that, East Asia saw the birth of a new growth triangle through a shift of the NIES to a higher value-added industrial structure based on the above industrial clustering (Hirakawa, Tawada, Yamori et. al, 2011, Vol. 1). A steady upgrading of industry has been steadily promoted. Japan and NIES exports high value-added capital and intermediate goods to China and ASEAN. Relatively low value-added products have come to be exported to the advanced markets of the US and Europe. As such, the amount of manufacturing value-

---

① 31 countries include Afghanistan, Bangladesh, Bhutan, Cook Islands, Democratic People's Republic of Korea, Fuji, Iran, Kiribati, Kyrgyz, Lao PDR, Maldives, Marshall Islands, Federated States of Micronesia, Mongolia, Myanmar, Nauru, Nepal. Pakistan, Palau, Papua New Guinea, Philippines, Samoa, Solomon Islands, Sri Lanka, Tajikistan, Timor, Tonga, Turkmenistan, Tuvalu, Uzbekistan, and Vanuatu.

added brought about within this region has pushed up East Asia as the world's largest value-added production network. According to the "METI White Paper", the manufacturing value-added of ASEAN + 6 (Japan, China, South Korea, Hong Kong, Australia, New Zealand) became the world's largest in 2002, surpassing EU, and since then would steadily pull ahead of the US and Europe (METI 2008).

Moreover, this has expanded the intra-regional market, and became the opportunity for the East Asia market development. According to the survey by the United Nations Conference on Trade and Development (UNCTAD) on Research and Development (R&D) investments in 2004 of multinational corporations, the major regions of R&D geographical distribution included China, India, Singapore, Brazil, Hong Kong, South Korea, and Thailand along with the advanced countries (UNCTAD 2005, 133). Headed by BRICs, East Asia's PoBMEs became the destination for such investments. The promotion of development that anticipates the local market by: Seika University, Shanghai Jiao Tong University, Fudan University and Toshiba, Sharp, Daikin, Hitachi, among others in China; Indian Institute of Technology and Nissan, Suzuki in India; Chulalongkorn University and Kawasaki Heavy Industries, and Showa Denko among others in Thailand; National University of Singapore and Panasonic, Mitsubishi Heavy Industries among others in Singapore; Hanoi University and Kubota in Vietnam; Universiti Teknologi Petronas and Hitachi in Malaysia (Nikkei Shinbn 2013.8.8).

Even on a country basis, R&D investment in East Asia, including India, is showing a remarkable increase. According to documents of the US National Science Board, the R&D investment share of the US in the world R&D in 1999 was the biggest at 38% in 1999 and 31% in 2009. The share of various Asian countries, including China, India, Japan, Malaysia, Singapore, South Korea, Taiwan, and Thailand, rose to 24% to 32% (with China accounting for 12% and Japan 11%). The total share of East Asia has surpassed that of the US. In particular, the growth rate of China'S R&D is high at about 20% for the past 10 years (NSB 2012, Chap. 4).

There has been a lot of research already on the expansion of intra-regional trade in East Asia and its development under an intra-regional international division of labor. The East Asian network has integrated through such an international division of labor, and started to create a mechanism of self-reliant development. Accelerating it economic integration keeping in mind the development of China since the 1990s, ASEAN is aiming to establish the ASEAN Economic Community in 2015 as an institutional framework for economic integration. This will undoubtedly have the effect of further advancing the economic integration of East Asia and increasing the possibility of East

Asia's regional development.

The above fact suggests the necessity of deepening the study to a wider perspective without slanting towards internal analysis, despite the danger of East Asian middle income countries falling into the "middle income trap", whereby development is, of course, not promised to all PoBMEs. The component countries and even multinational firms are putting more emphasis on the potential development possibility of the market, and are competing to put in capital and technology in the region. It could be said that the regional conditions draw an optimistic prospect rather than a pessimistic one.

3. The Continuing Structural Shift of the World Economy and New Issues

(1) Global Financial Crisis and East Asia's Self-Reliance

In 2007 prior to the global financial crisis, the IMF indicated that there was a decoupling of the business cycles of advanced economies and developing economies, particularly between the US and Asia (IMF 2007, 121 −48). In contrast, the Asian Development Bank developed the "Uncoupling Myth", which showed a skeptical view of the uncoupling based on the dependence of Asia on the final consumer goods market of the US and international finance (ADB 2007a; ditto 2007b; ditto 2008). This coupling was immediately proven in the global financial crisis of 2008. The rapidly growing East Asian economy quickly fell into a depression with the stagnation in trade. This, however, later led to problems.

The ability of the East Asian economy to recover from the global financial crisis was extremely strong, and showed to be ahead of the advanced economies. In time, [East Asia] has come to be expected to play a leading role in the global economy. Looking at the industrial growth rates during the period before and after the global financial crisis, as is shown in Figure 10, the industrial production of newly emerging Asian economies was ahead that of the recovery of advanced economies. This would show that the rising uncoupling of the Asian economy from the advanced economies. As such, expectations on the Asian emerging economies, particularly China, have been rising since the summer of 2008. At the end of 2009, the IMF came to form expectations on the leading role of the Asian economy in the sustained growth of the world economy (IMF 2009). In the 2010 "METI White Paper", even METI changed its assessment by stating "Emerging countries, in general, seem to be able to take a role of driving force behind world economy. Expectations for their growth rise" (Keizai Sangyo Sho 2010, 2 −3).

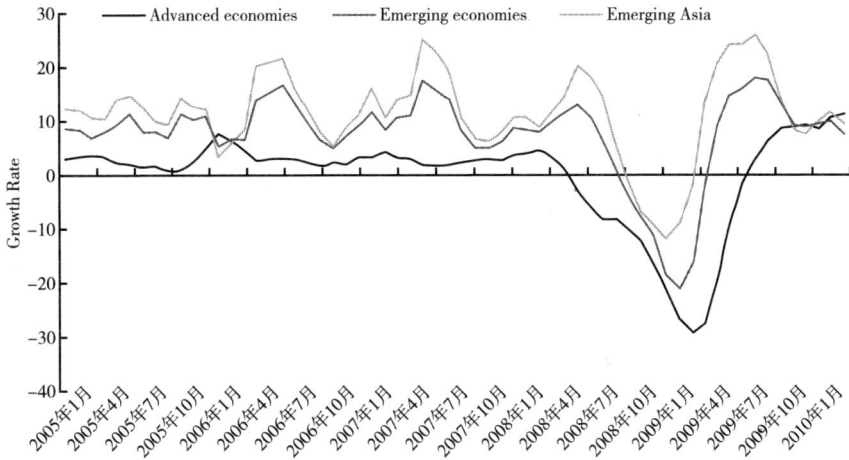

**Figure 11 Transition of Manufacturing Production Growth
of Advanced Economies and Emerging Economies
(January 2005 to March 2010)**

Notes: Annualized percent change of three – month moving average over previous three – month
moving.

(2) The Enlarging Chinese Economy and "China + 1"

In the second half of the 1980s, there were widening interpretations of East Asia's
development being a Flying Geese type of development. The Flying Geese Theory was
a mode of industrial development of a latecomer country, discovered before the war by
Kaname Akamatsu, Late Professor Emeritus of Hitotsubashi University, when he was
Professor of the Nagoya Higher School of Commerce. It says that a latecomer country
would first take the opportunity of developing an industry similar to its imports, initiate
local production, and eventually export. As the economy develops, however, this
industry will be replaced by a new industry, and will be moved overseas (Hirakawa
2013) . While there are pros and cons, this interpretation has come to be widely
known in the world. However, entering this century, with the development of China,
there is now the opinion that the Flying Geese Development Model has ended. One of
the main assertions is that with the entry of China's gigantic economy to the world
economy, the development of industries in the order of Japan, ASEAN, and China has
stopped (Kuroda 2001, 193 − 34) . Indeed, entering this century, the Chinese
economy made a big leap. Since the opening up reforms of 1978, [China] has
obtained the rank of being the 2nd economy in the world, surpassing the GDP of Japan
in 2010 as a result of a high growth rate averaging at 10% annually over several decades.

This has given a yellow traffic light to ASEAN's growth.

Amidst such ongoing changes, a chain of events that created mutual distrust among Japan, China, and South Korea started with the problem of then Prime Minister Junichiro Koizumi's worshipping at the Yasukuni Shrine in 2001. Discussions regarding the Chinese threat and distrust of China certainly started spreading. In China, there were anti-Japanese policies and demonstrations. In 2010, exports of rare earth, which was necessary for hybrid car production, were restrained, and right after this, the collision incident occurred between a Chinese fishing vessel and a Coast Guard patrol ship. In 2012, after the nationalization measure of the Japanese government triggered by the plan to purchase the Senkaku islands by then Metropolitan Tokyo Governor Shintaro Ishihara, the territorial ownership issue of the Senkaku islands became more and more contentious. The conflict between Japan and China was in its worst state since the normalizing of relations in 1972. Owing to this, the "China + 1" policy of Japanese firms was pushed entering this century, and the tendency became stronger to disperse investments from the unipolar concentration on China to ASEAN countries such as Thailand, Indonesia, and Vietnam.

According to reports of the Nikkei Shinbun on the regional performance of investment values in the first half (January to June) of fiscal year 2013, the investment amount of one trillion yen to ASEAN recorded a 4 − fold increase over the same period last year, putting it at twice that of China. In half a year, investments to ASEAN outperformed that of the preceding year, and very much pulled away from the 470.1 billion dollar investments to China, which was an 18% reduction compared to last year.

Investments to Vietnam was 230.6 billion yen which was an increase of 62% compared to the previous year. Investments to Indonesia was 244.0 billion yen which was an increase of 44% compared to the previous year. In addition to the attention Indonesia, the Philippines, and Vietnam were getting due to the good adjustments in domestic demand after the global financial crisis, such investments could be considered as the overlapping result of such things as the returning of a democratizing Myanmar to the international society, and the expectations about the birth of the ASEAN economic community in 2015. Newspaper reports, however, that "in addition to the effects of the increasingly severe anti-Japanese demonstrations in China since the second half of last year, wages in China are rapidly rising, so that the number of firms shifting their investment pivot foot to Southeast Asia is rising" (Nikkei Shinbun 2013.8.11). The wave of direct investment, involves the management of the geopolitical risks of the firm, and is creating a large flow of direct investments towards the PoBMEs, which goes beyond the China.

East Asia is changing from a region where there was a catch up type of development of economies based on an order that was explained by the Flying Geese Theory into a region based on a new type of development mechanism through integration. It appears not to be a type where China is the only one that seizes the fruits, while the intermediary ASEAN region and its industries stagnate and decline. Firms seek new markets and move beyond BRICs, and are supported by the growth strategy of PoBMEs. The economic integration, including the ASEAN region, is advancing. The development strategy through the enticement of foreign firms, which started with the NIES in the 1960s, created a foothold for the high value-added industrialization of the NIEs. Such a mechanism is spreading to PoBMEs through the market competition mechanism of advanced economies.

4. The World Economy after the Global Financial Crisis and East Asia

(1) The Expansionary Policies of Advanced Economies and East Asia

The advanced countries after the Lehman Shock of 2008 have been increasingly relying on financial policy as a major measure for recovering the business cycle. The US Federal Reserve Bank (FRB) has adopted quantitative easing trice (Q1, Q2, and Q3) in April to September 2009, October 2011 to March 2012, and September 2012 up to the present. Even in the EU, the European Central Bank (ECB) has engaged in large amounts of financial support to the PIIGS (Portugal, Italy, Greece, Spain, and Ireland) which have been hit by the worsening of financial/fiscal sectors as a result of the global economic crisis. Moreover, in Japan, with the birth of the new Bank of Japan governor Haruhiko Kuroda in March 2013, there was the "supra-financial easing" from April of the same year. Quantitative easing was becoming a global phenomenon, bringing about the circulation of a large amount of money into the market. Japan's QE policy adopted during March 2001 and March 2006 is thought of the first of this kind of policy in financial history of the post-World War II (Calderon 2012). Before the war, at the start of the 1930s, [quantitative easing] was adopted in the US during the Great Depression, but it was not established as a counter recessionary policy through the 20th century. Such a policy came to be widely used among advanced economies after the global financial crisis. Figures 11a, b, c shows the changes in the monetary base currency issued of the EU, the US, and Japan since 2000. A dramatic rise in the issued amounts could beseen upon entering this century, particularly after the global financial crisis.

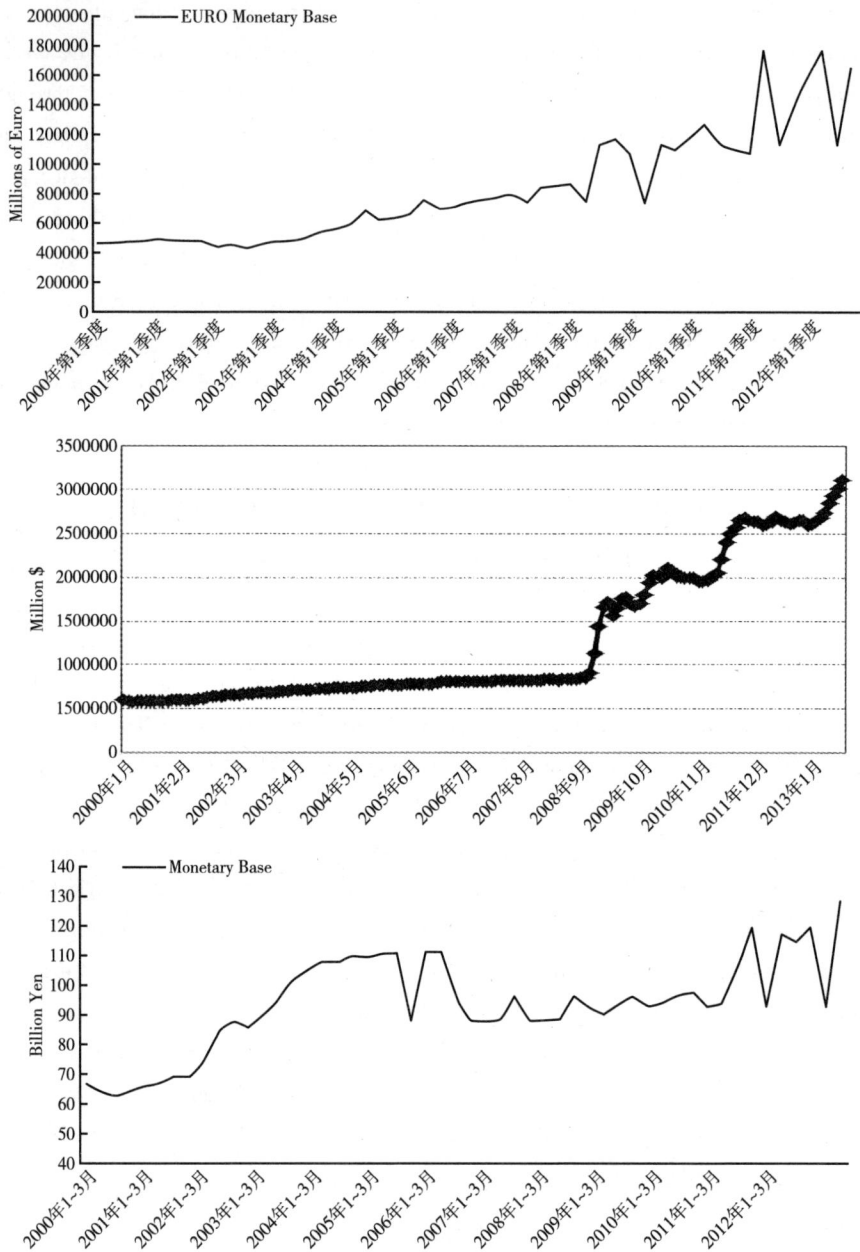

Figure 12　a，b，c：Monetary Base Currency Issued of Euro，
America，and Japan（2000 to 2013）

Source：Created from European Commission Eurostat；U. S. Board of Governors of the Federal
Reserve System；Bank of Japan Statistics.

Whether or not the dissemination of large amounts of monetary base currency will save the major economies that are sinking into recession is uncertain at the present stage of the process. Its effect of strengthening further the excess liquidity in the world economy is certain. In June of this year (2013), stock prices and currencies dropped sharply at US FRB Chairman Bernanke's statement about reducing the liquidity easing. This would indicate that liquidity easing in itself have global effects that go beyond the implementing country.

Actually, the policy of quantity easing of monetary base is creating a new and different world in advanced economies. Figure 12 shows the monetary base currency issued amounts as a percentage of GDP of Japan, the US, and the EU. The ratios of each country/regional economy show variations. In the Figure, the numbers are indexed with the first quarter of 2000 is taken as 100. There is a surprising similarity in the movements of the three advanced countries/regions. Moreover, in relation to GDP, the values have fallen from 100 to 50 within this period. This may indicate that the effect of increases in monetary base on advanced economies is limited.

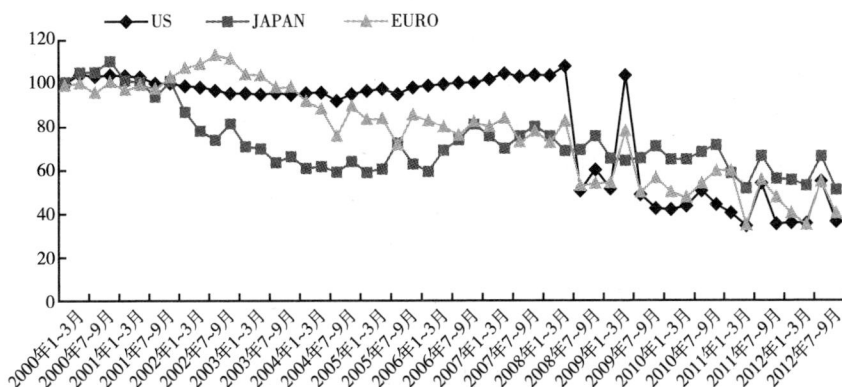

Figure 13   Transition of GDP/Monetary Base Indicator (1ˢᵗ Quarter 2000 = 100)

Source: Created from Data the US Board of Governors of the Federal Reserve System, European Commission Eurostat, Band of Japan.

However, we should consider that effects of this phenomenon on newly emerging economies would be extremely large. The asset management advisor Ruben Calderon of the investment consulting firm Pyramis, in a paper entitled " The Unintended Consequences of Quantitative Easing on Emerging Markets", states that the objective of quantitative easing ordinarily is to provide currency to borrowers of advance in advanced

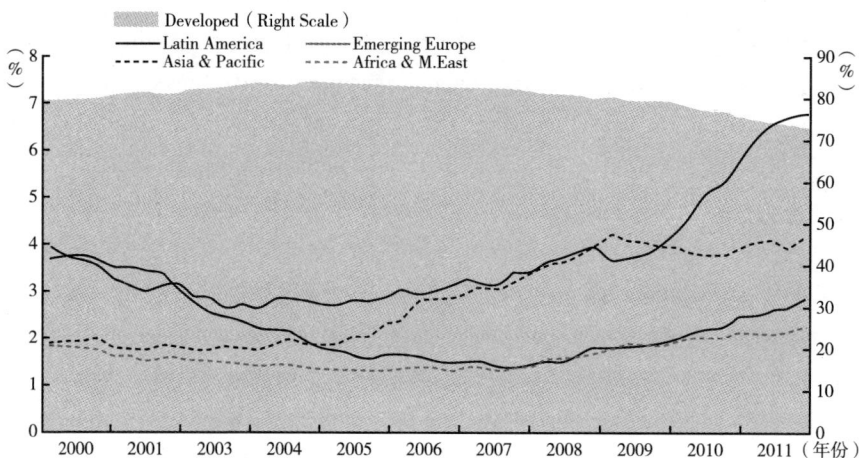

Figure 14　Share of International Bank Lending to the Private Sector 2000 – 2010

Source：R. Calderon（2012）.

economies. However, contrary to expectations, there was an increase in borrowers in emerging economies, which brought about various problems in emerging economies such as inflation, currency depreciation, monetization of products, and fear of retaliation, due to the excessive increase in liquidity（Calderon 2012）. Figure 12 looks at the geographical distribution of lending of international banks to the private sector. While it shows a tendency to decline towards advanced economies, it is growing for developing economies particularly that headed for the Asia Pacific region. The economic size of [lending] in the emerging economies is particularly still not that big. More than 70% of the bank lending is being given to advanced economies, but the share of lending to Asian emerging economies between 2005 and 2011 was growing from less than 3% to less than 7% . For the emerging economies, however, this increase in share from the quantity of money itself under the quantitative easing policy is a dramatic increase. The liquidity and instability that grew from the pursuit of America's neoliberalism could be said to be at the root. This, on one hand, brought about inflation and the bubble in emerging economies, and heightened the liquidity of currencies. On the other hand, it could be a good opportunity for the possibility of further growth in the emerging economies, if a system is created for controlling excess liquidity. Through the 20 country/region financial ministers/central bank governors meeting and summit meetings（G20）, PoBMEs countries have been increasing their ability to express with respect to global financial problems, and have become more resistant to unilateral pressures for establishing systems beneficial only to the US and a part of the advanced countries. Such policies have not reversed the flow of international division of labor in manufacturing.

The yen depreciation ushered in by the Abenomics of 2013 finally brought about an improvement in the profits of Japanese firms, but the desire of Japanese firms to enter the East Asian emerging economies did not change. A survey by Nikkei Shinbun of 100 Japanese firms showed that even with the yen appreciation adjustment by Abenomics there has been no fundamental change in the trend of overseas entry compared to before. With regards to business with China, 60% responded "no change" despite the rising wages and anti-Japanese sentiments, outside of China, the expansion as production bases continues in Thailand, Vietnam, Indonesia, Myanmar, and others (Nikkei Shinbun, 2012. 12. 24, 2013. 6. 23).

Incidentally, a research paper of the ADB Institute, which analyzes the effects on the newly emerging Asia of Q1 and Q2 of the US gives the following estimates. The amount of US monetary base that went overseas was about 40% (32. 0 billion dollars per quarter) during Q1, and about one-third (74. 0 billion dollars) for the first two quarters of Q2. It cannot be confirmed for Q1, but during Q2, of the amounts mentioned above, 9. 0 billion dollars for each of the first two semesters flowed as excess private financial funds. These led to the appreciation of the Korean Won, and also went into Indonesian securities. However, it is concluded that the inflow of excessive private funds mainly flowed into Europe, and the effect on the Asian emerging economies of the excessive private financial funds of Q1 and Q2 were ultimately not that large (Morgan 2011). There are still doubts about what could be found from measuring individually whether or not there was an effect through an analysis of individual country flows amidst America's pursuit of financial liberalization. The significance, which held by the quantitative easing adopted as an expansionary policy of the economies of advanced countries, lies in its global effects. It could be said that a more general evaluation must be carried out. I would be more interested in its control.

(2) fEast Asia and America's Recovery Strategy—Struggling in a Trade Order Competition

Under the Liberal Party Administration of Shinzo Abe, Japan formally entered into the TPP (Trans Pacific Partnership) negotiations. The pros and cons of participation to the TPP have been heatedly questioned since consideration of participation was started by the Liberal Party administration of Naoto Kan, which accepted the proposal of

President Obama heading towards the APEC Yokohama meeting of October 2010, and continued even into the Yoshiko Noda Liberal Party administration of the next year (Hirakawa 2012). As of August 2013, media reports state that negotiation agreements may possibly drag on to next year instead this year as originally planned.

The TPP was first negotiated by Chile, New Zealand, and Singapore at the APEC Summit Meeting held at Mexico in 2002, and was concluded in 2005, after Brunei joined. It was originally the P4 which became effective in May of 2006. [It] was a treaty of small countries that was concluded with the objective of promoting free trade among the APEC countries. However, in February 2008, then US President Bush, participated in the P4 negotiations related to financial services and investments. The Obama administration after that temporarily reconsidered its participation, but in September 2009 decided to once again participate. In November 2009, Australia and Peru officially became members. Vietnam also participated the negotiations as an observer. In October 2010, Malaysia joined the negotiating countries of TPP, and a negotiating group formed officially from nine countries was created. Mexico joined in November 2012, and Japan in July 2013. At present the negotiations are on-going among twelve countries.

But, what really is the TPP? It could be said that it was initially a treaty that aims for liberalization of P4 small countries, but its character was fundamentally changed when the US joined and took the lead. In January, Obama adopted the National Export Initiative (NEI) plan which was to double the exports of the US in the next five years. The NEI was adopted in order to increase employment and reduce unemployment through the doubling of US exports during the severe Sub Prime Loan crisis. The TPP is deeply tied to this recovery policy. It was conceived as America's commercial strategy for Asia so as to cope with a growing Asia and an advancing East Asian regional integration that excludes the US. Moreover, it also has the aspect of being a US international political policy to counter the restoration of China in the world economy and international politics. From both aspects, for the US, the significance of the participation of Japan in the TPP is extremely large. This is the reason why the Democratic Party of Japan's two cabinets, Naoto Kan's and Yoshihiko Noda's, and the Liberal Democratic Party's Shinzo Abe cabinet meeting ferocious opposition, with no exception, changed their policy stance from antagonistic to acceptance to participate in the TPP since the 2010 as soon as they took into power. The pressure of the TPP led by the US government on the Japanese government would be confidentially so strong. In this regard, it is such a superficial view that due to the TPP simply aiming a FTA/

RPA with higher liberalization, the TPP is given approval, and opposition to it is denial.

Let us here cite an indicator that would straightforwardly show the meaning of TPP. Table 3 related to the GDP composition of the TPP negotiation countries. It is clear that the US economy occupies a dominant share in the negotiating countries during the Bush Administration and the Obama Administration, when participation in the negotiations was decided. The share of the P4 original countries was almost trivial. This would make it impossible to double America's exports, and suggests that an economic effect target was not a decisive factor at the time of America's TPP participation. At the same time, it would show how important the economic contribution of Japan in relation to the recovery of the American economy. Japan's significance would be great when America returns to Asia as it pushes for economic integration and institutionalization. Let us re-consider America's targets.

Table 3　GDP Structure of TPP Negotiating members and Japan, etc.

	GDP in 2010	Share/TPP 9 2009. 12 – 12. 9	Share/TPP 11 2012. 10 – 13. 6	Share/TPP 12 2013. 7 – 现在
	Billion $	%		
Brunei	12. 37	0. 07	0. 06	0. 05
Chile	203. 30	1. 21	1. 02	0. 82
New Zealand	140. 51	0. 83	0. 70	0. 56
Singapore	222. 70	1. 32	1. 11	0. 89
P4	578. 88	3. 44	2. 89	2. 32
Australia	1237. 36	7. 35	6. 18	4. 97
Malyasia	237. 96	1. 41	1. 19	0. 96
Peru	153. 80	0. 91	0. 77	0. 62
Vietnam	103. 57	0. 62	0. 52	0. 42
U. S.	14526. 55	86. 27	72. 53	58. 32
TPP 8 Total	16838. 13	100. 00		
Canada	15777. 04		7. 87	6. 33
Mexico	1034. 31		5. 16	4. 15
TPP 11 Total	19449. 47		100. 00	80. 41
Japan	5458. 80			21. 92
TPP 11 + Japan Total	24767. 76			100. 00
ef. China + HK	6327. 18			

Note: New Zealand estimated.

Source: Made by author. Talbe created from IMF, *World Economic Outlook Database*, September 2011.

There would be three targets. One is America's obtaining the leadership in rule-making in trade, investment, and other matters, when participating in the East Asian economy, which is the fastest growing in the world. Second, is the application to the growing East Asia of the global rule driven by America after the Second World War. [This] is America's counter policy that would prevent Asia from setting up commercial trade rules centered on trade and investment under an economic partnership. Another one would to keep in check China which supposedly would lead the East Asian economic zone in the future as its influence grows in East Asia. This becomes possible by using the national security apprehensions of surrounding countries that cannot avoid being economically dependent on China. The decision of Vietnam to join the TPP negotiations could be thought as a way of becoming economically self-reliant with regards to China and having freedom in national security. The Japanese government would have a similar aspect under discussions of the China threat, when it plans to join the negotiations while ignoring the strong resistance of its citizens. America is hammering out a policy that would directly link its national interest to the structural shift in Asia. It is the entry to a market where Japan is the principal objective. A lot of possibilities for America will be opened up in agriculture, insurance, medicine, intellectual property rights, and others.

In retrospect, regional cooperation in East Asia has been promoted since the 1997 currency crisis. The economic integration was pushed centering on the regional cooperation framework of ASEAN +3, and in 2015 the ASEAN Economic Partnership will be completed. Free Trade Agreement (FTA) and Economic Partnership Agreement (EPA) have been pushed with ASEAN as core and Japan and China competing with each other. The ASEAN Summit Meeting, held in Phnom Penh on November 2012, celebrated the start of negotiations of the East Asia Regional Comprehensive Economic Partnership (RCEP), which is an ASEAN-led unification of the ASEAN + 3 and ASEAN + 6 promoted by both Japan and China. At the same time, the start of the negotiations of the Japan-China-South Korea FTA was declared (Nikkei Shinbun 2012. 11. 21)

In relation to the promotion of RCEP and the Japan-China-South Korea FTA, the expression of Japan to participate in the TPP was reported to be an invitation for China to be actively involved in the RCEP. There is no room to doubt that this involves a competition for leadership with Japan and the US in the rule-making of trade and investment centered on East Asia. Even though it is ideal for the Asia Pacific region to reach common rules in the future as a Pan-Pacific economy, what process and rule-making be realized? Will a rule for growth be made that would be more balanced and considerate of the development stage of the Asian emerging economies in their economic integration. Or, will a rule be made that pursues to maximize the profits of advanced economies? These particularly have the aspect of increasing rivalry in rule-making among two groups: China with the development of its gigantic economy; and the unrivalled US hegemony, whose position has been threatened, as well as Japan which has lost its position as the second largest economy. There is an intensification of rivalry for leadership regarding the way of the most rapidly growing East Asia zone.

Conclusion: Asia Pacific Economy amidst Political Economic Change

The East Asian developing economies have gone through development that started with the NIES, and now have reached the PoBMEs development stage. Having grown into the world's largest economic zone, East Asia is now approaching a structural shift in the global economy led by the US after the world war. It was not touched in detail in this paper, but the forum handling international political economy of the world after the Second World War, particularly since the 1970s, was not the United Nations but the G7 or G8. Through these forums, the advanced economies centering on the US monopolized global economic issues. Entering this century, the G20's financial ministers/central bank governors meetings have become important due to the international financial problems, and has developed into the Summit Meetings. BRICs also held the 4 − country Summit Meeting in June 2009 when the advanced economies fell into a severe recession due to the global financial crisis, and in 2013 inaugurated the BRICS 5 − country Summi Meeting with the addition of South Africa. The emerging economies have started to pour its energies into the concentration of a new power. The events henceforth will naturally reflect the structural shift in the global economy.

The quantitative easing policy, being currently taken by the advanced economies so as to escape the recession after the global financial crisis, has greatly affected even the emerging economies. The control of the excessive liquidity of international finance is an extremely difficult issue for emerging economies which have just started their growth and have a lot of weaknesses. However, the effect is not always minus for today's emerging economies, which this author has called the PoBMEs. The challenge should continue for control and a system that would be linked to growth. Today, a new wave of growth is rising in the East Asian emerging economies through a division of labor in manufacturing and services. No new change could be seen in this tendency. The basic framework of development is a structure that supports PoBMEs. This would be a reason for the IMF, the World Bank, ADB, international financial institutions, and researchers to keep on drawing prospects based on the growth of East Asia.

However, amidst the restoration as a gigantic economic state of China, which has a long history of civilization and in the stage of PoBMEs, new issues emerge. One is the challenge to this structural shift by the US hegemonic state that has led the existing system, and the problem of choice of commercial trade by countries, particularly Japan, that seek to draw profit from it. A US-led TPP would be one where the US would continue to control the commercial trade rules of the growing East Asian economic zone, and not give the leadership to a China that in the near future would possess greater power. Which of either the TPP or RCEP commercial trade rules will be adopted? To what extent will the intentions, not just of China, but also of the other PoBMEs be reflected in the TPP and RCEP? Who will decide the order in East Asia? These are all problems for East Asia, where important choices will have to be made.

Moreover, there is also a political economic change arising in relation to this structural shift within the region. It is the matter of how member countries could reduce the political economic risk accompanying the one-sided dependence on the Chinese economy. Not only Japan, but also countries like Vietnam and the Philippines have serious territorial problems with China. The handling of such national security problems will have an effect on the future of the TPP and RCEP.

East Asia must cope with the above-mentioned issues raised from within and without the region. Will it form a regional economic zone of peace and prosperity? Or, will the region head towards a more complicated and difficult direction where there is a division among states of the East Asian region that strengthens a chain of mutual distrust? It could be said that East Asia, as a regional economic zone, faces an important issue.

Bibliography

In Japanese

Itoh, Makoto (2013) Naze Nihon Keizaiha Suitaisitanoka (Why did Japan's economy decline), Tokyo: Heibonsha Shinsho.

Kuroda, Atsuo (2001) MadeinChina, Tokyo: Toyo Keizaisinnpou Sha.

Keizai Ssangyo Sho (Ministry of Economy and Industry: METI) (2010) Tsuusho Hakusho (White Paper on International Trade) Version 2010).

Hirakawa, Hitoshi (2013) Akamatsu Kaname and Nagoya High- School of Commerce (An Essay on the Birth of Flying Geese Model and its Development), KeizaiKagaku (Economic Science), Vol. 60, No. 4, March.

Hirakawa, H., M. Tawada, R. Okumura, N. Yamori, and Soe Jong Hae eds., (2010) Higashi Ajia no Shin-Sangyo Shuseki (New Industrial Agglomeration of East Asia: Regional Development and Symbioses in Competition), Gakujutu Shuppankai.

In English

Asian Development Bank (2007a) Asian Development Outlook 2007: Growth and Change.

Asian Development Bank (2007b) Asian Development Outlook 2007 Update. Asian Development Bank (2008) Asian Development Outlook 2008.

Asian Development Bank (2011) Asia2050: Realizingthe Asian Century, Manila: ADB.

Calderon, R. (2012) The Unintended Consequences of Quantitative Easing on Emerging Markets (http://www.pyramis.com/ecompendium/us/ archive/2012/q2/articles/2012/q2/ financial − markets/consequences − of − emerging − markets/i ndex. shtml) (access: July 2013)

Gill, Indermit and Homi Kharas (2007) An East Asian Renaissance: Ideasfor Economic Growth, Washington D. C. : World Bank.

Hirakawa, H. (2012) The TPP and Japan's Response, International Conference: Trans − Pacific Partnership Agreement: Prospects and Implications, Information and Communications Publishing House, Hanoi. , Vietnam.

Hirakawa, H. and Than Than Aung (2011) "Globalization and Emerging Economies: Asia's Structural Shift from the NIEs to Potentially Bigger Market Economies (PoBMEs)", Evolutionary and Institutional Economics Review, 8 (1).

Hirakawa, H., K. Lal, N. Shinkai, and N. Tokumaru (2013) Servitization, IT-ization, and Innovation Models: Two-stage Industrial Cluster Theory, London and New York: Routledge.

IMF (2001; 2013) World Economic Outlook Database, April.

IMF (2009) Survey Magazine: Inthe News, Nov. 17, IMF.

Japan Bank for International Cooperation (2012) Survey (the 24th) Report on Overseas Business Operations by Japanese Manufacturing Companies (http://www.jbic.go.jp/en/ information/press/press −2012/1207 −7488).

Morgan, Peter J. (2011) Impact of US Quantitative Easing Policy on Emerging Asia, ADBI Working Paper Series No. 321, November.

O'Neill (2001) Building Better Global Economic BRICs, Global Economics Paper, No. 66, Goldman Sachs.

UNCTAD（2005）World Investment Report 2005，UN.

U. S. National Science Board （2012） Scienceand Engineering Indicators. Wilson, Dominic and Poopa Pusushothaman （2003） Dreaming with BRICs：The Path to 2050, Goldman Sachs Global Economics Paper，No. 99.

World Bank and Development Research Center of the State Council, PRC （2013） China2030：Buildinga Modern，Harmonious，and Creative Society，World Bank.

图们江区域经济发展中《罗先经济贸易区法》的地位与学者的作用

〔朝鲜〕康正南*

伟大领袖金日成同志做出如下指示：

"外国投资者在罗津—先锋自由经济贸易区进行投资的话，将会对扩大图们江地区经济合作和世界各国之间经济技术交流做出重大的贡献。"（《金日成全集》第 94 卷：266）

罗先经济贸易区地处朝鲜、中国以及俄罗斯三国接壤之处，因其有利的自然地理优势，该地区成为世界各国瞩目的焦点。

外国投资者如果对罗先经济贸易区进行投资，那么将对扩大图们江区域经济合作与交流做出重大的贡献。

朝鲜民主主义人民共和国政府根据现实发展的需求，为了进一步扩大罗先经济贸易区的对外经贸关系，2011 年 12 月 3 日，最高人民会议常任委员会以政令第 2007 号对《罗先经济贸易区法》进行了全面修改补充。

修改补充的《罗先经济贸易区法》成为促进图们江区域经济开发强有力的法律手段。之所以成为能够促进图们江区域经济发展强有力的法律手段，是因为该法将发展地区国际经济合作与交流视作其首要使命。

制定法规时，首先要确定制定法律的目的，它关系到法律政策的表现与实施手段，法律的制定目的体现在法律文本的使命上。

《罗先经济贸易区法》是朝鲜民主主义人民共和国政府关于经济贸易地区的创立、开发、运营管理的政策规范，该法的第一条明示了该法的使命。

《罗先经济贸易区法》的使命是促进该地区成为国际中转、贸易与投资、金融、旅游观光地区。

之前的《罗先经济贸易区法》曾规定，该法的使命在于扩大与其他国家的经济合作与交流。经过补充修改，该法的使命调整为促进该地区成为国际中转、贸易与投资、金融、旅游观光地区，由此明确规定该法的使命是促进该地区发展成为国际经济合作交流地区，以此为图们江区域经济发展做出贡献。

国际中转这一表述清楚地说明了这一点。它位于东北亚中心地带，该地区的铁路、公路与中国东北部和俄罗斯远东地区相连，罗津港、先锋港、雄尚港及相近地区的清津港作为出海良港，成为面向太平洋的海上交通要塞。

罗先经济贸易区作为国际中转的突出表现在于：该地区利用地处图们江区域的中国东北地区、俄罗斯远东地区的陆路及朝鲜东海（朝鲜东海，即日本海。——编者注）的海上通路，实现中转运输这一职能。该地区是国际贸易、投资、金融、观光、服务区，这一表述足以说明该地区涵盖了图们江区域各国、地区之间的经济关系。

《罗先经济贸易区法》是参与该地区开发、管理运营及经济贸易活动的所有当事者都有义务遵守的行为准则。该法的使命是为促进该地区国际经济合作和交流做出贡献，由此，经过修订补充后可以看出，朝鲜民主主义人民共和国政府非常重视辐射罗先经济贸易区的图们江区域的经济发展。

《罗先经济贸易区法》之所以成为促进图们江区域经济发展的强有力的法律手段的原因之二在于，该法旨在保障中朝两国政府关于共同开发、管理该地区的协定具有国内法律效力。

2010 年 5 月，中朝两国首脑就共同开发管理罗先经济贸易区和黄金坪、威化岛经济区达成历史性协议，之后中朝两国政府签订了一系列协议。

2010 年 11 月 19 日，两国就共同开发管理罗先经济贸易区和黄金坪、威化岛经济区签订了协议；2011 年 6 月 9 日，签订了关于制定罗先经济贸易区和黄金坪、威化岛经济区法规的补充协议；2010 年 12 月，共同开发罗先经济贸易区、黄金坪经济区的规划纲要获准。

基于此，2011 年 3 月，罗先市人民委员会和吉林省人民政府，签订了《为合作开发罗先经济贸易区成立联合指导委员会的协议》；2012 年 8 月，签订了《成立和运营罗先经济贸易区管理委员会的协议》，并批准交换了《罗先经济贸易区开发总规划》、罗津港地区开发总规划和先锋白鹤地区开发总规划。

上述文书是中朝两国中央政府和地方政府关于共同开发管理罗先经济贸易区的有关国际法律文件，因此成为制定罗先经济贸易区法规的基础性文件。

朝鲜民主主义人民共和国政府为了保障中朝两国中央政府及地方政府之间签订的协定与协议书具有国内法律效力，在《罗先经济贸易区法》中明确地规定了有关设立开发管理平台，经济贸易区的开发原则与开发方式、管理原则，管理委员会的设立及其地位、组织、项目内容等有关共同开发、共同管理方面的内容。

由此可知，补充修改的《罗先经济贸易区法》规定的内容是以中朝两国中央政府及地方政府通过对该地区的共同开发、共同管理来促进图们江地区经济发展的意向为基础的。

另外，《罗先经济贸易区法》之所以成为促进图们江区域经济发展强有力的法律手段，第三个原因是该法对经济贸易区管理委员会的授权，使其充分发挥作为现场执行机关的职能。

根据罗先市人民委员会和吉林省人民政府双方达成的协议，罗先经济贸易区管理委员会由双方成员组成。

《罗先经济贸易区法》规定，管理委员会是负责该地区产业区和指定地区的开发及管理运营的当地执行机关，其管辖范围是罗先市人民委员会根据地区开发规划而移交权限的部分地区，也可根据地区开发的进程来扩大其管辖范围。

为了使作为当地执行机关的管理委员会在其管辖范围内顺利履行开发、管理运营的职能，特赋予了如下权限：制定经济贸易区的开发和管理所需的准则；营造投资环境和引资；批准企业设立、注册、颁布经营许可证，颁布激励、限制、禁止的投资目录；对项目建设许可和竣工验收以及项目设计文件进行归档管理；建立独立财政管理体系；负责土地使用权及建筑物所有权的注册；管理所委托的财产；协助企业的经营活动；监督与协助基础设施及公共设施的建设经营；采取环境保护和消防措施；协助经济贸易区人员、运输工具及物资的出入等，除此之外，还规定了其他中央特殊经济区领导机关和罗先市人民委员会委任的有关地区开发管理的事项。

管理委员会根据中朝两国地方政府的共同要求，由双方人员组成。由此可见，管理委员会的目标不是局限于地区的经济发展。总体来讲，该地区的目标是致力于地处图们江区域的罗先市和整个吉林省的经济发展，甚而扩至整个图们江区域的经济发展。

《罗先经济贸易区法》能够成为促进图们江地区经济发展的有力的法律手段，得力于各位学者所做出的努力。

根据现实发展的需求来补充修改《罗先经济贸易区法》，或者按照该法的要求实施开发运营并为外国投资者提供有利的经济贸易活动环境，都需要对该法进行深入的研究。没有研究成果的话，旨在促进图们江区域经济发展的《罗先经济贸易区法》将会是一纸空文，无法发挥其功能。

尤为重要的是，关于《罗先经济贸易区法》的研究方向与研究方法的设计。

研究方向可设定为两个方向：其一是有利于经济贸易区法制定的研究；其二是有利于经济贸易区法的遵守及实施的研究。

在世界范围内，有关特殊经济区开发和管理运营的成功案例和区域内适用可行性等研究成果将有助于该法成为促进图们江区域发展的法律手段，同时，明确阐明该法及其规定的基本精神的研究成果将有助于该地区管理机构——罗先市人民委员会、管理委员会的管理，以及相关机构、外国投资者对该地区的投资。

不容忽视的是，这些研究成果是基于世界各国与地区的众多学者的广泛的学术交流。比如，金日成综合大学学者关于地区法及其基本精神与要求的相关研究成果，与延边大学学者关于中国企业家所需和中国海外投资法相关规定的研究成果相结合时，该地区的法律环境才能真正为图们江区域的经济发展做出贡献。

至于研究方法，可以有多种。具体选择什么样的方法，要结合具体条件和环境，采取经协商讨论的最佳法。

我希望，通过与延边大学以及世界各国、各地区的学者进行各种学术讨论、学术交流等，深入研究罗先经济贸易区的法律环境，并为使《罗先经济贸易区法》成为促进图们江地区经济发展强有力的法律手段而做出积极的贡献。

（卢雪花、杨文艳译）

东北亚区域合作路径中的文化认同

蔡美花[*]

东北亚区域[①]既是亚洲经济与文化最发达的区域，同时，也是世界经济最活跃的市场之一。因此，在当今的全球化背景下，东北亚无疑成为各种世界政治集团、经济同盟与军事势力争相博弈的主要战场，在整个世界格局中扮演着举足轻重的角色，甚至其每一个步伐都可能搅乱世界各大国敏感的利益神经，进而牵动整个世界。然而，由于诸多历史遗留问题悬而未决，以及领土争议不断、军事对抗升级、突发事件频繁，特别是美国重返亚太的搅局，使得东北亚区域仍然无法驱散冷战的阴霾，在政治、经济与军事等方面时时呈现出冲突与合作并在、对抗与对话交替的复杂态势。

在探寻东北亚区域合作有效路径的过程中，人们往往试图从政治与经济的直观层面寻求突破，谋求经济领域的合作共赢、政治上的对话包容、军事层面的释纷互信，当然也取得了一定的、阶段性的成效，但长期效应并不明显也不稳定，甚至会常常出现反复，可谓前路漫漫。面对东北亚区域合作的诸多阻碍，寻求经济合作、政治和解、军事互信等固然重要，但作为软实力的区域文化认同对东北亚区域的深层合作，无疑也是一种强有力的底蕴

---

[*] 蔡美花，延边大学朝鲜半岛研究协同创新中心主任、教授。

[①] 所谓"东北亚区域"，是指亚洲的东北部地区，在地理上包括中国的东北地区与华北地区的大部分、整个朝鲜半岛、日本、蒙古，以及俄罗斯的西伯利亚及远东地区。

支撑。

区域文化认同作为一种软实力，随着对其不断地拓展与深入，既可逐步加深区域内民众的情感交流，甚至可在一定程度上消解区域内各国在政治、经济与军事方面的纷争与对抗。所以，东北亚诸国开始意识到不应简单地把文化作为经济发展的原因，而应将其视为促动经济发展的契机、加强制度建设的背景和塑造地区认同感的基础。① 加强区域文化身份的认同心理，无疑是促进东北亚区域深入合作的一条有效路径。

一 东北亚区域深层合作的有效出路：文化认同

20世纪90年代以来，随着东北亚区域合作的深入和东北亚区域国际地位的提升，不断引发了人们对东北亚未来的思考：作为当今世界最具发展潜力的区域，需要通过自己的智慧，在差异中追寻共存与和谐发展。尽管东北亚区域由于历史的原因和现代的政治对立，区域的组织化程度还没有很好地解决，但是超越意识形态和政治局限而且日益活跃的经济关系，则显示了这里正在缓慢地向区域一体化的方向发展。尤其是，1997年的亚洲金融危机和日益复杂的恐怖主义、跨国犯罪、环境安全、网络安全、重大自然灾害等非传统安全带来的挑战使得东亚国家认识到，只有区域国家团结起来才能共渡难关。这样，区域超越国家成为人们认知世界的一个单位，加强区域合作以促进共同繁荣已经成为东北亚各国的共识。中国也曾多次表示自己是亚洲的重要一员，要同亚洲各国人民走出一条共建、共享、共赢之路。② 东北亚和谐区域的构建和区域合作的发展、区域政治互信与依赖关系的建立不仅取决于各国政府间相互政策的制定和实施，同时取决于各国人民的相互认识和理解的深化，以及"增信释疑"。

"文化在增进人民相互了解和友谊方面可以起到春风化雨、润物无声的作用"。文化共性——身份意识是区域一体化建设中不可或缺的软件。只有建立"我们感"——集体认同意识，区域一体化建设才有可能实现。文化认同是一种肯定的文化价值判断，即文化群体或文化成员承认群体内的新文

---

① 顾丽姝：《东亚文化对东亚一体化的影响》，《云南民族大学学报》2009年第6期，第36页。

② 习近平：《在韩国国立首尔大学的演讲》，2014年7月4日。

化或群体外的异文化因素的价值效用，符合传统文化价值标准的认可态度与方式。文化认同的积极价值在于通过界定自我、区别他者，进而彼此增强共识、凝聚合力，就是"自我"与"他者"能够"和而不同"地共存共荣。"认同"绝非"同一"，而是在互相尊重差异的基础上，携手共建。其实质正如儒家所谓"和实生物，同则不继"。

区域文化认同的理念及其实现，在欧洲一体化中被诠释得最为明显，欧洲一体化即根基于对欧洲文明共同的文化认同。与此相比，由于西乌克兰人对俄罗斯缺乏认同感，在文化和政治上要求加入欧盟的意向特别强烈，因而造成了乌克兰的严重危机①。显然，文化认同是一个国家结盟或对抗的主要因素，使得国家倾向于同与自己具有相似或共同文化的国家合作或结盟。②东北亚区域相对缺乏欧洲那样的整体感和认同感，从而使得东北亚区域合作进展缓慢，冲突较多。

东北亚区域表面呈示为多元文化共存的样态，但在宏观上主要存在两大文化类型：一是中国、朝鲜、韩国、日本等传统上所禀习的儒家文化，各国在历史与现实中都在一定程度上以儒家伦理观修己与治国，故而有着亲缘性的文化旨趣；一是俄罗斯西伯利亚及远东地区的欧亚混合型文化，俄罗斯本身的文化横跨欧亚大陆，深受东西方两大文明的影响，在本原的斯拉夫东正教基础上汲取了基督教文化与拜占庭文化的有效因子，同时，又积淀了蒙古、鞑靼等草原文化的合理内核，以及藏传佛教的影响。因此，俄罗斯西伯利亚及远东地区的文化既不是纯粹的斯拉夫或欧洲文化，也不是纯粹的亚洲文化，而是具有欧亚"双重属性"的复合型文化。东北亚区域文化虽彰显出多元化的差异，但这种差异并不意味着不可调和的"文明冲突"。俄罗斯西伯利亚及远东地区的欧亚混合型文化与东方文化的交融性也是显而易见的，这一点尤其在经济与文化交往密切的中国东北和俄罗斯远东地区表现得极为明显。

综上所述，东北亚区域的文化结构是一种多元的文化构筑，在多元中同异并存，为东北亚区域的深层合作与共同发展储备了巨大潜能。但要把潜能转化为一种现实的助力，则需要一个最基本的前提：东北亚区域内的各国政

---

① 杨恕：《文化是乌克兰危机的核心因素》，光明网理论频道，2014年3月26日。

② 〔美〕塞缪尔·亨廷顿著《文明的冲突与世界秩序的重建》，周琪等译，新华出版社，2010，第12页。

府和人民必须逐渐形成一种对本区域的多元文化积极认同的心理共识，即形成一种集体的文化认同心理。唯有如此，才会使得东北亚区域精神文化的互融成为区域内深度合作的有力支撑。

"文化认同"的核心是基本价值意识的认同，区域内文化认同的本质在于核心价值观的形成。价值观是文化的具体表现形式，又是文化的核心内容。东北亚区域共同价值观的筑建，其文化渊源只能是区域内业已形成和发展的传统文化。也就是说，既要根植于东北亚区域世代相传的深层文化心理——东方文化传统，又要对传统文化进行自我更新与扬弃，保留精髓，去除糟粕，与时俱进，完成自身文化的现代性转换，为新价值观的形成注入新鲜的血液。

共同的文化价值取向无疑是区域一体化的基本条件，而这种共同的文化价值精神，通过区域内各种不同的文化及其价值观的整合过程得以形成。文化价值的整合是对不同文化价值进行重新选择的过程，而通过这一过程"自我与他者的界限变得模糊起来"，并"把他者的利益定义为自我利益的一部分"①，从而构筑成新的命运共同体。如前所述，东北亚区域文化不像欧洲文化那样具有一定的整体性特征，而具有较明显的多元化差异。基于这种特性，东北亚区域共同价值取向的建构，要求不同国家及其民众逐渐形成充分的文化自觉，以从容的心态面对并包容"他者"文化，把"跨越时空、超越国度、富有永恒魅力、具有当代价值的优秀文化精神弘扬起来"②，赋予其新的含义，寻求共同准则与普遍价值，积极实现传统文化的"创造性转化"和"创造性发展"。

东北亚区域的共同价值观肩负着和谐、共荣、发展东北亚的新的历史使命，承载着东北亚的美好愿景，它作为东北亚一体化意识觉醒的思想基础，着眼于东北亚的未来发展蓝图，要充分体现历史的发展方向及现代科学的先进理念。要以东北亚区域求同存异、和谐共赢、共同发展为长远目标，逐渐形成东北亚人们的"东北亚是东北亚人的东北亚"的共识，以此作为东北亚区域内深度合作的强大内聚力。

---

① 〔美〕亚历山大·温特：《国际政治的社会理论》，泰亚青译，上海人民出版社，2000，第86页。

② 习近平：《在纪念孔子诞辰2565周年国际学术研讨会暨国际儒学联合会第五届会员大会开幕会上的讲话》，2014年9月24日。

二　东北亚区域文化认同的可行性：
历史积淀与现实基础

东北亚区域文化认同的可行性，可综合本区域历史沉淀的文化传统和现实层面的各种社会文化因素来考量。

东北亚区域的文化现实虽多元而复杂，区域内各国却存在着诸多文化共性或趋同性，这就为东北亚区域文化的认同心理提供了多种可能。从文化的自然属性看，东北亚区域内的中国、俄罗斯及蒙古皆以大陆性文化为主，朝鲜与韩国属于半岛性文化（即半陆地、半海洋），日本则属于纯粹的海洋性文化。这三种自然形成的文化虽各有其突出的自然禀性，如大陆性文化的"守成"、海洋性文化的"扩张"、半岛性文化的"既守成又扩张"等集体无意识心理，但这恰恰是东北亚区域深层合作的可能所在，所谓"同则相斥，异则相吸"。美国学者亨廷顿在《文明的冲突？》一文中指出：当面对一种文明的文化霸权威胁时，不同文明之间更易于出现合作。他曾预言，面对西方文明的冲击，儒教文明与伊斯兰文明的关系会越来越近。东北亚区域现今正面临着美国文化霸权的搅局，区域内各国的良性互动与合作也在悄然进行，能否最终形成巨大的合力值得期待。

如前所述，中国、朝鲜、韩国与日本作为东北亚区域的主导力量，在历史上都曾以儒家理念为主流的文化价值取向，和谐、包容的理念成为各自文化中的正能量，如今除朝鲜外虽都走上了多元文化共存的发展道路，但在各自的顶层文化设计中，儒家传统仍是核心要素之一。这就为构筑东北亚区域的文化认同心理奠定了历史基础。俄罗斯的文化传统虽有别于儒家价值体系，但二者在历史上并无本质冲突，在当下的国际格局中更有极大的合作空间。

从文化哲学层面看，东北亚区域文化哲学的价值诉求普遍以"和合"的诗性理念为旨归。"儒学本是中国的学问，但也早已走向世界，成为人类文明的一部分"。[①]　就中国而言，"和合"理念既是中国传统人文精神的精髓，也是中国古代哲学基本的思维方式和价值观。中国古代哲人在社会生活

---

① 习近平：《在纪念孔子诞辰 2565 周年国际学术研讨会暨国际儒学联合会第五届会员大会开幕会上的讲话》，2014 年 9 月 24 日。

实践中，通过仰观俯察的实践性认知方式体悟出"天地氤氲，万物化醇"的"和合"化生原理，在儒家的价值体系中，孔子"和为贵"（《论语·学而》）、"君子和而不同，小人同而不和"（《论语·子路》）的思想，① 把带有诗性的"和合"之思作为主要的思维方式与价值准则。不只是儒家，先秦时的道家、墨家与法家等也普遍认同"和合"的思想。② "和合"遂逐渐成为中国人把握宇宙、体悟人生的一种主要考量，逐渐积淀为中国人的一种基本的思维方式与价值准则。

就日本而言，20 世纪 90 年代以后，"共生"理念在日本社会颇为盛行，从日本学者山口定对"共生"内涵的揭示中可以体味到，日本社会所倡扬的"共生"意在追求异质文化与异质思想的共存、共融，在此基础上生发出益于社会进步的、具有新质的思想与文化。从日本的历史文化发展来看，这种"共生"思想与历史上的儒、释、道"三教和合"思潮旨趣相承，"三教和合"的诉求在日本社会的古代、中世与近世相沿相续，它基本上围绕着四个重心而展开，即以神道为中心的神佛与神儒融合，以禅宗为中心的佛儒和合，以阳明学为中心的儒佛习合，以朱子学为中心的神、儒、佛汇通。所以，日本文化历史上持续良久的"三教和合"浪潮，既是日本当代"共生"原理的哲学基础，也是这种"共生"性的具体样式。当前，"共生"思想在"三教和合"的思维定式下，已渗透到日本社会的方方面面，并逐渐衍生为日本社会的一种"共生"哲学。③

就朝鲜半岛而言，"和合归一"的文化哲学诉求，深刻地影响着朝鲜半岛各个历史时期的各种精神文化的样式。这种"和合"精神已逐渐积淀为民族文化的一种集体无意识心理，呈示为一种精神原则，潜在地规约着民族

---

① 孟子"天时不如地利，地利不如人和"（《孟子·公孙丑下》）的理念，荀子"天地和而万物生"（《荀子·礼论》）、"和则一，一则多力，多力则强，强则胜物"（《荀子·王制》）。

② 如老子"道生一，一生二，二生三，三生万物。万物负阴而抱阳，冲气以为和"（《老子·四十二章》）的思想；庄子"与人和者，谓之人乐；与天和者，谓之天乐"的思想；墨子以"兼相爱，交相利"的理想，反对"皆有离散之心，不能相和合"（《墨子·尚同中》）的自利图谋；即便相对刻薄寡情的法家也强调"积德而后神静，神静而后和多，和多而后计得，计得而后御万物"（《韩非子·解老》）的思想主张。

③ 张玉柯、李甦平：《迈向 21 世纪的日本哲学——以共生哲学为中心》，载张立文主编《东亚文化研究（第一辑）》，东方出版社，2001，第 49～52 页。

文化哲学的总体面貌。新罗时期的崔致远曾言：

> 国有玄妙之道，曰"风流"。设教之源，备详《仙史》。实乃包含三教，接化群生。且如"入则孝于家，出则忠于国"，鲁司寇之旨也；"处无为之事，行不言之教"，周柱史之宗也；"诸恶莫作，诸善奉行"，竺乾太子之化也。①

"风流和合"的诗性思维方式已凝聚为哲学意义上的道——风流道，并逐渐上升为朝鲜半岛历史文化关于天地自然、人与人、人与社会关系的哲学理解，具有了极为深邃的思想性，是岛民在与自然、社会长时期的和合共生中，感悟积累而成的一种经验，并逐渐凝结为一种民族文化积淀。② 即便在今天，仍潜存在朝鲜民族的各种精神文化形式中，如其民族歌舞等文化产业样式，无不以"风流和合"的诗性理念作为其底蕴支撑。

总之，作为东北亚文化主导的中、朝、韩、日四国在其文化的历史与现实中，都包孕着"和合共生"的诗性思维方式与价值取向。这对东北亚区域内的文化认同心理有着一定的内聚效应。东北亚文化中"以人为本"的道德趋向、注重国家与集体的价值取向、"天人合一"的哲学精神等为东北亚未来一体化的发展凝聚了深厚的文化底蕴。"汉流"、"韩流"或"日流"在东北亚区域的流播，甚至在世界范围内的一定受捧，都客观地证明了这一点。这说明在东北亚区域内有形成区域新文化的巨大潜能。

进入近代社会以来，东北亚国家大都各自走上了现代化的发展道路，都曾有意无意地借鉴西方文化以推动本土文化的现代转型，但是东北亚区域各国间的各种交流互渗活动日益活跃，如东北亚诸民族之间频繁的迁移流动，经济上的互补、互利，政治互信与外交互助一定层面的升级，文化交流活动的日益活跃与深入等因素为东北亚区域的一体化和文化认同提供了诸多可能。

其一，近代以来，东北亚诸民族之间迁移流动频繁，在一定程度上促进了多元文化的互动与互融。在东北亚区域内，各国间的留学生交流、商业人员的互贸、劳动力的输出与输入、跨国婚姻的大量出现等大量跨国移民和流

---

① 金富轼：《三国史记·新罗本记·真兴王条》，韩国瑞文文化社，1980，第78页。
② 蔡美花：《韩国古典美学范畴——"风流"》，《东疆学刊》2013年第1期。

动人口的存在是个不争的事实。跨国人口的流动在本质上就是一种动态的社会文化变动过程。有统计表明：截至 2014 年 6 月底，在韩国的中国籍人有 712493 人（其中中国朝鲜族 55.525 万）①，在日本的华侨华人一直以每年平均 5000 人左右的数量增长，中国东北边疆地区的俄罗斯常住或暂住人口也正在逐年递增。而跨国移民作为文化的承载者与传播者往往以自觉或不自觉的方式，将"自我"的文化因子带入"他者"的文化系统之中，造成了文化的多样性与流动性，打破了"他者"文化原来的平衡状态，在一定程度上推动了"他者"文化的进化。随着各种民间交往的日益密切，文化的多元共存一定会逐渐被东北亚各国所理解和接纳，也为区域文化认同机制的形成提供了诸多可能。另外，随着跨国移民的逐日增多，东北亚区域内的文化不仅面临着东方文化圈内部的相互碰撞与融合，也存在着东方文化与西方文化的接触与融合，即中、朝、韩、日之间及其与俄罗斯之间的文化互动。通过彼此交错的文化传播，可促进东北亚各国文化更深层次地转换与重构，有利于实现各自文化的现代化。一个民族的文化只有实现了自身的现代化，才能融入整个世界的现代化进程。

其二，经济上的互补、互利，也在一定程度上促进了东北亚区域各文化的互认与互识。由于不可抗拒的地缘因素，东北亚各国间的物质产品互贸、能源输出、经济活动互动等有着天然的便利条件。在全球化经济交往中，各国最根本的诉求就是追求各自利益的最大化。东北亚各国地缘相近，在经济交往中，与非东北亚区域相比，既便捷又可减少诸多成本，进而实现各自利益的最大化。② 各国间经济交往的顺畅，虽深受政治因素的影响，但对彼此文化一定程度的认同也是其中不可忽视的因子。同时，随着东北亚区域各国经济交往的日益热络，区域内各文化的互认程度也一定越来越高。如随着中韩、中日、中俄、中蒙、日俄、韩俄、朝俄、朝蒙、日蒙等彼此经济活动的日益频繁，对彼此文化的了解会日益加深，伴随东北亚经济一体化进程的发展，东北亚文化一体化的春天将不再遥不可及。当然，东北亚区域的文化认同心理也必将越来越强。

---

① "이자스민 국회의원실"，〈법무부요청자료〉，2014 년 8 월.

② 据中国海关总署的统计数据，按 2013 年与中国大陆的双边贸易额排名，中国大陆十大贸易伙伴中，日本第三，3125.5 亿美元；韩国第四，2742.4 亿美元；俄罗斯第十，892.1 亿美元。

其三，政治互信与外交互助一定层面的升级，也在一定程度上有利于东北亚区域文化认同心理的强化。除日本实行"脱亚入欧"路线外，即便与美国建立了同盟关系的韩国也逐渐意识到：邻里不和，家何以安？特别是面对美国在政治与外交上的咄咄逼人，或者是为了推动东北亚区域的和平、稳定与发展，中、俄、韩、朝、蒙彼此之间的政治互信越来越高，外交互助日渐频繁，甚至是处于内陆的蒙古也为朝鲜半岛的和平进行积极的斡旋。这种政治与外交利益的某些一致性，必将加深东北亚区域各国间的良性互动，对东北亚区域的文化认同助益良多。

其四，文化交流活动的日益活跃与深入，为东北亚区域的文化认同拓展了广阔空间。文化的影响力可以超越国界与政治意识形态，以其本真样态自由地跨界流动，"韩流"与"汉流"（或称"华流"）在东北亚区域的流播是不争的客观事实，即便日本与中韩等国存在诸多历史纷争，但日本的动漫等现代文化样式依然在东北亚区域内拥有一定的市场。特别是，各国间旅游文化互动的日渐深入，以及互联网时代的不可遏制（甚至朝鲜也有意识地通过互联网认识世界，并走向世界）、各国间彼此举办的"文化年"活动（如已实现的中俄、中韩之间的文化年互动）等，将不断加深东北亚区域内多元文化的互认、互识、互证与互补，进而逐步强化东北亚区域文化的认同心理。

三 东北亚区域文化认同的现实困境：
愿景可期，道路漫长

构筑东北亚区域的文化认同机制虽存在诸多可行性，但由于客观存在的许多现实阻碍在一定时期内难以消解，使得东北亚区域的文化认同前路漫漫。

其一，以美国为首的西方势力的刻意搅局，为东北亚区域文化认同的正常推进制造了诸多不确定的消极因素。进入21世纪以来，美国以冷战思维的世界霸权姿态和心理"重返亚太"，提出所谓的"亚洲再平衡"战略，为遏制中国崛起与消解俄罗斯在东北亚的影响，不断明里暗里地挑起其他东北亚国家与中俄的矛盾与冲突。在美国立场上，东北亚区域的和平、稳定与发展将冲击到其利益盘算与霸权图谋，只有东北亚"动而不破"才符合美国的长远利益。为此，美国常常别有用心地利用东北亚区域各国间的历史遗留问题与现实矛盾，如中日、日俄、日韩之间的领土争议，中、朝、韩与日本关于日本军国主义侵略战争的态度与认识，朝鲜半岛的统一与核问题，针对中国正常崛起炮制的"中国威胁论"恐慌等，以此刻意制造矛盾，挑拨离间，进而搅乱东北亚区域的和平、稳定与发展，使其从中牟利，最终维护其世界唯一霸主的地位。以美国为首的西方势力的横加干预，加之日本等亲美势力的积极配合，东北亚区域的乱局还将在一段时期内持续。这无疑会在很大程度上阻碍和制约东北亚区域的和平、稳定与发展，也必将放缓东北亚区域文化认同的进程。

其二，各国价值意识存在差异，政治互信程度偏低。东北亚区域各国强烈的民族主义使各国在区域合作问题上表现出强烈的自我中心主义和排他心理，从而降低了国家间的政治互信和包容胸怀。从20世纪90年代起，日本政府与学者广泛关注东亚文化一体化，形成肯定与否定两个旗帜鲜明的阵营。[1] 日本人士对构建东亚文化共同体的观点中隐藏着中华体系恢复恐惧论，担心中国欲借构建东亚共同体之机来复活近代前的朝贡体系，或将东亚共同体打造成反美的堡垒，削弱日本掌握东亚的领导权。韩国学界在如何构建东亚文化共同体的主导者问题上，倾向于超越中、日、美三个帝国的秩序，指出"具备更多的全球化视野和市民社会意识的"新一代——中产阶级将是促进东亚文化的认同的主力军。[2] 中国因为自身发展战略需要，一直不主动担任东北亚区域合作的领导者，也不能接受日本的领导。各个国家利益考量的不一致性，也势必阻碍东北亚区域文化认同机制的有效制定。

其三，国家发展路径与经济发展水平的差异，使得东北亚区域各国难以达成共识与互信。日本与韩国基本以资本主义发展道路为主，其他各国则具有深厚的社会主义传统。同时，日本是本区域发达的资本主义经济体，韩国是次发达的资本主义经济体，中俄是发展中的经济大国，而蒙古与朝鲜的经济发展则相对缓慢与滞后。这种国家发展道路与经济发展水平的差异，势必在国家心理层面造成彼此认知的距离，进而影响东北亚区域一体化健康、有序地发展，也必将对东北亚区域的文化认同产生消极影响。

---

① 唐永亮：《试析日本的东亚文化共同体思想》，《延边大学学报》2013年第2期，第44页。

② 백영서，"핵심현장에서 동아시아를 다시 묻다"，창비，2013，No. 11，p. 98.

总之，东北亚区域的文化认同是可能的、可行的，但文化认同的道路是坎坷的、漫长的。

四　东北亚区域文化认同的未来方向：从图们江起航

毋庸置疑，文化认同是东北亚区域合作能够走向远大未来的一条有效路径，但实现文化认同的路径选择却是多元的，因为东北亚区域各国及超越国界的各个相关地区都有着不可替代的角色意义，发挥着各自不同的作用。图们江地区无疑是东北亚区域中的一个核心地带，在本区域中占据着重要的战略地位，也是区域内诸国各种利益的聚焦中心之一。因此，图们江地区对于推动东北亚区域文化认同的健康发展，也同样具有不可估量的战略价值与战略意义。

第一，图们江地区为东北亚区域的核心地带，可以示范、引领东北亚区域文化价值认同的构建道路与模式。图们江地区地处中、朝、俄三国领土的交界点，中、朝、俄三国陆域相通，中、俄、朝、韩、日五国水域相连，为东北亚区域的地理中心。① 首先，图们江地区是东北亚区域重要的战略支点，囊括中国、俄罗斯、日本、朝鲜半岛以及美国在内的复杂的政治博弈，是危机四伏的地缘政治敏感地区。朝鲜半岛核问题、日韩独岛（日本称"竹岛"）领土问题、日俄南千岛群岛（日本称"北方四岛"）问题，都显示出地缘政治的复杂性和敏感性，直接影响着东北亚区域的安全与合作。其次，图们江地区也是在东北亚的整个战略中多国经济合作、多元文化并存的多重交汇点。其中的珲春国际示范区既是东北亚丝绸之路的终点，也是海路的起点，对于推动东北亚各国民间文化的交流，加强东北亚六国（中、俄、蒙、朝、韩、日）之间的交流与合作，繁荣东北亚区域经济，具有重大的意义。

历史上，依靠自然天成的地理区位和便利条件，图们江地区就与东北亚

---

① 1992 年联合国开发计划署（UNDP）倡导，在图们江下游地区中、俄、朝三国交界处辟建跨国经济贸易区，依托东向中朝、中俄两条出海通道与西向中蒙国际大通道以外向型经济为目标，吸引日韩先进技术与管理经验以及充裕的资金，结合本地区富足的劳动力资源与丰富的自然资源，促进东北亚六国间的经济合作，推动经济增长，成为带动多点交叉组合的核心力量。

各国有着密切的交往,① 拥有较多的共同历史和文化记忆。中、朝、韩、日四国具有相近的文化渊源,俄罗斯远东地区与中国东北地区亦有着密切的文化交流。无可否认,图们江地区各民族（主要有汉族、大和族、俄罗斯族、朝鲜族和蒙古族）经过长期的历史演变,在不同的社会文化环境中形成了既有一定共性又存在巨大差异的文化心理素质,加之东北亚六国间的历史纠葛和主流意识差异,产生了相互关系的排斥性和松散性,这就在一定程度上使图们江地区地缘经济一体化发展缓慢。目前,图们江地区发展瓶颈的突破需要更深层的互信与合作,需要思想文化的相互包容,需要激发各自的激情和智慧。差异与多元是客观的事实,需要通过构建共同价值观念,进而促进区域文化融合,创造和谐的文化,解决矛盾、处理争端,以推动东北亚区域的和平进程。

第二,弘扬中国文化的哲学智慧,唤醒区域内东亚原型的文化记忆,拉近图们江地区人民的距离。中华文明本质上是一种"和"的文明。"和"不仅是礼之所用,也是为政之道,同时,也是一种美的境界。"和"的理念意味着不同文化成分之间的和谐相处。正如费孝通先生所概括的那样,这种对于不同文化、不同文明的态度,就是"各美其美""美人之美"。历史表明,当中华文明处于强盛之时,它常常具有一种开放性和伟大的包容。② 毋庸置疑,在图们江地区的国际合作中,需要构建"和"的共同价值理念,以消弭区域内的各种矛盾与纷争。例如:中俄之间存在着一定的地缘文化差异,在俄罗斯远东地区存在一些"排华"情绪和"中国威胁论",担心中国通过"商业移民"向俄远东"扩张"③。中国应主动承担时代所赋予的历史使命和责任,积极弘扬中国文化"和"的哲学和人文境界,以诚感人、以心暖

---

① 珲春曾是繁盛一时的"千年商埠",海上交通也相当发达,在海上开辟了珲春经日本海到日本的"海上丝绸之路",珲春从陆路到俄罗斯海参崴的"陆地丝绸之路"被称为"东北的茶马古道",被誉为"亚洲第二大国际商埠——海东盛国"。

② 由于大唐帝国在文化上的开放包容,当时长安成为世界上人口最多、最繁华的国际性大都会,从世界各地来的外交使节、商人和留学生挤满了长安。来唐使最多的是日本、新罗和大食。日本曾先后向唐朝派遣来唐使十多次,每次人数有数百人,新罗常年居住在唐朝的留学生达一二百人（叶郎:《谈中华文明的开放性和包容性》,《北京日报》2014 年 7 月 21 日。

③ 王肇钧:《图们江地区地缘经济一体化的重点领域与制约因素探析》,《世界地理研究》2009 年第 9 期,第 106 页。

人、以情动人，打破"国强必霸"的历史逻辑，使周边国家人民充分感受到，中国的发展红利可以惠及所有国家和地区，使他们逐渐认同和平共存、合作共赢、发展共享对人类发展的积极意义。

第三，积极探讨朝鲜半岛传统文化的当代价值，是寻求图们江区域共同文化价值必不可少的重要成分。在当前学界，学者在谈论东北亚区域合作时，习惯以"中、日、韩"为研究对象，往往很少论及朝鲜，甚至避而不谈朝鲜。但东北亚区域的合作不可能避开朝鲜，图们江地区的深度合作更不能使朝鲜缺席。朝鲜新一代领导人执政后，鲜明地将"先军政治"的传统战略调整为"经济建设与核武器建设并重"的战略。① 于是，朝鲜新一届政府以经济发展作为主要的施政纲领之一，吸收国外经验以"建设知识型经济"，积极研究中国的改革模式以探寻新的发展道路。② 目前，朝鲜舆论越来越频繁地倡扬建立在儒家文化基础上的传统价值观，重新客观地评价朝鲜传统儒家哲学思想所蕴含的文化价值与力量。中国学界不仅要深入了解当代朝鲜的文化趋向，而且要通过多种交流平台，与朝鲜学者共同探讨中朝传统文化基本价值理念的契合点，以此，逐步唤醒和建立文化共识，增强区域一体感，带动朝鲜以平静的心态参与图们江地区的多元合作。

第四，加强区域文化平台的建设，促进区域内的人文交流，积极构建区域共同价值体系。历史证明，人文交流是民众加强感情、沟通心灵的柔力。杜维明曾指出："在一个沟通的年代当中，有了这样的沟通技术，我们不用诉诸经济力量或军事力量或政治迫害，我们更多地运用说服力，揭示人生的真谛，揭示价值观，来分享我们共同的观点，这样的力量，可以通过文学、艺术、哲学来产生，这些力量将会非常的重要。"③ 图们江地区合作应该充分利用民间人文交流的柔力作用，开拓更多的人文交流渠道和对话平台，通过搭建一个包容、多元、共享的图们江区域文化平台，④ 以多视角、多领

---

① 石源华：《论朝鲜加入东北亚区域合作的新路径》，《东疆学刊》2014 年第 1 期，第 81 页。

② 朱显平、张辛雨、〔俄〕若宾：《金正恩时代的朝鲜和图们江区域的中俄朝合作》，《东北亚论坛》2012 年第 3 期，第 12 页。

③ 杜维明：《东西方文明的对话：定位、差异与和谐》，北京论坛（2005）主旨报告。

④ 《以人文交流推动东北亚区域合作——访吉林省政府参事、中国国际贸易学会副会长、吉林省图们江国际学会会长李铁》，《吉林日报》2014 年 1 月 24 日，第 8 版。

域、多层次地进行跨文化对话与沟通，强化区域内的文化认同，化解各种误解和矛盾，努力化解政治纷争、意识差异、历史纠葛等问题。依托"长吉图"的辐射作用，创建由中、朝、韩、俄、日、蒙等国家大学学术组织及民间团体共同参与的区域学术文化组织、区域国家合作共建协同创新研究机构、国际论坛（如"图们江论坛""东北亚智库论坛"）等也不失为一种积极的尝试。同时，发挥边缘文化①的特色优势，积极推动沿边区域民族传统艺术、体育、民俗文化、饮食、服饰等方面的人文交流，有效促进区域内不同国家和民族间的相互理解和沟通。

总而言之，文化认同是推动东北亚区域合作深入展开的一条有效途径，同时，东北亚区域文化认同的实现也有着深厚的历史文化积淀与客观现实条件。但是，由于历史遗留问题的阻滞、各国发展道路与发展水平的不同，特别是以美国为首的西方势力的干扰等消极因素的客观存在，决定了东北亚区域文化认同的道路是曲折而漫长的。然而，困境并不意味着绝境，只要东北亚人民放下包袱、消弭纷争、求同存异、面向未来、携手共建，并逐步凝聚起"东北亚是东北亚人的东北亚"的共识，以局部引领全局，例如努力将图们江地区建设成示范区，若此，东北亚区域和平、稳定、发展与共赢的局面，绝非遥不可见。

---

① 金强一：《边缘文化：一种多元文化融合的文化资源》，《东疆学刊》2009年第10期，第50页。

历史与现实视域中俄罗斯远东[*]的东方移民

——以中国和朝鲜^{**}移民为例

刘艳萍^{***}

　　20 世纪 90 年代以来，随着俄罗斯、美国等依据国家利益最大化之原则将目光由西方转回太平洋，转向中国、韩国和日本等东方国家时，移民问题再度成为国内外学界研究的热点问题之一，因为它牵涉很多问题，如历史边界问题、边疆开发问题、移民归属问题、移民国对外来移民的民族政策问题等。

　　俄罗斯远东作为历史和现实视域中东西方文化交汇的中心地带，不仅引起普京政府的高度关注，不断投入重金，加大开发力度，同时其丰富的自然资源也吸引了中国、韩国和日本的企业、商人和旅游开发者的兴趣。这样，俄罗斯远东又一次成为独联体国家（以俄罗斯朝鲜族为主）和东方移民"淘金"的心仪之地，同时，东方移民的大量涌入，也引起俄罗斯政府特别是远东地方政府和一些民族极端分子的恐慌和排外情绪，"人口扩张论"、"中国威胁论"（"黄祸论"在新形势下的变种）甚嚣尘上。基于此，笔者通过梳理中国和朝鲜等东方移民移居俄罗斯远东的历史背景和现实状况，揭示中朝等东方移民在俄罗斯远东经济开发和社会发展中所做的贡献，目的是使移民国（俄罗斯政府，包括远东地方政府）冷静而客观地认识移民对其经济发展和社会进步所起的不可或缺的作用，从而放弃戒心，开放胸怀，相

---

　　*　"俄罗斯远东"为地理概念，泛指沙俄、苏俄、苏联、俄罗斯各时期的远东地区。

　　**　"朝鲜"指近代朝鲜半岛的朝鲜王朝。当与"韩国"对应时，"朝鲜"指朝鲜民主主义人民共和国。

　　***　刘艳萍，延边大学俄罗斯远东问题研究所所长、教授。

互理解，以一种包容和友好的态度对待移民，减少冲突，只有这样才能加强交流与合作，互利共赢。

一 19 世纪中后期至 20 世纪 30 年代末
俄罗斯远东的东方移民

俄罗斯远东拥有广袤的良田沃土和丰富的自然资源，沙俄自凭借武力抢占这片土地之日起，如何开发利用它就成为沙俄政府颇为棘手的问题。因为地域偏远，气候寒冷，加之人力、财力匮乏，这就为俄罗斯远东接受外来移民提供了客观条件。受地缘优势的影响，来此的东方移民主要是中国人、朝鲜人和一些日本人等。但是，他们移民俄罗斯远东的动机和背景、从事的工作和生活方式等也不甚相同。

1. 中朝等东方移民移居俄罗斯远东的动机与背景

早在《瑷珲条约》和《北京条约》签订以前，就有中国人去远东狩猎、采参和淘金了。资料显示，1860 年，在乌苏里地区生活着 2000～3000 名中国人，其中，872 名中国人长期定居于此，并兴建了 341 座农舍。[1] 条约签订以后，中国劳工开始大量出现在远东地区，主要从事碉堡、兵营、港口和铁路等远东基础设施和军用设施的修筑。据统计，1893 年，在阿穆尔州、滨海州和后贝加尔州等远东南部地区共有人口 90.84 万人，[2] 包括中国人、朝鲜人、日本人和一些欧洲人在内（详见表 1）。

表 1　1893 年俄罗斯远东南部人口比例

人口构成	中国人	朝鲜人	日本人	欧洲人	外国总人口
数量（万人）	2.89	0.55	0.07	0.05	3.56
比例（%）	3.2	0.6	0.08	0.06	3.9

可见，中国人不仅占俄罗斯远东南部总人口的 3.2%，而且在远东南部外国居民中也占多数，为 81.2%，其次是朝鲜人，占远东南部外国居民总数的 15.4%。从在俄罗斯远东中国人的来源地和移居动机看，主要是近边的东北地区人，以黑龙江人居多。他们多是因为在本国无地、少地或破产而陷入穷困境地的农民，被迫去俄罗斯远东谋生。其次是中国内陆地区的人，他们多是在本国无出路，挣不到钱或是触犯法律的罪人而应征去俄罗斯远东

从事建筑、采矿和修路等工作的，比如19世纪70年代中期，沙俄从山东、直隶等地征集了150名中国工人去哈巴罗夫斯克伯力修建军营；19世纪90年代，沙俄政府为了修筑西伯利亚铁路，又雇用了近3万名季节性华工到符拉迪沃斯托克（海参崴）、尼古拉耶夫斯克（庙街）和南乌苏里斯克（双城子）等城市。[3]

而朝鲜人又是何时以及为何移居至俄罗斯远东地区的呢？根据史料，朝鲜人移居俄罗斯远东地区的时间约在19世纪60年代，移居的主要原因是国内经济衰败、阶级矛盾激化、民族压迫加深以及自然灾害（如1869年饥荒）等，天灾人祸导致朝鲜农民大批破产，丧失了土地，被迫背井离乡，迁徙到中国东北和俄罗斯远东地区。与在俄罗斯远东地区的中国移民相比，朝鲜移民呈现出集中移民、分片居住、工作相对稳定等特点。譬如，除1869年、1870年外，在1864年至1882年的近20年时间里，朝鲜每年移民数为100~200人（1864年为130人，1882年为352人），而1869年因为饥荒，移居至南乌苏里斯克地区的朝鲜移民陡增至1594人。1870年为775人，[4]可视作饥荒波的余音。朝鲜移民移居的主要区域是阿穆尔州，而波谢叶斯克（Посьетский）、绥芬斯克（Суйфунский）和苏城（Сучанский）等南乌苏里斯克边界地区是他们的首选地。一部分朝鲜人居住在上述地区的村镇里，从事农业生产，垦荒、种地和帮工；一部分朝鲜人居住在城市里，从事修路、捕鱼、采矿等工作。

1904年日俄战争爆发，日本获胜之后腾出手来推进朝鲜日本化政策，1910年，使朝鲜沦为自己的殖民地。广大的朝鲜爱国志士不堪民族沦亡奋起反抗，日帝疯狂镇压，仅1906年至1911年间，被拘捕被处死的朝鲜爱国者就约为24000人。其中，75%的人被处死。[5]侥幸逃脱下来的人大量跑到伪"满洲"或阿穆尔州，这就使阿穆尔州的朝鲜政治移民数量大大增加。根据时任阿穆尔州州长的П.Ф.Унтербергер的官方报告，1906~1910年，阿穆尔州朝鲜移民总数由34399人增加到50965人，不包括因逃避缴费而未登记在册的朝鲜人。

2. 俄罗斯远东地方政府眼中的中朝等东方移民

20世纪初，俄罗斯远东中朝等东方移民的快速增加，引起俄罗斯远东地方政府的极度恐慌，阿穆尔州州长П.Ф.Унтербергер曾多次指出"黄祸"的危险，并做出种种限制东方移民活动和工作的规定。尽管如此，他们对待中朝移民的态度也不尽相同。在他们看来，一方面，中国移民比朝鲜移民更危险，因为中俄存在着边界之争，而且中国移民的数量大大超过朝鲜移民。以1907年来说，在阿穆尔河流域的朝鲜人为37000人，而中国人则多达10万多人。[6]就整个俄罗斯远东而言，据1910年末统计，当时在俄罗斯远东常住的中国人约为15万人，占俄罗斯远东总人口的12%以上，与1893年相比，俄罗斯远东中国人的绝对数量增加了4.2倍。[7]而朝鲜人数量增加不大。这必然威胁俄罗斯远东边界领土的安全与稳定，在他们看来，这是中国人意欲通过移民来夺回本属于自己的土地。

另一方面，中国移民不如朝鲜移民稳定、好管理。在俄罗斯远东的中国移民虽然数量多，但是季节性移民比较多，人员流动性大，而真正定居者和入俄籍者不是很多。而且，中国移民中黑社会势力比较猖獗，他们持有枪械，对符拉迪沃斯托克、哈巴罗夫斯克等远东城市的安全与稳定构成威胁。相比之下，朝鲜移民不愿滋事生非，入俄籍者甚多，因为俄朝政府间早在1884年就缔结过有关朝鲜人加入俄籍的协议，而与中国未签订这种协议，原因是社会紧张性和两国政府互不信任。加入俄籍的朝鲜人必须掌握俄语，接受东正教信仰，着俄罗斯人服装，过东正教节日。[9]俄罗斯远东地方政府为他们专门设立了朝鲜屯，修建教堂和学校，并免除其5年的义务税。

3. 中朝等东方移民对俄罗斯远东开发和建设的贡献

"黄祸论"最早是由俄罗斯远东的哥萨克和原住民的富裕阶层以及大资产阶级挑起的，并获得了俄罗斯远东地方政府的认可与支持。但是，随着东方移民的逐渐增加，东方移民也为他们创造了可观的经济收益。于是，俄罗斯远东地方政府由一味敌对转为积极疏导，加强了对登记在册的移民的监督与管理。那么，中朝等东方移民对俄罗斯远东开发主要做出了哪些贡献呢？

首先，经济效益与贸易发展。俄罗斯远东土地广袤，但当时很多是未开发的荒漠土地，即使有土地也少有人耕种，粮食靠进口。移居至此的东方移民因无地耕种被迫去开垦火耕地和狭窄谷地等荒地，凭借勤劳的双手和汗水，采用在本国就已熟练掌握的高度完善的土地耕作技术，开垦了大量的荒地，为俄罗斯远东增加了玉米、稻米、燕麦、大麦和谷物等粮食生产，而且将高粱种植、水稻栽培、养蚕技术以及一些蔬菜、苏子等禾类和经济作物传授给了俄罗斯人，促进了俄罗斯远东与中国、朝鲜之间的贸易往来。

其次，资源开采与城市建设。东方移民在俄罗斯远东资源开采和加工以及交通运输、建筑和服务性行业等城市建设中做出了不可磨灭的贡献。据统计，1913年，在俄罗斯远东多行业的从业人员中，中国移民占远东采金业劳动力总数的 87.6%，占滨海州硅酸盐工业劳动力总数的 92.5%，占森林工业劳动力总数的 67.1%，占码头行业劳动力总数的 57.8%，占乌苏里铁路劳动力总数的 53.3%，占阿穆尔河流域船舶劳动力总数的 32.8%。[10] 朝鲜移民从事采金、硅酸盐和森林行业的人数远远比不上中国人，但是他们更多地从事农业、渔业和服务性行业。此外，东方移民的存在为俄罗斯远东城市增添了迥异于俄罗斯西部城市的独特的东方色调。

再次，军事补充与社会主义建设。从第一次世界大战至苏俄"十月革命"、国内革命战争、苏联卫国战争等历次革命战争中，中朝移民不仅通过自己的辛勤劳动为军队提供燕麦、大麦、稗子等军事给养，而且也成为战争不可或缺的力量之一。他们和俄罗斯人一起走上前线，成为军队中地位最低、待遇最差的普通士兵。在苏联社会主义建设中，东方移民也把满腔的热情和才干投入到工农业集体化运动中，争做劳动模范，如中国劳动者代表王云仁（ВанЮн‐Жен）等。

尽管，中朝等东方移民为俄罗斯远东的经济开发和社会发展做出了重要贡献，但是他们的政治地位很低，所获得的经济收益也比不上俄罗斯人。而且，作为国际关系的"晴雨表"，一旦世界局势发生变化，他们便最先受到冲击。20 世纪 20～30 年代，日本加紧了在远东的政治活动，间谍活动频繁，这引起苏联政府的高度警觉和担忧。斯大林非常害怕远东成为日本的战争策源地，敦促内务部严加监管东方移民的行动，不惜拘捕和枪毙东方移民。1937 年，斯大林政府通过肃清远东地区居民被邻国利用从事间谍破坏活动的决议，将远东地区的朝鲜移民（18 万人）强制集体迁移到中亚地区。1938 年，又将一部分中国人驱逐出境，而将另一部分中国移民迁移出俄罗斯远东。

二 20 世纪末至 21 世纪初俄罗斯远东的东方移民

20 世纪末，苏联解体，俄罗斯由计划经济向市场经济转轨，放宽了俄罗斯人和外国人出入境限制，俄罗斯远东的大门向国外开放。由此，中国、韩国和日本等东方人以及独联体国家的朝鲜族俄罗斯人大量涌入俄罗斯远东，而俄罗斯远东人口则大批移入俄罗斯欧洲部分的城市、欧美和亚洲国家，于是展开了新一轮的移民浪潮。

与 19 世纪末移居俄罗斯远东的东方移民相比，这次移民潮在主体成分、移民动机和数量上都有很大差异。从移民主体和数量来看，中国人仍占绝大多数，但也不像俄罗斯某些媒体所宣传的那样有 40 万～200 万人。正如李传勋教授所言，从俄远东与贝加尔入境的中国人，大部分是所谓"钟摆式移民"，其中有很多人是"过境者、游客"。[11] 他们不是长期居住在俄罗斯远东，算不上移民。俄罗斯远东学者 B. Л. 拉林教授指出："在俄罗斯远东，主要是远东南部，20 世纪与 21 世纪之交经常逗留的中国人有 3 万至 3.5 万。到本世纪前 10 年的中期，因更广泛地从中国吸收合同工人，这一数字可能增加到了 4 万至 4.5 万"。[12] 韩国人和日本人在俄罗斯远东的确切数字不详，但是在俄罗斯远东的俄罗斯朝鲜族约为 3 万人，他们是 20 世纪 90 年代苏联解体后从中亚地区迁回俄罗斯远东的独联体国家的居民。而俄罗斯远东的朝鲜人约为 5000 人。

从移民动机上看，主要是劳务输出、商贸、求学与文化交流。哈巴罗夫斯克边疆区原行政长官维克多·伊沙耶夫在 2009 年 5 月梅德韦杰夫总统主持的边境合作会议上指出："远东有 10.3 万外国劳动移民，占经济自立人口的 3%，其中中国人占 1.2%。"[13] 俄罗斯远东中国移民的增多并非如上次移民潮那样仅仅为了生存，而是为了进一步发展的需要。众所周知，20 世纪90 年代中国经济的飞速发展与俄罗斯经济的急剧衰退形成巨大的反差，加之俄罗斯远东人口的锐减，均刺激中国人移民至此寻找发财致富的机会。中国移民的大量涌入，引发俄罗斯远东人的"中国人口扩张论"，有俄罗斯学者指出："苏联解体后，'1995 年俄罗斯民族危险性的观念'和由此构成的从巴尔干到太平洋整个欧亚范围内的地缘政治真空潜在而强烈地刺激着远东的'力量中心'——日本和中国积极性的增长。可是对于俄罗斯而言，这是极大的危险。"[14] 可见，尽管中俄东部边界业已划定完毕，然而历史上的领土纷争仍是阻碍中俄两国进一步合作与交流的潜在因素，特别是对俄罗斯远东地方政府而言，这是最为敏感的神经。

韩国商界也积极进入俄罗斯远东拓展业务，在商贸、运输、建筑和餐饮等服务性行业与中国争夺远东市场。韩国的方便面、泡菜等颇受远东人喜爱。日用品方面，韩国商品以质优、美观和信誉好赢得俄罗斯远东人的青睐。而在俄罗斯远东的朝鲜（指朝鲜民主主义人民共和国。——编者注）人人数甚少，这与朝鲜不开放有关。他们在此主要从事房屋修缮、建筑等比较单一和低级的工作，在俄罗斯远东人的眼里他们是最廉价的劳动力。有趣的是，只有在俄罗斯远东，有着同一血统的韩国人、朝鲜人和俄罗斯朝鲜族才能真正聚在一起。在远东各大城市，都有韩国侨民社团，这是民间组织。每逢农历新年和秋夕节等重大节日，社团都要组织传统晚会，邀请在远东的朝鲜族参加。不同国籍的朝鲜族同坐一桌，品尝米酒，相互祝贺。尽管气氛比较和谐，但是意识形态的差异还是存在的，历史的政治亲近使朝鲜人与俄罗斯朝鲜族易达成共识，而经济因素又促使韩国人与俄罗斯朝鲜族存在着更多的经济联系，对此，俄罗斯符拉迪沃斯托克朝鲜族社区的创始人之一维亚切斯拉夫·李颇为尴尬地说："朝鲜人把我们视作卖国贼，而韩国人把我们当成骗子。"[15]

日本对俄罗斯远东更是"情有独钟"，早在19世纪末20世纪初，就已把触手伸向此地，力图掠取俄罗斯远东的石油、天然气等资源。后来，由于"北方四岛"（南千岛群岛）问题，日俄间的经贸合作暂缓。从20世纪90年代开始，日本经济下滑，正值苏联解体，日本丰田、住友、三井、三菱等许多企业经营者看好俄罗斯远东的商机，于是凭借技术优势积极拓展与俄罗斯远东的经贸关系，一方面向俄罗斯远东出口汽车、家电等高精尖产品，另一方面从俄罗斯远东进口石油和天然气资源。日本汽车在俄罗斯远东城市中占据75%以上。除汽车外，日本力图在油气方面加强与俄罗斯远东的合作，因为日本能源极其匮乏，其石油消费量的87.9%来自中东地区，为了减少对中东石油的依赖，实现能源消费多样化，日本亟须深化与俄罗斯远东的油气合作，目前双方已就萨哈林油气开发项目达成合作协议。另外，日本借此也可以遏制和削弱中国在俄罗斯远东地区的影响力。[16]

在中、韩、日三国中，日本对俄罗斯远东的投资最大，其次是韩国、中国。日本不仅将大笔的资金投入到经贸领域，而且在文化产业上也舍得投资。俄罗斯媒体的一份调查显示，70%的俄罗斯远东人喜欢日本，称日本人是"最受欢迎的亚洲人"。这种心理取舍反过来又影响到俄罗斯远东与东北亚主要国家间的贸易关系。

表2　2007～2011年俄罗斯远东与东北亚国家贸易额

单位：亿美元[17]

国家＼年份	2007	2008	2009	2010	2011
中　国	42.9	48.6	44.9	69.4	84.6
日　本	59.6	68.4	40.7	69.4	77.6
韩　国	53.6	58.3	41.4	62.4	93.6

从此表中不难看出，中、日、韩三国是俄罗斯远东在亚太地区的主要贸易伙伴国。根据双边贸易额，三国在 2007 年、2008 年的排位顺序依次为日本、韩国和中国。2009 年，受金融危机的影响，三国与俄罗斯远东的双边贸易额同比下降，尤其是日本和韩国下降幅度较大。2010 年则大幅增长，2011 年继续增长，其中韩国与俄罗斯远东的双边贸易额增长幅度较大，超过了中国和日本，而且在 2012 年上半年仍然保持这种势头。这无疑为中国敲响了警钟，即今后中国也应重视并深化与俄罗斯远东地区的经贸合作，否则，地域与经贸优势势必被削弱。

三 对东方移民与俄罗斯远东大开发之关系的思考

从普京政府"东向"的执政理念不难看出，俄罗斯远东开发战略被视作振兴俄罗斯经济和提升俄罗斯大国威望的"精神支柱"，而俄罗斯远东经济发展不能像过去那样依赖中央政府的财政拨款，而应依赖于远东地区与东北亚国家的经贸合作。正像有文章指出的，俄罗斯远东地区的一些居民可能付不起去首都莫斯科的交通费，却可以轻松地前往临近的中国城市。可见，地缘关系决定了俄罗斯远东对东北亚国家的依赖关系，俄罗斯要加速远东开发，要深度融入亚太经济一体化，就必须重视并加大与亚太国家的广泛交流与合作，而首先面对的就是如何认识东方移民与俄罗斯远东开发的关系问题。

首先，俄罗斯远东的真正开发离不开东方移民的鼎力参与。尽管我们未能采集到俄罗斯远东东方移民所创造的 GDP 究竟占俄罗斯远东 GDP 多少的确切数据，但是无论从历史还是现实来看，东方移民无疑以其勤劳务实的努力为俄罗斯远东社会创造了大量的财富，改善了当地人民的生活，促进了多元文化的发展。不难想象，在 20 世纪 90 年代俄罗斯社会、经济转型时期，俄罗斯远东几乎陷入经济低迷、日用品奇缺和社会动荡的崩溃边缘，正是中国、韩国等东方移民在母国与贸易国间的往来奔波，通过"易货贸易"等经济运作形式，才充分保障了俄罗斯人的日用生活所需，进而稳定了社会，发展了经济。

从人口角度看，1990 年，俄罗斯远东地区人口数为 804 万人，至 2010 年，人口降为 629 万人。20 年间，俄罗斯远东地区人口减少了 175 万人，数目可谓惊人。原因当然是多方面的，人口下降意味着远东市场的消费能力受限，不能完全吸纳亚太不断增长的生产能力。同时，由于劳动力紧缺，俄罗斯远东也无法参与亚太地区劳动力资源竞争，这就使其迫切需要中国等东方劳动力的积极参与。正如哈巴罗夫斯克边疆区杜马副主席亚历山大·彼得罗夫在 21 世纪初所说的："在目前情况下，不吸收外国劳工，我们简直难以生存，考虑到我们的联系这样紧密，进一步接近不可避免。"[18]

既然俄罗斯中央政府将远东经济大开发上升到战略高度，而中国等东方移民已成为俄罗斯远东社会与经济发展不可或缺的重要力量，那么，俄罗斯中央政府和远东地方政府就应摒弃历史包袱和心理障碍，从互利共赢的高度出发，多为东方移民提供宽松而优惠的投资与贸易环境，避免无视东方移民的利益、强制扣押或罚没其零售商品、擅自提高木材出口关税和汽车等商品进口关税以及随意限制外国劳工数量等事件的发生。同时，制定稳定而客观的移民政策，不排斥异己力量，不差别对待，也不可出于自身利益的需要而动辄拿"移民"说事，将移民变成国际关系的"晴雨表"。这样，移民才能安心、顺心、放心地居住在这里，与俄罗斯远东人一道继续开发、建设这块广袤的土地。

其次，东方移民的利益诉求需借助于俄罗斯远东大开发的机遇。中国古训曰："正身直行，众邪自息。"（刘安：《淮南子·缪称训》）意思是说，只要自身品行端正，就可抵制各种邪恶的侵蚀。纵观中国等东方人在俄罗斯远东的移民史，一个不可否认的因素是负面的自我形象的塑造。达维德·伊里奇·什列依杰尔（Д. И. Шрейдер）在其《我们的远东》一书中这样描写道："中国人、朝鲜人和日本人在城市的街道上来来往往，特别是有很多中国人，而几乎看不到俄罗斯人……（他们）拖着快要搭地的长辫子，蜡黄、干瘦、多皱的脸——显然是大量吸食鸦片和不良饮食的结果。诡诈的外斜视眼，独特的既像妇女棉袄又像儿童灯笼裤的轻便衣服、软布鞋，听不到的脚步声，谄媚的声音，讨好的话——这些，总之，根据第一眼印象，当地居民将乌苏里斯克的中国人称作'蛮子'。"[19]这代表 19 世纪末相当一部分俄国人眼里的中国移民形象：贫穷、邋遢、可笑、狡诈、低声下气。中国、朝鲜等亚洲人街区被俄国主流媒体描述为异己的、危险的、不可接受的，东方移民也常常成为俄国人鄙视、轻蔑和敌对的对象，不受尊敬，动辄受辱，被挖苦被殴打，而打人者却逍遥法外。俄罗斯《边疆》杂志曾报道过一件野蛮的事件，在火车站，一个卖水果的中国人因为妨碍了车站搬运夫，那个搬运夫就抓住中国人的长辫子，用力几脚将其踹倒在地。中国人头部撞到铁轨上，顿时失去了知觉。[20]

如上所述，19世纪末20世纪初，由于清政府腐败无能，使中国饱受外国列强的涂炭。生活在社会底层的贫民被迫移民俄罗斯远东，他们不懂俄语，无法融入当时的主流社会，只能封闭在特定的环境中。贫穷落后带来的不文明现象，招致俄国人的鄙视，而主流媒体的片面报道更加重了这种负面形象。甚至在21世纪的今天，上一世纪中国移民的旧有生活方式已不复存在的情况下，一些俄罗斯人仍然拒绝和排斥中国等东方移民。在他们看来，中国人不是到处摆摊、乱扔垃圾、随意吐痰、大声喧哗，就是暗地里从事各种违法犯罪活动，如走私、盗窃、制造伪劣商品、偷税漏税、洗钱等，总之，中国人的存在成为犯罪的温床。对中国移民的这种负面认知也影响到远东的其他外来民族，如一位俄罗斯人所承认的："俄罗斯不光对中国人印象不好，对绝大多数'外人'，包括来自独联体的俄罗斯人都很反感。"[21]这里所说的"俄罗斯人"，指的是来自哈萨克斯坦、乌兹别克斯坦、格鲁吉亚、土库曼斯坦等国家的人，他们是20世纪90年代以后迁至俄罗斯远东的。

中国现已成为引领世界经济的主力军，身在海外的中国人背后依靠的不再是贫穷积弱、动辄挨打的落后中国，而是国力大增、富有自信的骄傲中国。因此，中国移民应当重塑自身的正面形象。为此，掌握俄语，学习俄罗斯的法律，遵纪守法，平等竞争，提高劳动力的文明素质，尽快融入俄罗斯主流社会，争取话语权等就成为中国移民当下的主要任务。只有这样，才有助于尽快消除俄罗斯人的刻板印象，才能真正做到互利共赢，共同发展。在这方面，中国也应学习韩国和日本的做法，即不仅重视经济领域的合作，更要关注人文领域的交流，舍得投资。在符拉迪沃斯托克、纳霍德卡等城市，游客经常可以看到韩国和日本投资建造的纪念碑、凉亭、教学楼、文化中心等设施。哈巴罗夫斯克的日本文化中心曾耗资100万美元在当地广场举办焰火晚会，轰动很大。此外，日本还出资扶持俄罗斯远东地区的木偶剧团，援建医疗中心等福利设施。当然，日本人做这一切，目的是改变俄罗斯远东人对日本人的印象，保障能源战略的顺利实施。但是反过来，对我们也是一个启示。

总之，受地缘因素的影响，俄罗斯远东成为东西方文化的交汇地，也是东方移民的聚居地。历史上，中国、朝鲜等亚洲移民凭借其辛勤的劳动和汗水浇灌了俄罗斯远东的肥沃土地，为俄罗斯远东的开发和社会发展做出了不可磨灭的贡献。现实中，俄罗斯中央政府的远东开发战略仍然离不了中、朝、日、韩等东方移民的大力参与。俄罗斯中央政府、远东地方政府及其民族主义者只有摒弃前嫌，摆脱盲目的排外心理和大国沙文主义思想，以宽容和博大的胸怀善待移民，为东方移民投资、经营和工作提供优惠的政策和平等的竞争机会，并且在媒体宣传和舆论导向上正确引导，才能使这一开发战略真正落到实处。同时，中国等东方移民也应珍惜这一大好机遇，以发展为宗旨，以法律为准绳，重塑稳重、信义、守法的自我形象和国家形象。

参考文献

［1］И. П. Надаров. Материалы к изучению Уссурийского края Владивосток，1886.

［2］［7］［10］［18］［21］沈莉华：《关于俄罗斯远东中国移民问题的思考》，《东北亚论坛》2005 年第 4 期，第 70、73、75 页。

［3］陈碧笙：《世界华侨华人简史》，厦门大学出版社，1991，第 302 页。

［4］［5］［6］［8］Мизь，Н. Г.，Бреславец，А. А. Корея — Российское приморье：путь к взаимопониманию：монография ／ под ред. проф. Т. И. Бреславец. — Владивосток：Изд＿ во ВГУЭС，2009. 19 – 20、15、16、17С.

［9］Петров А. И. Корейская диаспора в России. 1897 – 1917 гг. Владивосток，2005，286.

［11］李传勋：《俄罗斯远东地区的所谓中国"移民"问题》，《俄罗斯中亚东欧市场》2009 年第 6 期。

［12］［13］В. Л. Ларин，Втенипроснувшегося Дракона：российско – китайские отношения нарубеже Х Х —— Х ХI весоков，Владивосток，2006г. с. 396.

［14］Концепция национальной безопасности России в 1995 году. Москва：Информационно – издательское агентство Обозреватель，1995. 91.

［15］俄新社记者阿列克谢·叶廖缅科：《两个朝鲜在俄罗斯远东的混居》，http：／／rusnews. cn/shalong/20120919/43564936. html。

［16］吕岩松：《日本拼命往远东挤》，《环球时报》2004 年 8 月 11 日，第 7 版，http：//www. people. com. cn/GB/paper68/12687/1139731. html。

［17］刘艳萍：《俄罗斯远东与亚太经济一体化》，《延边大学学报》2013 年第 1 期，第 56 页。

［19］Шрейдер. Д. Инаш Дальний восток，—С. - Петербург：Издание А. Ф. Девриена，1897. с12.

［20］《Далекая окраина》，Владивосток，1911. 4. Мая.

韩国近代诗的"满洲"体验：诗的形象化及其意义

〔韩国〕 尹汝卓*

一

韩国的近代启蒙时期是一个亟须解决反帝（反对外来势力）与反封建（近代化）双重课题的时期。在开化期这一动荡时期，韩国在推进近代化发展的同时，遭受着西方和日本帝国主义的掠夺。在这种情况下，那片土地的一部分人被逼无奈，只能选择移居另一片土地。朝鲜民族的集体海外移居始于旨在战胜中世纪封建社会的 19 世纪 60 年代，移居高峰期主要集中在日本殖民统治时期，从日帝强占时期一直到迎来解放的 1945 年，朝鲜民族以多种形式迁入各个地区。

在这期间，朝鲜民族为了逃避腐败官吏的掠夺、摆脱贫穷，从 19 世纪中期开始向"满洲"和俄罗斯远东地区迁入，被日本帝国主义强制合并后，为了免受日帝镇压，也为了民族解放运动，朝鲜民族又迁入到中国内地和北美地区。继 1931 年的九一八事变后，日本帝国主义建立了所谓"满洲国"的傀儡政府，并强迫朝鲜半岛南部地区的居民集体向中国东北三省和内蒙古地区迁徙，同时实行了"皇国臣民化"政策，把朝鲜的有识之士任用为伪"满洲国"的官吏。此外，日帝在强占后期，通过强征、征兵等方式，迫使朝鲜民族移居到日本和库页岛等地，也有一部分人为了逃离日帝的掠夺，自愿选择移居海外。

---

* 尹汝卓，首尔大学师范学院国语教育专业教授。

其中，从 19 世纪中期以后，作为朝鲜民族新的家园来选择的"满洲"地区，无论在地理位置，还是在情感上都是距离朝鲜最近的地方，是人们首选的移居之地。在很早以前，就有一些朝鲜人越过图们江和鸭绿江，时常在"满洲"地区种植庄稼，时过境迁，朝鲜民族只好迁入"满洲"，开始了新的生活。本文着眼于"满洲"地区和朝鲜民族之间的关系，分析在韩国文学中得以体现的近代诗人的"满洲"体验形态。① 其中，本文选择了在 20 世纪 30 年代后期登上近代诗坛而弥补了日帝黑暗末期空白的李庸岳、尹东柱、白石②的诗作为目标文本。

同时，以主体、他者、体验这三个概念为中心，窥视三位诗人的诗歌形象化的形态及其意义。为此，首先论述主体与他者的关系，并着眼于诗歌的形象化方法及其意义。三位诗人的诗作如下：

李庸岳的《全罗道丫头》（《诗学》，1939）。

尹东柱的《数星星的夜晚》（1941，《天、风、星与诗》，正音社，1948）。

白石的《来自北方，致郑玄雄》（《文章》，1940）。

这三首诗的主体都在试图与他者进行对话，也就是说，每首诗的主体"我"在"我"（咸镜道男人）和"你"（全罗道丫头）、"我"和母亲（家庭）、"我"和郑玄雄（朋友）的关系中试图与他者进行对话。对话作为诗

---

① 尹颖千（윤영천）：《韩国的流民诗》，实践文学社，1987；吴阳浩（오양호）：《韩国文学和间岛》，文艺出版社，1988；吴阳浩（오양호）：《日帝强占时期满洲朝鲜人的文学研究》，文艺出版社，1996；赵圭益（조규익）：《解放之前满洲地区的诗人和诗文学》，国学资料院，1996；黄松文（황송문）：《中国朝鲜族诗文学变化形态研究》，国学资料院，2003；金京勋：《中国朝鲜族诗文学研究》，韩国学术情报，2006；张德俊（장덕준）：《中国朝鲜族文学的昨日和今日》，蓝色思想，2006；民族文学史研究所：《日帝末期文人的满洲体验》，亦乐，2007；吴静惠（오정혜）：《中国朝鲜族诗文学研究》，인터북스，2008；郭孝浣（곽효환）：《韩国近代诗的北方意识》，抒情诗学，2008；黄圭秀（황규수）：《韩国现代诗和满洲体验》，韩国学术情报，2009；吴阳浩（오양호）：《"满洲诗人集"的文学史地位和实质》，亦乐，2013。

② 尹汝卓：《抵抗诗的发展形态和教育意义》，《诗歌教育论：诗的沟通结构与鉴赏》，太学社，1996，第 171～188 页。

的形象化的一种方式，既是一种引起共鸣的方式，同时也是将主体与他者的体验对象化的一种方式。因此，通过这种思想沟通方式，可以使读者（学习者）接受被对象化了的主体与他者的体验。因此，本文旨在揭示韩国近代诗歌"满洲"体验的形象化及其意义。

二

首先，对体验、主体、他者这几个重要的概念进行理论上的梳理，奠定讨论的基础。"经验"一词在词典中的解释是，通过与对象的接触而获得的认识；与此相比，"体验"则意味着与对象的直接而全面的接触。也就是说，始于狄尔泰哲学并在胡塞尔的现象学中成为重要概念的"体验"，不仅是指个体的认知要素，而且也指包括情意要素在内的整体的意识活动。可以说，"体验"极具主观性，不一定非要和对象建立关系，它作用于主体的精神意识。

由此可知，"体验"意味着在近代时间的流逝中对于人生的整体的统一性。① 与其说把体验理解为主体与世界的分离，不如把它理解为主体与世界相连的观点。也就是说，与世界建立的关系是通过不断调整近代主体在时间的推移中所构筑的关系来实现的。这样的体验主体与对象的关系可以用"身体性"的概念来加以说明。梅洛－庞蒂强调体验的"身体性"，他认为知觉和认识的主体是身体，各个感觉器官是某种综合的代言者。像这种被体验过了的身体现象学，从知觉的经验出发去探究身体所发挥的作用和意义。我们可以把它理解为身体是连接我们和世界的具有生命的纽带，也是使我们从属于世界的脐带。它说明了人类的经验根植于身体。②

梅洛－庞蒂把身体性假设作为存在论基础的主体，并指出恢复世界的粗野性是至关重要的。这时的身体是物理的、对象化了的，它并不意味着作为一个数量单位上的身体。当然，由于身体是知觉和感觉形成的基础，从与外

---

① 狄尔泰没有将体验内容和体验作用进行区分，将区别于经验的认识概念作为体验的概念引入。

W. Dilthey：《体验（表达（理解（Erleben, Ausdruck und Verstehen)》、《体验（表达（理解（Der Aufbau der geschichtlichen Welt in den Geisteswissenschften)》，李韩雨译，书世界，2002，第22～23页。

② M. Merleau-Ponty：《知觉的现象学（Phenomenologie de la perception)》，刘义根译，文学与知性社，2002，第702～705页。

部接触的层面来说，它是现成的实体，但对实体的界限与外部世界做了明确的区分，使它们不能成为构成绝对主体的要素。并且考虑到身体性作为人类存在的特征时，我们很难把作品中出现的世界及对象看作单纯地通过客观的相关物来体现出来的。因为在这一过程中，作品中出现的世界及对象同时作用于作家的主观意识。①

因此，梅洛-庞蒂提及的主体是知觉的主体，这里的知觉是通过身体来形成的。这时知觉是把感觉的资料作为对象来形成的，严格来说，把感觉资料说成"对象"是不恰当的。因为把感觉资料视作"对象"意味着在梅洛-庞蒂想要摒弃的"对象"面前，再次确定了信息化了的理性主义主体和客观主义主体。

另外，近代的学术研究基于体验的身体性的观点，不仅重视主体，还把他者作为超越世界和对象的存在加以重视。具有代表性的学者列维纳斯在时间的长河中认证了被认知的主体和他者存在的重要性。② 他重塑了他者，并构筑了与他者可能发生的人格的、社会的、伦理的关系空间，同时也强烈地反对消除自我和主体性的观点以及使其消失的主张。③

因此，与其说主体是通过存在论来认识自己的，还不如说是通过他者来认识自己的。世界不是直观的对象、神的造化之物或围绕"我"的环境世界，而是"我"所建立和组合的，也是随时可以改变的对象。因此，事物的意义（"存在者的存在"）是通过表象表现出来的，换句话说，它作为对象才得以被确认。可以说，这样的主体是被笛卡儿、尼采、海德格尔等具体化了的近代主体。④

如上述主体，列维纳斯认为只有他者的脸，即"他者的思维"才是恢复真正主体的道路，同时认为他者的思维才是自己的哲学。他还提出了"比被动更被动的"主体是能够代替他人责任的责任主体。另外，还强调主体性的"意义"在于遭遇痛苦（因他人被抓、为他人受苦、代替他人出头的意思）、为他人负责、代替他人受苦（承担他的责任、宽容他、站在他的立场上的意

---

① M. Merleau-Ponty：《知觉的现象学（Phenomenologie de la perception）》，刘义根译，文学与知性社，第 220～234 页。

② E. Levinas、江荣安：《时间和他者（Le Temps et l'autre）》，文艺出版社，1999，第 83～93 页。

③ 江荣安：《他者的脸：列维纳斯的哲学》，文学与知性社，2005，第 112 页。

④ 江荣安：《他者的脸：列维纳斯的哲学》，文学与知性社，2005，第 53～54 页。

思)。在这一层面上,列维纳斯的哲学就是"他者的思维""他者的哲学""他者的形而上学",是考证他者存在的后现代主体概念的根据。①

如果将这种体验、主体、他者的问题与文学形象化联系在一起的话,被形象化了的文学世界,是作用于体验而不是作用于对象的。一般来说,虽然主体会自发地表现出自己的认知,但也会以他者通过对象、客体来表现自己的认知。主体和他者建立新的关系时,他者是能和"我"进行对话的人格上的他者,"我"和他者相遇时,会建立主观上的相互关系。从这一观点来看,他者既不是主体的代言者,也不是感情移入的对象。

事实上,对抒情诗歌来说,主体的认知(情绪、思想)表达是主要的形象化方式,但从根本来说是诗的话者的他者心声,有时也会通过话者所刻画的他者的形象来表现他者的认知。因此,可以说诗歌朗诵是用他者的声音来找回听者认知的一种工作。另外,在作品的结构上或者是在作品中承载的作者的行为表现,是在主体与世界的相互渗透中所形成的一种关系方式。②

本篇论文从上述主体与他者的观点出发,承认诗歌形象化的意义与价值,并展开讨论。从原则性的角度来说,主体对于诗的对象持客观或主观的态度,主体和对象的关系可以从不同的角度来分析。在这一主体中包含着他者的概念,可以说它与扩大诗的主体、自我概念的观点相差无几。也就是说,诗的主体以涵盖主体与他者的方式确立与对象的区别。

三

从 20 世纪 30 年代后期到 20 世纪 40 年代初期是朝鲜民族历史中最为黑暗的时期。日本帝国主义不仅强占了朝鲜半岛和"满洲",向中国大陆挺进,还把台湾地区作为军事基地,又侵占了菲律宾和东南亚,还将目光转向了太平洋,将侵略战争扩大到夏威夷和南太平洋,使地球上的一半地区卷入了战争的旋涡。日本帝国主义在全世界肆意发动侵略战争,将朝鲜半岛作为其前方的战略基地,打着"内鲜一体""皇民化"等旗号对朝鲜民族实行蛊惑人心的双重掠夺政策。

---

① 江荣安:《他者的脸:列维纳斯的哲学》,文学与知性社,2005,第 74 ~ 80 页。
② 民再元:《诗朗诵教育中情绪体验的结构和作用研究》,首尔大学文学院,2013,第 40 页。

例如，日本帝国主义一方面为保障军粮开展了粮食增产运动，另一方面在朝鲜半岛建立军工厂（纺织、肥料、橡胶、冶铁、冶炼厂等）等基础产业，为了保障侵略战争的顺利进行，把朝鲜半岛变成了前方基地。同时，日本帝国主义在文化层面上强制推行"普及国语（日语）"（1938年）和"创氏改名"（1939年11月）等政策，强行停刊了《东亚日报》和《朝鲜日报》（1940年8月），甚至对《文章》《人文评论》等以朝鲜文发行的杂志实行强制停刊，分阶段、持续地推行民族抹杀政策。

在这里，想通过李庸岳、尹东柱、白石等三位诗人在这黑暗时期经历过的"满洲"和"满洲"的故事来探析近代诗歌中被形象化了的近代体验。

（一）

李庸岳（1914～1971）出生在咸镜北道的镜城，就读于日本东京的上智大学。1939年李庸岳回国，在杂志社（人文评论社）工作了一段时间后回到了家乡，并在家乡迎来了解放。之后李庸岳来到汉城（今首尔），作为"朝鲜文学家同盟"的一员进行活动，之后被捕入狱，在朝鲜战争期间出狱，继而北上平壤活动。虽然这样的阅历不足以成为证明李庸岳往返于"满洲"的证据，但从他在边境地区针对俄罗斯、"满洲"地区做过盐商的事实，可以推测出他曾过着"边境人的生活"，有着丰富的间接经验。首先来看一下他的诗句：

> 小时候是花贝壳亲吻着你的童年吗
> 你的双眸如此清澈无底，脸蛋晒得这般黝黑。
> 你这丫头，
> 我的脚已冻住，
> 越过那铁桥，我是来自咸镜道的男人。
>
> 我已不再惧怕风之声、胡之歌，
> 黑灯之下愁思难受，迷雾千重风不散。
> 只怕霾耗打散夜色，
> 北间岛的小栈啊，厚墙难挡，近邻信不过。
>
> 我怀揣着各种嬉笑，
> 来时雪满天山路。

你这丫头，

你那心中几许愁思，我律动着你那碎意。

斟满愁绪的酒杯，

饮尽苦难的故事。

三个月前你渡过图们江，

枫叶尽染千里河山，红叶似火罩天地。

几缕神伤洒落一地，哀伤浸染裙摆。

两天两夜拂落了惆怅，

清泪飘落心头，泪花模糊了玻璃窗。

一浪一涛吟萧寒，

淡淡的冷笑挂酒窝。

你这丫头，

似悲非悲的全罗道丫头啊。

三言两语你的方言，轻轻捻一片早春。

沾满记忆的辫绳，一个转身，飘着粉红的记忆，

快快归故里。

银装素裹的冰地迎来天亮，

我在千里冰封踏着碎凉乱玉，

无声无息，无足无迹，

渐行渐远。

——《全罗道丫头》全文

　　这首诗的内容是咸镜道小伙"我"在北"间岛"① 客栈遇见了全罗道丫头"你"，并试图与其交谈（抑或诱惑？）。诗中出现的主体"我"和他者

---

① "间岛"原名"垦岛"，因大批朝鲜移民越界垦殖而得名，系图们江北岸吉林省延边地区光霁峪（龙井市开山屯镇光昭村）前的一处滩地，自古系中国领土，后日本将"间岛"范围恶意歪曲扩大，将纵十里、宽一里的滩地，扩大到"海兰江以南、图们江以北，宽约二三百里，长约五六百里之地"，即中国延吉、汪清、和龙、珲春四县市地区。

"你"是各自具有认同性的存在，他们通过对话知道了对方来北"间岛"的缘由。另外，在对话中北"间岛"是一个"只怕噩耗打散夜色 / 北间岛的小栈啊，厚墙难挡，近邻信不过"的地方。等天亮了我会"无声无息，无足无迹 / 渐行渐远"，也说明了这是一个很沉重的地方。① 通过感觉的表达和被身体认知的体验，诗人把北"间岛"是一个可怕的地方的事实具体地表现了出来。

表面上这首诗的话者是"我"——咸镜道男人，但可以看出用"你"来表现的全罗道丫头也参与了对话。他们的谈话是诗的中心内容。从诗歌的话者的层面来看，咸镜道小伙扮演了话者的角色，并把全罗道丫头放到了一个被具体化了的听者的位置上。从叙事的层面来看，这两个人都是故事的主人公，他们的对话让他们回想起了过去。总的来说，他们并没有停留在明确区分角色的个人层面上。不知不觉间"你"和"我"也会融为"我们"，即话者和听者，全都可以被称为主体。在这一点上，主体和他者是具有身份认同的人，但即便在这种感伤的情况之下，仍展现出没有忘却自己存在的"强大主体"的面貌。

另外，在这首诗中"满洲"是一个被形象化了的"可怕的地方"，诗歌只是转述了听来的传闻，并非直接体验。《燕子般的少女：河对面的客栈》可以说是这首诗的姊妹篇，它的故事和这首诗歌大同小异。除此之外，李庸岳还在诗歌中把"满洲"描述为一个"他想去满洲岭 / 想去俄罗斯 / 邻居家的老人 / 都说是可怕的地方"（《旧房子》），"北边是故乡 / 北边是卖女人的国家"（《北边》）的地方。我们民族所寻找的这片土地，与"父亲没有床睡的最后的夜晚"（《充满了草虫的声音》）的俄罗斯相比并无大异，也是一个令人毛骨悚然的地方。

李庸岳在诗歌中所刻画的"满洲"是一个传说中让人感到恐惧的地方，它并非久留之地，是等到天一亮就要离开的地方。因此他的"满洲"体验可能并不是他的亲身经验，而是作为生活在边境附近者的间接体验。可以确定的是，李庸岳在诗中将诗人的形象若隐若现地刻画了出来，它扮演了一个叙述者的角色，讲述了一个"满洲"移居者的故事。②

---

① 尹汝卓：《抒情诗的话者和现实主义：李庸岳理论》，载《诗的逻辑和抒情诗的历史》，太学社，1995，第243～247页。

② 尹汝卓：《诗的多声性研究之诗论》，载《诗教育论2：方法论反思与传统问题》，首尔大学出版部，1998，第112～122页。

（二）

尹东柱（1917～1945）出生在吉林龙井市的明东，曾就读于龙井和汉城（今首尔），后在日本东京的立教大学和京都的同志社大学上学，其间被捕入狱，并在福冈监狱这片异国的土地上结束了自己短暂的生命。尹东柱的家谱是由尹在玉（曾祖父）、尹夏玄（祖父）、尹英石（父亲）组成，1886年曾祖父在世时，曾举家由咸镜北道的钟城郡东风面上将浦渡过图们江搬到了钟城对面的子洞，1890年搬到了明洞，1931年又搬到了龙井。① 尹东柱的人生阅历和李庸岳有所不同的是，他移居到了"满洲"，开始了新的"移民生活"。通过他的诗歌可以确认这一点。

> 季节交替的天空
> 盈满了秋意。
> 我好像能够无忧无虑地
> 数清这秋夜的全部星星。
>
> 刻入肺腑的那一两颗星星
> 如今数也数不清了，
> 因为晨曦即将走近，
> 因为明晚还有夜晚，
> 因为我的青春尚未燃尽。
>
> 一颗星是回忆
> 一颗星是爱恋
> 一颗星是孤寂
> 一颗星是憧憬
> 一颗星是诗歌
> 一颗星是母亲，母亲。

---

① 在尹东柱的学籍簿和法院判决书上标记的原籍为"咸镜北道清镇埠浦行井76号"，标记的住址是龙井、汉城（今首尔）和京都的宿舍。这期间对于"清镇"的标记是否具有其他的意义存在争议。但可以说这是确定尹东柱国籍的重要资料。

母亲，我给每一颗星星都起了一个美丽的名字，小学时曾经同桌的孩子的名字，和佩、镜、玉这些异国少女们的名字，和已经成为母亲的丫头们的名字，和贫穷邻居的名字，和鸽子、小狗、兔子、骡子、小鹿，还有"弗朗西斯·雅姆""赖内·马利亚·里尔克"等诗人的名字。

> 他们都在遥不可及的地方，
> 就如那遥不可及的星星。
>
> 母亲啊，
> 您在那遥远的北间岛。
> 不知道我在思念着什么
> 在这遍洒星光的山坡上
> 写下我的名字，
> 再用泥土埋掉。
>
> 那些彻夜鸣叫的昆虫
> 在为羞愧的名字而悲伤。
>
> 假如严寒过去春天也走近我的星星
> 如同坟头上绿草茵茵
> 刻下我名字的山坡上
> 青草也会骄傲地一派茂密吧。
>
> ——《数星星的夜晚》

这首诗的主体"我"一边望着秋天夜晚的星星，一边在思念着什么，处于一种伤感的状态。在这一瞬间，主体"我"正在尝试与他者——"母亲"进行对话。但是由于"我"的对话对象——"你"也就是母亲"在遥远的北间岛"，我清醒地意识到即使我呼喊母亲，母亲也无法回答。因为"就如那遥不可及的星星"，我所思念的东西也离我非常遥远，无法与他们直接进行对话。因此，才会更加遗憾，只能选择这种对话的方式，把自己的感情和想法告诉和自己关系最近的母亲。

一般来说，诗歌中的浪漫秋夜会让人们想起故乡的母亲和儿时的回忆（我们的读者至少也会有一次沉浸于这种浪漫的经历）。诗歌主体所展现出的面貌和普通人并无大异。"我"仰望着秋天夜晚的星星想到了"一颗星是回忆／一颗星是爱恋／一颗星是孤寂／一颗星是憧憬／一颗星是诗歌／一颗星是母亲，母亲"，并且也想到了小学时一起上学的"佩、镜、玉这些异国少女们的名字"。

这首诗的主体流露出极为浪漫和伤感的情绪，这种情绪表达使体验通过身体性得以具体化。通过这种身体性体验，主体可以细细回忆自己的人生。这里的回忆并不是只有美丽的回忆和伤感，就如为相隔甚远的"母亲"什么也做不了一样，只能作为懦弱的知识分子对自己羞愧地自我反省，① 所以"在为羞愧的名字而悲伤"，写下自己的名字再用泥土埋掉。在这个层面上尹东柱诗歌中的"我"也就是近代的主体，成为"伤感的主体"，他者——"母亲"也被作为了移入主体感情或者勾起主体感情的对象。

因此，对尹东柱来说，"满洲"是有母亲和友人的家乡，也是无时无刻不想回去、无时无刻不在思念的一片土地。"南方的天空下／有我温暖的故乡／母亲在的地方／就是我思念的老家"（《老家：在满洲这么叫》），"清澈的河水在掌心里流淌，清澈的河水在流淌，河水里有满含爱意的悲伤脸庞——美丽顺伊的稚嫩脸庞。少年着迷地闭上了眼睛。清澈的河水在流淌，满含爱意的悲伤脸庞——美丽顺伊的稚嫩脸庞。"这也是他和《少年》中迫不得已离开家乡的"顺伊"充满回忆的地方，一片记忆中的土地。

不管怎样，尹东柱在诗歌中所提及的家乡"满洲"，他再也回不去了。在朝鲜王朝末期，他很早就离开了朝鲜半岛，在吉林龙井定居生活。虽然把"满洲"看作是新生活的乐园，但他在世的时候都没能重回故里，只有在死后才被葬在故乡龙井。从这个意义上来说，在"满洲"定居的移民与为寻找身份认同挣扎的殖民地知识分子并无大异，就如尹东柱和平沼东柱的命运一样，相差无几。

（三）

白石（1912~1996）出生在平安道的定州，曾去日本留过学，毕业于东京的青山学院。1934 年回国，在其老乡——朝鲜日报社的社长方应模的帮助下，参与了《朝鲜日报》、《朝光》的编辑工作。1936 年，白石成为咸

---

① 尹汝卓：《自我反省的内面告白：尹东柱论》，《诗歌的争论与抒情诗的历史》，太学社，1995，第 258~273 页。

亨"永生高普"的英语老师，编辑了《女性》，1940 年成为伪"满洲国"经济部的一名职员，在"满洲"新京（长春）工作了一段时间后，1942 年又转移到了安东海关。解放后，白石在定州生活了一段时间后，在平壤定居。日本帝国主义的"皇民化政策"和伪"满洲国"的"五族协和"政策让诗人失去了自由的生活。诗人白石的"满洲"体验正是作为"他人"而流离颠沛的"流浪民的一生"。这一点体现在白石的诗作中，如：

很久以前我选择了离开

扶余、肃慎、渤海、女真、辽和金

还有那兴安岭、阴山、黑龙江和松花江

我离开了老虎、鹿和貉

欺骗了鳟鱼、鲇鱼和青蛙

我还记得白桦树和落叶松的悲伤

记得芦苇和菖蒲挽留的话语

我没有忘记鄂伦春族抓野猪为我摆酒席送行

更没有忘记通古斯族泪流满面对我的十里相送

那时的我

战胜了一切的悲伤和忧愁

无忧无虑懒懒散散地踏上了远方

在温暖的阳光下，穿着白衣，吃着香喷的饭，喝着甘甜的泉水，睡着舒服的午觉

夜晚被远处的蛙声惊醒

清晨向每一个路过的人鞠躬

但却对自己的羞愧全然不知

那时，石碑碎了，金银财宝被埋到地下，乌鸦也有了长长的家谱

回头追溯到远古

无法抗拒的悲伤和忧愁驱赶着我

我回到了亘古的土地——回到了生我养我的地方

可是太阳已苍老，月亮已消瘦，风已肆意，只有流云在魂不守舍地

游荡着啊！我的祖先，我的兄弟，亲朋好友，亲邻近友，我所思、我所爱，我所信，我为之傲的，我的力量。它们随风、流和岁月一起消逝。

——《来自北方，致郑玄雄》全文

这首诗简略地叙述了我们民族的移民史。虽然诗人很早就离开了"满洲"这片宽阔的土地，又移居到朝鲜半岛，但"夜晚被远处的蛙声惊醒/清晨向每一个路过的人鞠躬/但却对自己的羞愧全然不知"说明了生活得并不幸福。并且跨境而居的朝鲜民族并不能满足于基本的"衣、食"而过着心满意足的生活，相比之下他们的生活是劳累而困苦的。尽管如此，之前的"我"对这种人生并无羞愧之心。

如果，"无法抗拒的悲伤和忧愁驱赶着我"，引起了"我"对这段时间苦难生活的反省和觉悟，① 那就会"回到亘古的土地——回到生我养我的地方"。诗歌的主体——"我"的告白，使诗人把朝鲜民族的移民和流浪的历史等同于自己个人的流浪历史，即诗歌的主体"我"是想说明自己的体验与民族的体验相似的事实，以此来给自己的流浪体验赋予意义。

而且诗中的"我"，给"我的"朋友、画家、插画家的郑玄雄以寄信的方式来叙述自己的领悟和发现。虽然这首诗的对话对象"郑玄雄"是比其他对话对象更具体的他者，但却没有展现出他和普通读者的不同之处。也就是说虽然这首诗的主体试图以自己的方式与他者进行对话，但比起与具体化的他者的积极沟通，可以说是在和自己主观的想法和情绪进行对话。在这一点上，诗歌的主体"我"把"郑玄雄"作为一般化了的他者，可以说最终变成了"我"试图与读者进行对话。

由此可知，白石所经历的"满洲"依然是他乡。虽然这是从日本帝国主义手里重新夺回来的土地，但它再次成为不得不离开的他乡之地，即白石从他的"满洲"体验中没能找到使自己的人生发生新的变化的突破口，只剩下了"彷徨的主体"。② 为了寻找新的生活而来到了"新京"，可那是殖民地政府官吏生活的地方，这使他想要摆脱艰苦生活、归隐田园的梦想

① 李崇元：《遇见白石》，太学社，2008，第447~449页。
② 白石曾为女性、职业、生活问题苦恼过，旅行诗篇是确认这些苦恼的证据，不仅可以从这期间很多"评传"形态的文章中得到确认，而且也可以从最近出版的"评传"中得到确认。

（《归农》）破灭。在“满洲”羞愧的生活使他意识到了“今晚狭窄房间的白色墙壁上/不知怎地只见凄凉/这一堵白色墙壁上/有15度灯泡发出的微弱灯光/映出了面容苍老的无名氏的背影”的现实，最终他领悟到“我是为体味这世界上的贫穷、孤独和凄凉而生的”（《一堵白色墙壁》）。

最后他成了在很多地方流浪的流民，解放后只能再次回到家乡。家乡迎接诗人的态度，和诗人以前生活过的“满洲”并无两样。白石变成了“不知不觉间我失去了妻子/也失去了和妻子一起生活过的房子/与无微不至的父母、兄弟相隔甚远/一个人徘徊在某个风大的街角”（《南新义州有东方诗风邦》）这样的处境，他提到“某个木匠家铺着旧的地板/走近了一间房间”。在诗人离开苦难的家乡后，他无比彷徨，他所生活过的地方（首尔、日本、咸兴、“满洲”），对他来说都是他乡，是“贫穷、孤独、凄凉”的地方。他解放回国后，在北方定居下来，直到生命的尽头，我们无从知晓他生活的这片土地具体是什么样的。

四

20世纪初期，东亚处于动荡的时期。由于西方对东方的侵略，以及日本帝国主义对大陆的侵略野心，整个东亚地区都被卷入了战争的旋涡。朝鲜半岛和“满洲”处于东亚的中心位置，这两个地区都曾遭受日本帝国主义的殖民统治和半殖民（傀儡政府）统治。在这种情况下，韩国的近代文学只能将当时韩国社会所面临的课题——近代化与反对外敌进行形象化体现在文学上。但事实上，却没有充分地展现出与此相关联的特殊性。因为在日帝统治时期，韩国文学处于被殖民统治支配的状态，它需在殖民地宗主国允许的范围之内进行文学实践。

另外，作为东亚的文学，韩国近代文学可以在韩国人的“满洲”体验中找到韩国文学的其他形态，韩国文学的“满洲”体验及其形象化不仅可以对传统的帝国主义—民主主义理论具有意义，也可以在后殖民主义的层面上进行阐释。例如，从“属下”① 的观点来看，关于殖民地状态下的朝鲜、

---

① Gayatri Chakravorty Spivak 在《属下不能说话吗》（1988）中提出的具体化概念。Rosalind C. Morris：《属下不能说话：关于属下概念的历史反思》，泰惠淑译，《画雨》，2013。

半殖民地状态下的"满洲"的主体关系，以及在"满洲"作为相对支配者的朝鲜人，都可从这一观点上对其差异进行具体化研究。作为东亚共同体验的"满洲"，以及对这一体验的不同的文学形象化工作，事实上都具有重要的意义。

特别是对于20世纪30年代的"满洲"体验，可以从殖民地宗主国日本和日本文学的角度来探究其意义，即韩国、中国、日本的"满洲"体验，是在一定时期内，在同一个地方，生活、斗争、竞争与共享的共同体验（相比之下，对于日本帝国主义统治下的朝鲜的体验，是韩国和日本的共同体验）。这样共同的文学实践说明了现代东亚文学的特殊性，并将成为确认未来东亚共同价值的契机。

最后，通过提出东亚文学交流与合作的意向来结束本篇论文。现在东亚文学以韩国、中国、日本为代表，以共同的体验为基础，应该从影响和接受的垂直关系转变成水平的交流关系，并且东亚文学克服了帝国主义文学研究的"理论缺乏"，须在"差异理论"的观点上承认各国文学的多样性和价值。[1] 同时，东亚近现代文学也不应单纯地去接受西方近代文学，而应通过"扬弃"的吸收来树立新文学的传统。

（卢雪花、郑菲菲译）

---

① 尹汝卓：《批判性文化研究和现代诗歌研究方法》，载《韩国诗学研究》第18卷，韩国诗学会，2007。

关于朝鲜民主主义人民共和国
领袖形象创造文学的系统论研究

禹尚烈*

领袖形象创造文学①，可以视作由顶级作家为迎合朝鲜民主主义人民共和国国策或党的政策而进行的大量最佳水平的创作。"4·15"文学创作团以及《不朽的历史》丛书就是典型的例子。具体来说，系列长篇小说《不朽的历史》是金日成主席的传记，系列长篇小说《不灭的向导》从各个方面刻画了金正日国防委员会委员长的丰功伟绩史。近来，关于国防委员会第一委员长金正恩的文学形象化正在全面进行。翻开《朝鲜文学》的2014年第8期，映入眼帘的是《啊！8月25日》、联诗《接班人队伍向白头山行进》以及短篇小说《天、地与大海》等，这些都是其例。

领袖形象创造文学是朝鲜民主主义人民共和国文学的根基，撇开领袖形象创造文学，就无法探讨朝鲜民主主义人民共和国文学。领袖形象创造文学是一个复杂多维的文学形象，无法仅用个人崇拜或者偶像崇拜这类词语来断言之。其形成原理以及读者的接受原理是基于复杂的系统工程。由此可知，从系统论的角度对它进行分析是最恰当的研究方法。

众所周知，系统论并不是孤立地去观察某种现象，而是观察其构成要素之间的有机联系。文学是社会生活的反映，它离不开作家与读者。譬如说，文学—社会生活—作家—读者这几种要素构成了一个有机的循环系统。由此可知，在文学研究中系统论的视角和方法是行之有效的研究方法。

---

* 禹尚烈，延边大学朝鲜—韩国学学院朝鲜语言文学专业教授。
① 沿袭了朝鲜民主主义人民共和国的提法。

所谓的领袖形象创造文学系统，不能脱离朝鲜民主主义人民共和国这一特定的社会、共和国作家及读者等因素来理解。本文旨在通过这些因素的有机联系，理解和探析领袖形象创造文学的系统性。

一　社会结构

从公元前后的三国时代开始到 20 世纪末期，朝鲜拥有两千年的封建社会历史。封建社会用一句话来概括就是家长制社会。从家庭的层面来看，它形成了上有严父居于高堂，中有慈母照顾老小，下有孝子孝女围绕膝前的金字塔结构。从国家的层面来看，它形成了上有仁君主持大局，中有清官兼顾上下，最下层有百姓从令如水的金字塔结构。正如所看到的，家与国形成了相似的金字塔结构，国家可以看作是家庭的扩大和延伸，因此新罗乡歌《安民歌》很自然地唱出了君就是父，臣就是母，百姓就是子。但家长制社会都是家长独断专行的社会，严父、君主都是拥有最高权力的被神化了的存在，所以在家强调对父亲的绝对服从和侍奉，在外强调对君主的绝对服从和侍奉，这就形成了两个极端的社会结构，即至高无上的权威主义对战战兢兢的奴隶主义。这里的父或君、母或臣在潜意识及无意识中所形成的这种其乐融融的血缘家庭氛围，在所谓封建樊篱的社会结构中，被牢牢地结合在了一起。《安民歌》曾提到，君为父，如果君能爱民如子，百姓不会去别的地方，就会对君主俯首听命。这很好地诠释了他们之间的关系。因此，百姓在无意识的感动和共鸣中，认可了高高在上的国父、国母的权威，高喊"万岁、万岁、万万岁"。

马克思把这种现象概括为中世纪亚洲的全体主义和专制主义。政治层面上的亚洲全体主义和专制主义与欧洲的状况形成了鲜明的对比。从欧洲的情况来看，虽然原来骑士们的私人徒党渐渐发展成为国家的公共统治机构，但它并没有形成某种统一的、强有力的王权中心。它是在大一统破灭的情况下出现的具有独立性的区域性组织，它朝着地区分权制的方向发展，并推动了区域民主化的发展。从政治的层面来看，欧洲封建制度的特征是以骑士阶层为基础的地方分权统治制度，也就是说中央集权的全体主义和专制主义没能形成权威主义，欧洲城市国家的形成和发展说明了这其中的缘由。在中世纪的欧洲，象征罗马教会教皇神圣地位的教权与世俗王权的并存、合作以及相互牵制，使得中央集权的全体主义和专制主义的形成基础变得相当薄弱。用一句话来说就是，欧洲地方分权的平等和自由，促进了资产阶级近现代思想萌芽的产生和迅速传播。在亚洲，进入近现代以后，人们对具有浓厚资产阶级色彩的自由、民主、平等、博爱和个性的追求，使全体主义和专制主义受到了很大冲击并开始崩溃。在朝鲜王朝末期，受朝鲜社会内部资本主义经济要素萌芽的产生、发展，受"北学"、与西方文化的接触以及帝国主义列强强制开放门户的压力等因素的影响，朝鲜王朝非常被动地认识到历史的必然性，并为顺应历史潮流而不断努力。1884 年甲申政变的"三日天下"、1894年的"甲午更张"、1909 年的"光武改革"都是自上而下的改革，这三次旨在进行近代改革的运动与爱国志士自发的文化启蒙运动以及教育救国运动都详细地说明了上述现象。但由于日本帝国主义残暴的殖民吞并，朝鲜王朝孕育的现代化萌芽被扼杀在了摇篮里。这是因为在朝鲜的近现代史中，民族矛盾一直是社会的主要矛盾，它没有在清算亚洲的全体主义和专制主义上增砖添瓦，反而像是在推波助澜，帮助它成为民族的轴心。高宗皇帝的驾崩成为引发全民族抗日情结的导火索，1919 年爆发的"三一运动"，与其说是一场反封建的斗争，不如说是一场反殖民的全民族抗争。它与 1919 年中国爆发的"五四运动"形成了鲜明的对比。新文化运动的先觉者们打出了反帝反封建的民主和科学的旗帜，引起了整个中华民族情感上的共鸣，将"五四运动"推向了高潮。但因在日本帝国主义的殖民统治下，日本对朝鲜加强了像参拜神社、崇拜天皇等方面的奴化教育，并把朝鲜变成了它的后方基地，民主和科学这样具有真正意义的现代价值观在朝鲜难以确立，更加助长了腐朽的亚洲全体主义和专制主义。

　　1945 年光复以后，朝鲜民主主义人民共和国社会主义制度的建立，否定了封建的亚洲全体主义和专制主义，形成了具有新内涵的社会主义全体主义和专制主义。比如说，社会主义社会下的中央集权制专制主义、以公有制为基础的全体主义的形成。虽然封建的全体主义、专制主义与社会主义的全体主义、专制主义在外形上非常相似，但在本质上却有所不同。如果说封建的全体主义华而不实、带有虚伪性的话，那么社会主义的全体主义具有在根本利益一致的前提条件下能够发挥其巨大作用的内涵。在社会主义革命和建设的初级阶段，人民高昂的热情很好地说明了这一点。盲目的世袭和居于至高无上地位的君主的昏庸无能，使封建专制主义很容易被暴政动摇。相反，领袖自身卓越的领导力以及许多监督机关的设立，将社会主义专制主义与现代民主政治直接联系在了一起。在社会主义革命和建设的初级阶段，包括土地改革在内的各项民主改革以及绝大多数人民的大力支持说明了这一点。在朝鲜民主主义人民共和国，具有积极意义的全体主义，是通过领袖、党、大众团结一心的社会政治生命体来表现的，而具有积极意义的专制主义则是通过领袖作为社会政治生命体的首脑拥有至高无上的权力表现出来的。因此，整个社会的氛围就像是一个大家庭。从 20 世纪 60 年代开始，在朝鲜民主主义人民共和国广为传唱的"那天空蔚蓝，我的心快乐/弹起了我的手风琴/人们都如此和睦/我的祖国无限好/伟大领袖金日成元帅/党的怀抱就是我的家/我们都是那亲兄弟/世上无所羡慕"（《世上无所羡慕》，集体创作的歌曲），是对这个大家庭最好的诠释。从此意义来讲，我们可以充分地理解朝鲜民主主义人民共和国所强调的忠孝理论。立足于这种具有积极意义的全体主义和专制主义的大家庭氛围中，自然而然就会流露出对领袖的崇拜，它是领袖形象创造文学形成的根源。

二 聚则生，散则亡

朝鲜民族历代都在大国的夹缝中艰难生存。因此，与欧洲的许多国家相比，朝鲜不是一个特别小的国家，但却让人觉得非常孱弱和落魄。这是由其北与亚洲大陆相毗邻，东濒日本列岛，南与太平洋相通的地理位置所造成的，也许这就是一种宿命。令人深恶痛绝的外来势力的干涉和入侵比干旱或洪水这样的自然灾害更为频繁。在封建社会两千年的历史中，朝鲜出现了800～1000 次的外敌入侵，被入侵的频率可以说是两年一次，是世界上被侵略次数最多的国家。大规模战争就有古朝鲜时期的汉朝入侵、三国时期的隋唐入侵，高丽时期契丹、蒙古的入侵，李氏朝鲜时期的壬辰倭乱、丙子胡乱，近代列强在朝鲜半岛的钩心斗角，日本帝国主义的殖民吞并等，借用六堂崔南善的话来说，朝鲜人民的一生如果没有经历十次逃难那就算是幸福的。过于频繁的外敌挑衅使朝鲜民族无时无刻不在看强国的眼色，也使他们找到了应对这一情况的求生之道。这就是对外利用强国之间的力学关系，对内强调通过单一民族的血缘关系紧密地团结在一起，对内的内部团结是克服危机的关键。近代史上被日本帝国主义殖民吞并的教训就是一个最好的例证。早在 20 世纪 20 年代，在吉林的早期革命阶段，民主主义者专搞宗派、党派等派系分裂并进行舌战，为掌握领导权展开了一系列明争暗斗，金日成主席与民主主义者一起组织和上演了一场讽刺早期共产主义运动者的话剧

《三人一党》，我们可以从上述脉络中去理解这件事情。要形成内部团结，需要一个可以凝聚力量的向心力。这个向心力呈多种形态，它可以是一种理念，也可以是一种宗教信仰，但在朝鲜民主主义人民共和国，这个向心力就是领袖。早在1928年，金赫创作的《朝鲜的启明星》被公认为最早的金日成主席的颂歌，其副歌部分为"我们两千万同胞看到了启明星"，光复后在《金日成将军之歌》中，副歌部分是"啊！英明的将军，敬爱的金日成！／啊！伟大的将军，我们的领袖金日成。"

从最开始就塑造的金日成主席充满领袖风范的神化形象，展现出了全民族的希望所在。朝鲜民主主义人民共和国正以现任领袖为中心紧密地团结在一起，这其中一个具体的事例就是强调唯一思想。朝鲜民主主义人民共和国的领袖已经摆脱了某种个人的层面，升华为整个民族的象征。在共和国，像很多人所熟知的金日成主义、金日成民族、金日成—金正日主义，它们就是上述观点的最好例证。因此，能在关键时刻誓死拥护领袖精神可以成为枪弹和人体炸弹，并将其付诸行动的就是朝鲜民主主义人民共和国的人民。

如今在朝鲜，"聚则生，散则亡"的生活智慧最终使领袖成为凝聚民族力量的向心力和国家的象征，可以被看作是领袖形象创造文学的一个外部催化剂。

三 建国英雄待望论

人类从部落联盟进入国家时代的过程中，产生了许许多多的建国神话和传说。例如，朝鲜民族的檀君神话、朱蒙传说、朴赫居世传说等。随着人文的发达、神话意识的淡薄以及历史意识萌芽的产生，神话和传说演变成了英雄史诗，建国英雄成了英雄史诗中的主人公。

建国英雄作为一种原型，被深深地刻画在集体无意识之中，因此随时都会有英雄待望论崭露头角，尤其当一个国家或民族身处危机、遭受灭亡之痛时。不论是高丽时期李圭报创作的《东明王篇》，还是在李氏朝鲜末期面临外敌入侵时创作的英雄传、建国传，都是源于这种心理。因此，在一个国家建国的时候总会出现被叫作建国之父的英雄，像中华民国的孙中山、中华人民共和国的毛泽东、美国的华盛顿等就是其例。朝鲜民族在日本帝国主义的侵略下，遭受了长达36年的亡国之痛。这种情感不断地积累，久而久之在朝鲜人民的心中积累成了一种期望英雄来救国救民的情结，以致在光复前的

"满洲"地区盛传着关于金日成将军的传说。那么谁是朝鲜民主主义人民共和国的建国英雄呢？毫无疑问，那就是金日成将军。"满洲原野茫茫风雪，请你告诉我。/密密森林漫漫长夜，请你告诉我。/不朽的游击战士是谁？/绝世的爱国者是谁？/劳动人民解放者，我们的恩人/你是民主的新朝鲜伟大的太阳"。1945年李灿创作的《金日成将军之歌》可以算得上是他的代表作，它作为建国叙事诗的前奏，可以被看作是朝鲜人民的集体无意识中希望出现建国英雄情结的一种表达。[①] 紧接着，赵基天创作的长篇叙事诗《白头山》是对前奏的拓展。在解放空间上更具优势的朝鲜民主主义人民共和国的社会主义名分与构建国家的新中心——平壤，比任何时候都需要"绝世的爱国者""解放的恩人""伟大的太阳"，这样的建国英雄就是不死鸟。任何一种残酷的考验都是对死亡—再生这个原型主题的再现。对建国英雄的期望就是建立在这种死亡—再生的原型主题上的，它是朝鲜民主主义人民共和国的领袖形象文学的创作源泉。

四　皇帝情结的宣泄

中国的神话思想不久就消失了，取而代之的是历史思想的萌芽，在此基础上真正意义的人文得以发展。纵观文字的使用，从甲骨文开始算起，少说也有五千年的历史。春秋战国时期诸子百家思想，百花齐放，形成了中国文化的根基。

正所谓"水往低处流"，中国先进的汉文化也自然而然地流向了周边国家，就这样中国人潜移默化地形成了中华思想，最终形成了被广泛认可的汉文化圈，成为世界上最为重要的文化圈之一。由于地缘政治关系因素，朝鲜民族历来在政治、经济、军事、外交、文化等几乎所有方面都受到了中国决定性的影响。到了中世纪后期，朝鲜更是以小中华自居，展开了"事大主义"外交，对中国俯首称臣。翻开《朝鲜王朝实录》我们可以看到，就连朝鲜历代君主中最为贤明的世宗大王也主张"致诚事大"。虽然它是为谋取实际利益而展开的外交，"事大"只是个虚名，但不言而喻这是一个屈辱性的外交。连国王登基这种重要的国家大事也要一一向中国皇帝禀告，得到允诺才可以登基，堂堂的一个主权国家竟沦落到了这种境地，虽

---

① 中国的《东方红》与这首歌最为相似。

然很不情愿但却无能为力。中国的礼仪规范规定，朝鲜的君主不能叫皇帝，只能叫王，并且不能以万岁只能以千岁来给王祝寿。因此，在中世纪的汉文化圈，象征皇帝身份的图案也体现了这一点，如果说龙是象征中国天子的图案，那么凤凰就是象征朝鲜君主的图案。历代朝鲜国王都在正殿处理政事，在正殿的天花板上都会刻有凤凰的图案，这就是一个很好的例证。"我们为什么不能成为大国？我们的君主为什么不能叫皇帝？……"朝鲜民族"恨"的情结就此产生。李氏朝鲜中叶的风流才子林梯，非常忠心爱国，即使在自己临终之时，也不忘叮嘱子女不要为自己的去世而哭泣，要为朝鲜的弱小而悲伤，从他的逸事中我们可以看出，他含"恨"而终的情结。因此，民族的怨恨上升为朝鲜民族的一种集体无意识情结，他们无时无刻不在寻找宣泄之道。

1894 年清日战争（甲午中日战争）后，李氏朝鲜摆脱了长久以来的中国管控，通过 1897 年朝鲜国王高宗宣布朝鲜成为独立的大韩帝国以及皇帝登基、将教书改为敕书等一系列的举措实现了从王制向帝制的转变，之后又将高宗处理政务的勤政殿天花板上的凤凰换成了龙的图案，撇开这其中的隐情不说，这些行为都可以视为朝鲜民族的集体无意识情结的一种宣泄。高宗的驾崩无疑挫伤了这场宣泄。自发而来参加高宗葬礼的群众人山人海，葬礼现场瞬间变成了眼泪的海洋，这充分说明了这一点。光复以后，金日成主席成为朝鲜民主主义人民共和国历史上的第一位伟大领袖。朝鲜民族高喊着"万岁！万万岁！"，尽情地发泄了民族集体无意识的情结。朝鲜人民经常会说，托领袖的福我们成为世界上最幸福的人，有这样的领袖让朝鲜人民感到很自豪。我们也曾高喊"万岁！万万岁！"，为我们拥有这样的"皇帝"感到骄傲。我们来看一下金日成写的《妙香山之秋》中的主要诗句，"民族的尊严放异彩，毗卢雄峰闪光芒。/劳动党辟新时代，阳光灿烂百花放。……红叶织成锦绣图，谱写历史新篇章。/事大主义亡国恨，重重灾难岂能忘。/如今朋友遍天下，使者如云竟来访。/国史悠悠五千载，今日始享殊荣光。/锦绣江山三千里，传之子孙万代长"。正如所看到的一样，这里并不是"事大"或者卑躬屈膝，反而是"如今朋友遍天下，使者如云竟来访"，"今日始享殊荣光"！当然，从"伟大领袖金日成主席同志"这一称呼就可以看出，金日成主席是朝鲜人民在意识形态领域的同志般的领袖，但从消除民族情恨、宣泄集体无意识情结的角度来看，金日成主席无疑是世界上最好的"皇帝"。

因此，1994 年金日成主席的逝世，无疑使朝鲜人民的集体无意识的皇帝情结宣泄严重受挫，心中充满了难以名状的空虚、郁闷、惋惜之情，在金日成主席的葬礼上这种郁结于心的感情得以宣泄，于是整个朝鲜民主主义人民共和国变成了眼泪的汪洋大海。为了永葆金日成主席的永生面貌，朝鲜修建了锦绣山纪念宫殿及许多永生塔，它排解了朝鲜人民内心的空虚、郁闷和惋惜之情。金正日指出，"伟大领导金正日国防委员会委员长"将成为朝鲜民主主义人民共和国新的领袖，要固守社会主义阵地，并提出了不看别人脸色的"政治大国""强盛大国"的建设蓝图，要有堂堂正正与超级大国美国进行对抗的雄心等，这些都是新的民族集体无意识的皇帝情结的一种宣泄之道，至少可以把领袖形象创造文学视为朝鲜人民的皇帝情结的一种宣泄。

五　信任的对象

如果信仰马克思主义就会排斥宗教，因为马克思称宗教是精神鸦片。人是屡弱的，在生老病死面前无计可施，也无法预料下一秒会发生什么，突如其来的事故也让我们措手不及。

因此，人就会自然而然地感到人生如梦、世事难料，从而去寻找一种支点——信任。朝鲜民主主义人民共和国所信任的这个对象就是现实中的领袖。领袖的逝世使朝鲜人民陷入了极度的空虚之中，这有力地说明了这一点。在朝鲜，家喻户晓的歌曲《永远跟随您》唱道："对将军的信任矢志不渝，永远跟随您的领导。"在朝鲜经常会听到《没有你就没有祖国》①、《我们命运的守护神》、《风雨同行》等有点夸大其词的赞歌，现在也可以理解这其中的情结所在。领袖形象创造文学用生动形象的手法有力地刻画了这个被极度信任的对象。因此，随之出现了一些关于领袖形象创造文学的原则，例如，"领袖的形象成了艺术创作的中心，所有的形象要素都应集中体现领袖的伟大性"，以及"在塑造领袖形象的作品中，要最大限度地反映出对领袖的尊重和忠诚"等②。由于领袖本身就很伟大，所以领袖形象成为被信任的对象是实至名归的。从这个意义上来说，领袖形象创造文学就像是朝鲜人

---

① 《没有你就没有祖国》这是一首家喻户晓的歌曲，歌曲中所提到的"你"指的是金正日国防委员会委员长。

② 选自《金正日选集》一，朝鲜劳动党出版社，1992，第 301 页。

民的一部《圣经》，像摩西的《出埃及记》一样，里面记载了领袖带领朝鲜人民为夺取胜利所走过的光辉历程。

六 小作情结

朝鲜位于辽阔的中国大陆的边缘，在不知不觉中产生了"小"的意识。为了摆脱这种"小"的意识，朝鲜民族追求了很多"大"的东西。韩国的国名就叫作"大韩民国"，这在文学创作中被认为是摆脱"小作"情结的表现。从理论上来说，我们无法仅通过一首诗和一部长篇小说来评价其优劣。因为它们都有各自的优缺点，无法判断其价值的大小。因此，比起一首几行字的小诗，一般都高度评价一部字数庞大的长篇小说。纵观朝鲜和韩国的文学创作不难发现，长篇、大作甚至大河小说（大部头小说）不计其数。在韩国，如雨后春笋般涌现出了大量的大河小说，包括20世纪80年代黄皙暎的《张吉山》、朴景利的《土地》、赵延来的《太白山脉》和《阿里郎》等。从朝鲜的情况来看，朝鲜正在有目的、有意识地去追求"丛书"形式的大作。早在20世纪60年代初期，金日成主席在《要创作出更多的革命大作》（1963年11月5日）、《关于革命文学艺术的创作》（1964年11月7日）、《社会主义文学艺术论》等一系列文章中系统地阐述了革命大作创作的理论实践问题。他在这一系列的文章中指出，朝鲜已经出版了多本关于抗日武装战争参与者的《回想录》，但是基本上没有涉及抗日武装斗争或祖国解放战争的小说，[1] 需以革命大作的形式来进行这方面的创作。这可以被看作是与关于金日成主席的丛书创作直接相关的革命大作创作讨论的雏形。他还在《社会主义文学艺术论》（475页）中提到"我们需要革命的'大作'，革命大作向人们展示了革命的发展过程，在传授给人们革命斗争方式方面发挥了重要的作用"，并对大作的这一特性和社会效应进行了论述。1963年11月5日，金日成主席接见了以千世峰为代表的多名作家，强调要创作出更多的革命大作，同时也再次指出了在主题方向和美学实践方面所存在的问题。另

---

[1] 到1960年初为止，赵基天的长篇叙事诗《白头山》（1948年）、韩雪野的长篇小说《历史》（1953年）和《大同江》（1953年）、朴雄杰的《祖国》（1956年）、宋英的戏剧《秘密森林，请你告诉我》（1958年）形象化了金日成主席和他领导的抗日武装斗争、祖国解放战争，可以被视作是对大作的一种尝试。

外，1966 年 1 月，金日成主席在某一休养所，请来了千世峰等多名作家，与他们进行了为期 17 天的讨论，并花费两三个小时甚至五六个小时，给他们讲述关于革命文学建设方向和抗日武装斗争时期所存在的现实的生活素材。他积极引导了丛书的创作，帮助他们解决了原则性的问题并直接向他们提供素材，起到了积极的作用。随着金日成主席的革命大作理论的提出，当时朝鲜的很多评论家也针对大作创作展开了激烈的讨论。

例如，《革命大作的创作是时代的要求》序言（《朝鲜文学》，1964 年 4 月）对革命斗争的大作的定义做了说明，即革命的大作作为一幅长篇叙事诗画卷，是能够栩栩如生地再现这个时代的主人公形象的一种创作形式。《革命大作和构成技巧（二）》（严浩锡，《朝鲜文学》，1965 年 11 月 12 日），也对革命大作的创作主题及一些技巧性问题做了说明。《革命大作的成果和提出的几点问题》（严浩锡，《朝鲜文学》，1966 年 12 月）提出，虽然革命大作把有威望的人作为主人公，但也应展现出其"性格成长的历史"。虽然关于革命大作的讨论是在反映抗日革命历史的前提下开始的，但其结果是成为奠定领袖形象化的原则和方法的契机，最终归结为要以金日成主席为中心来进行"英雄史诗"的创作。《在革命传统主题下的大作创作中所提出的重要的思想、美学要求》（张刑俊，《朝鲜文学》，1967 年 9 月）和《革命大作的思想、美学要求》（严浩锡，《朝鲜文学》，1968 年 5 月）就是例子。例如，《在革命传统主题下的大作创作中所提出的重要的思想、美学要求》指出，革命大作所反映的革命历史是朝鲜革命的历史，也是共产主义运动发展的历史。又因金日成主席对这一过程发挥了主导性的作用，这一历史也可以被看作是实现他的构想、政治路线、战略以及战术方针的过程。金正日国防委员会委员长也指出："领袖的革命活动是领导我们的党和人民进行斗争的过程，应广泛地收录领袖的革命活动。"（《革命赞歌文学》，载仁庸：76）包括《不朽的历史》在内的一系列丛书具体地体现了这一点。综上所述，大作乃至丛书的创作是根据朝鲜在意识形态领域的追求来进行创作的。在这一基础上，以大作和丛书创作的形式来追求大量的最佳水平的文学创作，形成了不允许他人跟风的文学金字塔结构，它可以被理解为一种"小作"意识的宣泄。

七　文学工具论

包括中国在内的东方传统的文学观，都是一边倒的"文以载道""经世致用"的工具论，这是一种很容易失去文学真貌的实用主义文学观，因此，需特别强调文学的社会作用。社会主义社会强调集体主义和共同理想，这为东方传统文学催生新生命体提供了生根发芽的温床。社会主义导师列宁以"齿轮和螺丝钉"论对文学的附属性做出了定义，这也是促使传统文学观萌芽的催化剂。因此，前社会主义文学具有浓厚的工具论色彩。同样，朝鲜民主主义人民共和国的文学也不例外。

金日成主席和金正日国防委员会委员长尤为重视文学作品的创作。金日成主席的回忆录《与世纪同行》（1：209）中写道，他早年在茂松、八道的时候，就读了很多像《春香传》《沈青传》《李舜臣传》《西游记》等这些记载了以前生活的书籍，就读于吉林毓文中学时，读了很多包括马克西姆、高尔基和鲁迅在内的革命作家写的《母亲》《问俗》《铁流》《祝福》《阿Q正传》《鸭绿江边》《少年流浪记》等革命小说和一些记录当时现实生活的进步小说，在这些革命文学作品的影响下走上了革命的道路，每每回想起这段记忆都觉得意义重大。"后来，开始进行武装斗争，当遇到像行军这样的艰难考验时，回想起我在吉林读过的《铁流》这一类的革命小说，便从中汲取了无限的力量和勇气。文学作品对于人们世界观的形成产生了非常重要的影响，所以每当我见到作家们的时候，常常勉励他们要创作出更多的革命小说。现在我们的作家也正在进行大量的革命大作。"《金日成著作集》第18册（444页）这样写道："……以伟大的历史事件为线索，刻画出与朝鲜革命的发展一起在战争中成长的主人公的典型面貌，这难道算不上是一部大作吗？只有通过这样的作品才能使人们意识到革命的艰难曲折，才能用革命的浪漫主义来教育人民并给予监狱中的同志以精神鼓舞。"金日成主席也创作出了很多文学作品，阐述了关于革命文学建设和革命大作创作的相关理论，他还亲自翻阅了一些文学艺术作品并给予评价。例如，金日成主席指出了丛书作品的价值，价比金高，并随时关注它的创作。借用金正日国防委员会委员长的话（《光辉完成主体革命伟业》第一册：196）来说，金日成主席"从刚踏上革命的道路开始就把革命文学艺术看作是革命斗争强有力的武器，为发展符合革命要求和人民期望的革命文学艺术，积极地组织开展指导事业，在这个过程中开创了在文学艺术上熠熠生辉的革命传统"。金正日国防委员会委员长也在文学艺术方面具有浓厚的兴趣和非凡的资质，早在幼年时代就开始了文学创作，20世纪60年代，提出了领袖形象创造理论，20世纪70年代开始，领导"4·15"文学创作团，开始了文学作品的创作实践。金正日国防委员会委员长对于文学作品的社会作用和价值给予了高度的评价，他说：“一部革命史诗胜过千军万马。”① 因此，他强调“领袖是代表时代和人民大众的最典型的主体型共产主义革命家”，应该通过塑造领袖形象来使人们“了解他崇高的精神世界，被他伟大的精神风貌所感染并以他为榜样，向他学习”（《主体文学论》）。这样看来，领袖形象创造文学作为最高水平的作品，是追求最佳文学效用的产物。

综上所述，本文从系统论的角度，通过“社会结构”“聚则生，散则亡”“建国英雄待望论”“皇帝情结的宣泄”“信任的对象”“小作情结”“文学工具论”等系统要素对朝鲜民主主义人民共和国的领袖形象创造文学进行梳理，从而消减了单纯从社会政治的角度去理解领袖形象创造文学的片面性。②

从文学—社会生活—作家—读者这一系统论的角度来探析的话，上面所提及的社会结构、“聚则生，散则亡”属于社会生活方面的要素，而其他的要素则属于作家和读者方面的要素。系统论的基本观点指出，构成系统的每个要素并不处于对等的位置，它们之间存在主次之分。这就使在上述多个要素中，属于地缘政治要素的社会结构、“聚则生，散则亡”一跃成为最重要的因素。其次是现实的文学工具论要素，也发挥了举足轻重的作用。最后是建国英雄待望论、皇帝情结的宣泄、信任的对象、小作情结等要素。系统论的另一个主要观点是，构成系统的多种要素是有机的、相互作用的关系，以此来维持系统的生命力和活力。从这个角度来看，以上多种要素之间的有机联系，对领袖形象创造文学的形成和鉴赏做出了重要的贡献。对上述建国英雄待望论、皇帝情结的宣泄、信任的对象、小作情结等要素的分析可以看作是一种文艺心理学精神分析层面的研究。综上所述，在进行系统论的研究分析中，我们不排除跨学科视角和研究方法。一言以蔽之，本文只限于一种尝试。

参考文献

[1] 南锡雨：《领袖形象作品创作中的艺术虚构的活用问题（2）》，《金日成主席综

---

① 选自《光辉完成主体革命伟业》第 12 册：524。
② 在朝鲜和韩国文学中，这一视角的研究方法成为主要的研究方法。

合大学学报语文学》，2000，第 46 册。

［2］《使 20 世纪大放异彩的纪念碑名作——支撑领袖形象的新型史诗》，《朝鲜民主主义人民共和国文学》，2000。

［3］李金熙：《白头山三大将军形象上的新面貌——丛书〈不朽的历史〉中的长篇小说〈永生〉和短篇小说〈暴风雪〉》，《文学新闻》，2000。

［4］《关于领袖永生哲学的独特形象体系——再忆丛书〈不朽的历史〉中的长篇小说〈永生〉的形象画卷》，《文学新闻》，2000。

［5］朴龙学：《丛书〈不灭的向导〉中的长篇小说是我们党伟大性教育强有力的思想武器》，《劳动者》，2000。

（卢雪花、郑菲菲译）

图们江区域可持续发展的
国际法问题之考察

金　哲[*]

一　引言

（一）图们江区域的绿色增长和共同繁荣

1992 年，在联合国开发计划署（ United Nations Development Programme，
UNDP）的倡导下，中、俄、朝、韩、蒙五国共同启动了图们江区域合作开
发项目。当年，中国批准吉林省珲春市为边境开放城市，设立边境经济合作
区。接着，俄罗斯宣布符拉迪沃斯托克（海参崴）、纳霍德卡为自由经济
区，朝鲜宣布罗津、先锋为自由贸易区。

1995 年 12 月，UNDP 邀请中、朝、韩、俄和蒙五国签署了《关于建立
图们江经济开发区及东北亚开发协调委员会的协定》和《图们江经济开发
区及东北亚环境准则谅解备忘录》，为图们江地区经济合作发展和东北亚国
家长期深入合作提供了法律基础。经各方共同努力，目前项目自主开发进程
加快，在基础设施建设项目衔接、跨境运输、跨境旅游、跨境投资贸易等方
面取得了一定进展。

2009 年 8 月 30 日获国务院批复的《中国图们江区域合作开发规划纲
要——以长吉图为开发开放先导区》（以下简称《纲要》）明确了区域开发
的指导思想为"……以长吉图为开发开放先导区，立足图们江，面向东北

---

* 金哲，中国政法大学国际法学院副教授。

亚，服务大东北，全面推进图们江区域合作开发。坚持调整和优化产业布局，构建结构合理、技术升级的特色产业新体系；坚持保护与开发并举，探索资源节约、环境友好的开发新路子；坚持大胆创新和率先示范，建设富有活力、运行高效的我国沿边开放新机制；坚持统筹国内与国际合作，培育优势互补、互利共赢的联动发展新格局，努力建设我国沿边开放开发的先行区和示范区"。《纲要》的指导思想是，图们江区域开发是坚持"保护与开发并举""环境友好"型的绿色增长，摒弃了认为在经济发展的一定阶段，不得不忍受环境污染，只有当经济发展到一定水平时，才可能有效地去治理环境的传统思想。同时，国际合作是贯穿图们江区域开发开放的主线。

《纲要》在"五、大力推进长吉图参与图们江国际区域合作"部分中指出："（一）加快建设国际大通道畅通工程。（二）积极推进跨境经济合作区建设。（三）加强环境领域合作。（四）加快国际产业合作园区建设。（五）加强智力、文化和旅游等领域交流与合作。（六）创新图们江区域国际合作机制。"而图们江区域国际合作追求的是平等互利、睦邻友好、共同发展。《关于建立图们江经济开发区及东北亚开发协调委员会的协定》第一条"基本原则"规定："缔约各方重申，他们在东北亚特别是图们江经济开发区的合作是建立在各国政府增进互利，加强经济技术合作，为东北亚，特别是图们江经济开发区各国和人民谋求更快的增长与持续发展的共同利益基础上的。"

（二）对"可持续发展"的整体诠释

根据第 38 届联大 38/461 号决议，于 1984 年 5 月成立的世界环境与发展委员会于 1987 年公布了题为《我们共同的未来》的报告，该报告在"一、全球挑战（三）可持续发展"的标题下阐述了关于"可持续发展"的观点，根据报告的观点，"可持续发展"可以定义为：是既满足当代人的需要，又不对后代人满足其需要的能力构成危害的发展模式。[1] 这里的"当

---

① FromA42/427. Our Common Future：Report of the World Commission on Environment and Development（1987），Para 27（Humanity has the ability to make development sustainable to ensure that it meets the needs of the present without compromising the ability of future generations to meet their own needs. …）.

代人"指的是当代的全体人类而不是其中的部分人也不是部分国家的全体人。因此，可持续发展的社会不仅实现代际公平，更要实现代内公平，即当代一部分人的发展不应损害另一部分人的利益。可持续发展的外延从资源的可持续扩展到环境的可持续保护与利用，如今又扩展到社会的可持续发展。

2012 年 1 月 30 日，全球可持续性高级别小组（High Level Panel on Global Sustainability）向联合国秘书长潘基文提交了题为《人与地球的可持续发展：值得选择的未来》的报告，就如何落实促进可持续发展，并尽快将其纳入经济政策提出了 56 条建议。潘基文秘书长在报告发布仪式上致辞指出，促进可持续发展是目前社会、经济和环境的一个当务之急。潘基文说："可持续发展是我担任联合国秘书长第二个任期的首要优先事项。其原因显而易见：自然科学和经济学都告诉我们，目前的道路是不可持续的——生态系统处于压力之下，经济步履蹒跚，人类对资源的胃口持续增长。我们需要为未来指引一个新的、更可持续的航向，在保护地球的同时，增进平等并促进经济增长。可持续发展为我们改变航向提供了一个最佳机遇。"① 同年 6 月，联合国可持续发展大会的报告指出："我们认识到，消除贫困，改变不可持续并促进可持续模式的消费和生产，保护和管理作为经济和社会发展的基础的自然资源，是最重要的目标和可持续发展的根本要求。我们还重申有必要通过以下措施实现可持续发展，即促进持续的、包容的、公平的经济增长，为所有人创造更多的机会，减少不平等现象，提高基本生活水平，促进社会公平发展和包容性，促进综合与可持续经营自然资源和生态系统，而当保护、再生、恢复生态系统并面临富有弹性的新型的挑战时尤其支撑经济、社会和人类的发展。"②

如前所述，包括联合国在内的国际社会致力于可持续发展，而如何保障可持续发展也应包括在可持续发展的外延里面。通过国际合作实现"促进持续的、包容的、公平的经济增长……减少不平等现象……促进综合与可持续经营自然资源和生态系统"，需要不同体制与法治国家进行贸易、投资、人员的合作与交流，在这一过程中，可能产生意见的分歧和利益的

① 参见联合国官方网站：http：//www. un. org/chinese/News/story. asp？ newsID = 17118，检索日期：2014 年 9 月 12 日。

② Report of the United Nations Conference on Sustainable Development（Rio de Janeiro, Brazil20 – 22 June 2012），A/CONF. 216/16，p. 2.

冲突，这就需要在平等公正和尊重国家主权的前提下解决国际争端，以对话代替对抗。所以，为了实现图们江区域的绿色增长和共同繁荣，中、俄、朝、韩、蒙五国达成了共识："在有关该协议的解释及适用方面产生争议时，应相互磋商，以求根据联合国宪章，通过谈判或其他自愿的和平手段解决争议。"①

国际法视域下的图们江区域的可持续发展，大体上包括国际环境法问题、经济领域的国际法问题以及争端解决机制的问题。本文将从跨界的环境影响评价制度的引进、图们江经济发展中需要明确的若干国际法问题以及如何建构合理的区域争端解决机制的角度探讨图们江区域的可持续发展。

二 图们江区域跨界环境影响评价

环境影响评价（除特定法规名称以外，以下简称"环评"）作为法律制度，起源于美国国会 1969 年通过并于 1970 年 1 月 1 日生效的《国家环境政策法》（National Environmental Policy Act，NEPA）。② 一般来讲，"环评"是指对决策或项目实施后可能造成的环境影响进行分析、论证、预测和评价，提出预防或减轻不良环境影响的对策和措施，并进行跟踪监测的方法和制度。环评制度具体体现了环境污染预防原则，如果切实有效地得到实施，可避免"先污染后治理"的怪圈，并实现可持续发展，因而被誉为 20 世纪最成功的制度创新。而跨界环评是指，对于可能引起重大跨界环境损害的活动，行为来源国进行环境影响评价时，应当通知受影响国并允许其参与环评。在图们江区域开发中，作为互为邻国的中朝俄在该区域的开发决策或项目实施可能造成重大跨界环境损害。因此，有必要探讨引进跨界环评制度，而且图们江区域当事国也认识到了跨界环评的重要性。

1995 年 12 月，UNDP 邀请中、朝、韩、俄和蒙五国签署了《图们江经济开发区及东北亚环境准则谅解备忘录》（以下简称《环境备忘录》）。《环境备忘录》的宗旨为"实现东北亚特别是图们江经济开发区环境上健康可持续发展"。"鉴于此谅解备忘录的意图，图们江经济开发区应指此后附件 1

---

① 《关于建立图们江经济开发区及东北亚开发协调委员会的协定》第 3 条（3.6）。
② 参见美国《国家环境政策法》第 102 条（2）（C）。

中所描述的朝、中、俄的领土疆界内的那片区域①，经与其他缔约方协商并通知各缔约方可随时修订其范围。""各缔约方确认他们互相合作与协调来保护与改善本地区环境的意向，并且在不破坏任何缔约方、任何国家或国家管辖范围之外地区环境的情况下，在本地区开展各种开发活动。各缔约方将在指导国与国之间关系的国际法准则，特别是互相尊重各国主权与独立、平等、互利和睦邻友好的基础上履行此谅解备忘录。"

《环境备忘录》在"环境评价、调节及管理"方面对跨界环评做了原则性规定。跨界环评的前提就是让受影响国获取与环境影响有关的信息。所以，《环境备忘录》规定："缔约各方同意进行国内有协调的及共同的努力去收集、对照、共享、兼容及分析相关的环境标准和其他区域数据，辨别及弥补数据空缺。"《环境备忘录》对战略环评②也做了纲领性规定，这是值得称赞的进步，因为不少国家在国内环评制度方面还未引进真正意义上的战略环评。《环境备忘录》规定："缔约各方将进行联合（定期更新）区域环境评价（EA），对经反复研究的整体地区发展规划在当地、国家、区域以至全球的环境影响进行评价，并联合制度区域环境调节与管理计划（EMMP），以防止调节对环境的危害，基于区域环境分析及其他相关数据促进环境的改善。"《环境备忘录》对开发项目的环评方面规定："缔约各方将举办（或应

---

① DELINEATION THE TUMEN RIVER ECONOMICDEVELOPMENT AREA The River Economic Development Area basically consists of that terrain located within conceptual boundary lines drawn in from Chongjin in the Democratic People's Republic of Korea, through Yanji in the People's Republic of Nakhodka in the Russian Federation. The Tumen River Economic Development Area specifically incorporates Rajin-Sonbong Free Economic and Trade Zone in the Democratic People's Republic of Korea, the Yanbian Korean Autonomous Prefecture in the People's Republic of China, which includes the Special Economic Zones of Yanji and Hunchun, and Vladivostok and the Free Economic Zone of Vostochny, and Primorsky Krai tows and ports south of those cities, in the Russian Federation.

② 战略环评制度产生于美国 1969 年的《国家环境政策法》。该法案提出"在对人类环境质量具有重大影响的每一项建议或立法建议报告和其他重大联邦行动中，均应由负责官员提供关于该行动可能产生的环境影响说明"。20 世纪 70 年代中期，欧美其他国家开始将环境影响评价的应用扩展到战略层次。20 世纪 80 年代末，战略环评开始被全世界广泛接受，作用于战略实施全过程（政策、计划、规划、项目），新的环评体系逐渐形成。

邀举办）一次具体项目的'环境评价'并准备（或应邀准备）一次具体项目的'环境调解及管理计划'，是针对该区域任何具有重要潜在环境影响的发展项目的计划，这一具体项目的'环境评价'及'环境调节管理计划'的准备工作将由项目所在地的缔约方领导并将包括其他受影响的缔约方专家。"还规定："缔约各方进一步就相互间协调与合作达成协议，以确保在该地区的开发规划活动中考虑到该地区的成果及具体项目的'环境评价'，并履行区域的及具体项目的'环境调解及管理计划'。"《环境备忘录》还要求"所有的'环境评价'及'环境调节及管理计划'将按照国际承认的程序和原则来进行。"

目前，在跨界环评领域国际承认的程序和原则集中体现在《跨界背景下的环境影响评价公约》（Convention on Environmental Impact Assessment in a Transboundary Context，以下简称《埃斯波公约》或《公约》）。《公约》于1991年通过，1997年9月10日生效。该《公约》是第一个以环评为中心的国际公约。经过2001年第一次修订，《公约》开始允许其他非欧洲经济委员会的联合国成员国加入，截至2014年9月14日，已有45个成员（包括欧盟），① 中、朝、俄、韩、蒙均不是成员国，俄罗斯虽然于1991年6月6日签署该《公约》，但是至今未批准。但是，《环境备忘录》规定的跨界环评只是原则性的规定，缺乏可操作性，而且《环境备忘录》既然要求所有的环评按照国际承认的程序和原则来进行。所以，有必要分析《埃斯波公约》，一方面在实际跨界环评中可以引用有关条款，另一方面为构筑图们江自身的跨界环评提供借鉴。

《公约》第1条将拟议活动定义为："不仅包括新建的或计划中的项目，还包括对原有项目进行重大改变的活动。"然而《埃斯波公约》并没有界定什么是重大改变，也没有说明评判环评应该在何种特定情况下适用的标准，但是《公约》的附件1列举了开发项目清单（List of Activitie）。跨界环评程序适用的门槛不仅限于《公约》附件1中所列的各种开发项目类型，由于很难对重大影响做出定量的评判，因而《公约》采取两种方式决定一项活动是否会产生重大影响，一是列举必定会产生重大环境影响的项目，二是提倡缔约国之间就特定的项目进行探讨和协商。当一国进行边境活动时，将必

① 联合国官方网站：https：//treaties. un. org/Pages/ViewDetails. aspx? src = TREATY& mtdsg_ no = XXVII – 4&chapter = 27&lang = en，2014 年 9 月 14 日访问。

要的信息通知相邻国家，并提交公约委员会，在委员会的参与下协商认定项目是否会产生重大影响。[1]《公约》对"影响"和"跨界影响"也做了明确的界定。[2]

《公约》的主要内容还包括：来源国对受影响国的通知义务以及受影响国决定是否参与环评的程序；跨界环评资料提供及公开义务；跨界环评书的制定（环评书应当包括对拟议项目的内容、目的、替代方法、对环境可能产生的影响、潜在影响、严重程度、缓解措施等内容）；协商义务（项目来源国与受影响国通过协商研究减轻或消除不利影响的措施）；公众参与程序；争端解决机制（附件7具体规定仲裁程序）等。2004年《公约》通过第二次修改，允许受影响的各方适当地参与确认环评项目范围（活动清单）等。

《公约》的一系列要求使一些国家认为实施该制度会有损国家主权、影响国家独立，可能对跨界环境影响评价制度产生排斥心理。所以，有必要研究和分析《公约》在实际的运用当中是否损害了行为国的主权，也可以通过实际案例分析预判将来图们江区域跨界环评实践中可能出现的问题。适用《公约》规定实施的跨界环评案例包括意大利和克罗地亚之间的管道案（2004年3月）、Vidin（保加利亚）与Calafat（罗马尼亚）横跨多瑙河大桥案（2004年12月）、靠近瑞士的法国Thonon-Annemasse路案（第3号）（2008年8月）、法国和瑞士边界的Chancy-Pougny水电站案（2008年8月）、芬兰核电厂项目案（2009年3月）、芬兰扩建核废料储存库计划案（2009年3月）等，这些案例值得我们深度研究和分析。

---

① 参见宋欣《埃斯波公约：跨界环评法律制度的先锋公约》，《中国律师》2011年第5期，第82页。

② 公约第1条规定：（vii）"Impact" means any effect caused by a proposed activity on the environment including human health and safety, flora, fauna, soil, air, water, climate, landscape and historical monuments or other physical structures or the interaction among these factors; it also includes effects on cultural heritage or socio-economic conditions resulting from alterations to those factors;

（viii）"Transboundary impact" means any impact, not exclusively of a global nature, within an area under the jurisdiction of a Party caused by a proposed activity the physical origin of which is situated wholly or in part within the area under the jurisdiction of another Party.

三 图们江区域合作开发的若干国际法问题

(一) 主权问题

主权平等原则是现代国际法最根本的原则，可以说其他国际法基本原则均是从该原则派生出来的。联合国大会于 1970 年全体成员国一致通过的《关于各国联合国宪章建立友好关系及合作之国际法原则之宣言》（简称《国际法原则宣言》）规定："各国一律享有主权平等。各国不问经济、社会、政治或其他性质有何不同，均有平等权利与责任，并为国际社会之平等会员国。主权平等尤其包括下列要素：（a）各国法律地位平等；（b）每一国均享有充分主权之固有权利；（c）每一国均有义务尊重其他国家之人格；（d）国家之领土完整及政治独立不得侵犯；（e）每一国均有权利自由选择并发展其政治、社会、经济及文化制度；（f）每一国均有责任充分并一秉诚意履行其国际义务，并与其他国家和平相处。"

在地缘政治环境复杂的图们江区域，各国的规模有大有小，实力有强有弱；既有市场经济国家，也有计划经济国家，还有正由计划经济向市场经济过渡的国家；有开放程度高的国家，也有追求独立自主的国家。各国政治、经济、社会和文化制度不同，开放度不一，加上朝核问题的存在、区域外国家的干预等，主权问题非常敏感。在这种环境下开展区域合作，消除一些国家的担忧、解决成员国间的分歧，对图们江区域合作而言是非常关键的。

各国在参与图们江区域合作中，基于国际法和国家主权，对国家主权自愿地进行自我限制，是促使该地区合作富有成效的客观需要，对于区域合作的发展具有特别重要的意义。"为了使区域经济集团内经济贸易得到共同发展，各国必须赋予集团一定的权力，以便进行经济上的协调，甚至制定统一的经济贸易政策和法律。这同时也意味着成员国对自己的经济主权做出相应的自我限制。只有这样，集团内才能建立起良好、统一的制度和法律秩序。当然，这种限制是自愿和主动的，其目的在于通过暂时的、局部的限制，获得长远的、全局的经济利益。"① 主权自我限制原则具体体现在成员国立法权、司法权和经济管理权的限制。简而言之，在图们江区域合作中，一方面

---

① 刘世元：《区域国际经济法研究》，吉林大学出版社，2001，第62页。

应坚持主权原则，另一方面各国应对主权进行自我限制或者说让渡部分主权，处理好主权独立和主权让渡的关系。①

（二）国民待遇问题

从国家主权原则出发，国家对于境内的一切人和物都享有属地优越权，外国人亦不例外。外国人一旦进入一国国境就处于该国的属地优越权之下，要服从所在国的管辖，遵守所在国的法令。所在国则要保护外国人的生命财产安全和合法权益。国民待遇是指一个国家对外国自然人（或者法人、商船等）在某些事项上（如在民事权利方面）给予与本国自然人（或法人、商船等）同等的待遇。

在实践中，国民待遇有可能为经济上强大的国家所利用，作为一种占据竞争优势地位的工具。所以，处于经济弱势或开放程度不高的国家一般不会给予外国人国民待遇，例如 2011 年修订的朝鲜《罗先经济贸易区法》第 1 章"罗先经济贸易区的基本"中第 5 条规定给予投资者在土地使用、用工、纳税、市场准入等方面优惠的经济活动条件，并在第 7 章"鼓励及优惠"中原则性规定了各种优惠条款，② 但是只字未提"国民待遇"。所以，中国在与朝鲜协商谈判外国人待遇问题时，应尽量从非歧视待遇、互惠待遇的角度争取和维护中国经贸人的合法权益。除朝鲜以外，中、俄、韩、蒙四国均为世界贸易组织成员，四国相互之间适用 1947 年的《关税及贸易总协定》，在其第 3 条"国内税和国内法规的国民待遇"的基础上，可以通过协商谈判扩大国民待遇的范围。

（三）区域合作框架协定的制定问题

关于图们江区域合作的法律文件仅有 1995 年在 UNDP 总部纽约签署的《关于建立图们江地区开发协调委员会的协定》、《关于建立图们江经济开发区及东北亚开发协商委员会的协定》和《图们江经济开发区及东北亚环境准则谅解备忘录》。而 2005 年的《大图们江区域合作成员国长春协定》和

---

① 参见陈金涛、刘亚军、胡晓静、吴留戈《大图们江区域合作的法律研究》，《经济研究导刊》2009 年第 20 期，第 184~185 页。

② 《朝鲜民主主义人民共和国罗先经济贸易区法》，法律出版社（朝鲜平壤），2012，第 3 页。

《2006～2015 年大图们江区域合作战略行动计划》、2007 年的《符拉迪沃斯托克宣言》、2009 年的《乌兰巴托宣言》、2010 年的《长春宣言》、2011 年的《平昌宣言》、2012 年的《符拉迪沃斯托克宣言》、2013 年的《乌兰巴托宣言》等国际文件并没有规定当事国的权利义务，只是没有法律拘束力的未来蓝图或宣言。

基于图们江区域合作的环境、历史和现实以及合作目标，建议将来缔结《图们江区域合作框架协议》，对图们江区域合作的宗旨、政治风险的预防、合作基本原则、关税与贸易、投资及征收条款、环境保护、能源合作、交通（物流）合作、旅游合作、争端解决机制等事宜做出原则性规定，待时机成熟的时候，再就需要深入、细化的合作事宜进一步协商，签订具体的合作协定，如《图们江区域自由贸易协定》等。

四　图们江区域争端解决机制的构筑

众所周知，任何实体法都需要相应的程序法来保障其有效实施，无论是世界贸易组织（World Trade Organization，WTO）建立的一整套国际贸易规则，还是中国—东盟自由贸易区（China and ASEAN Free Trade Area，CAFTA）的一系列贸易协议，都需要一个有效的法律机制来保障这些规则、协议的执行。[①] 图们江区域的国际合作也不例外，无论是区域内的环境保护还是经贸往来，在可持续发展过程中发生的争端都应当通过外交方式以及司法方式和平解决。

在构筑图们江区域争端解决机制方面，具有代表性的各类既有争端解决机制具有重要的借鉴意义。其中，WTO 争端解决机制的司法属性较强，由于 WTO 成员方众多，其制度设计上也较为精细，程序较严谨。对于刚刚起步、松散的图们江区域合作来讲，引进 WTO 争端解决机制成熟的司法程序不太现实，但是我们可以借鉴 WTO 的争端解决机制的法理基础。

《北美自由贸易协定》（North America Free Trade Agreement，NAFTA）争端解决机制采取的是分散型的争端解决机制，并由不同机构分别管理，《北美自由贸易协定》并没有制定统一的争端解决机制，而是针对不同类型

---

① 沈四宝：《论〈中国—东盟全面经济合作框架协议争端解决机制协议〉》，《上海财经大学学报》2006 年第 8 卷第 1 期，第 34 页。

争端的各自特点设立了不同的争端解决程序，采取了分散型的争端解决机制。综合《北美自由贸易协定》的规定，其共设计了六套争端解决程序，不同的争端解决程序的设置理念也各不相同。投资、反倾销与反补贴程序，强调由司法性较强的专家组做出裁决，这体现了明显的法治精神；而政府间争端和劳工、环境等问题的解决则强调磋商这种政治方法。针对不同类型争端的特殊性分别设立争端解决程序，有利于问题的解决。① 虽然图们江区域的争端解决机制至少在现阶段无法采取分散型专业机制，但是不同领域的争端解决机制的特性可以在相关条款中有所体现。另外，NAFTA 还允许私人参与争端解决程序。依传统国际法，国际争端解决程序仅对主权国家开放，个人要对外国政府提起控告，则必须请求本国政府行使外交保护权。② 但是到了现代，1965 年签订的《解决国家与他国国民间投资争议公约》已经允许外国投资者在"国际投资争端解决中心"（The International Center for Settlement of Investment Disputes，ICSID）中以个人名义对东道国提起仲裁。图们江区域合作中突出的风险就是政治风险，将来在东道国的征收、汇兑限制、政府违约等方面应当允许外国投资人参与争端解决程序。

CAFTA《争端解决机制协议》（即《中国—东盟全面经济合作框架协议争端解决机制协议》的简称）规定了多种争议解决方式，强调了仲裁的特殊作用。为了妥善解决争端，《争端解决机制协议》规定可以利用多种方式来达到这一目的。《争端解决机制协议》规定，争端各方可以通过谈判、调解或和解、仲裁等方式来解决争端。这种多元化的做法有利于争端各方灵活利用各种方式来解决它们之间的争议，而不拘泥于争端解决的形式要求。特别是仲裁所具有的一裁终局性、时间限制等特点使其具有较大的法律约束力，使争端解决机制的效率得到保障，做到了有针对性地设计争端解决机制，实现了原则性和灵活性的统一。③ CAFTA 争端解决机制与 WTO、NAFTA 的机制相比，明显要简化得多。也许，现阶段图们江区域的争端解决机制更应借鉴程序相对简单的 CAFTA 的谈判、调解或和解、仲裁机制。

---

① 费赫夫：《北美自由贸易区争端解决机制：一个独特的争端解决模式》，《南华大学学报》（社会科学版）2006 年第 3 期，第 74 页。

② Patricia IselaHansen，"Judicialization and Globalization in the North American Free Trade Agreement," Texas International Law Journal，2003，Vol. 38，Iss. 3，p. 490.

③ 沈四宝：《论〈中国—东盟全面经济合作框架协议争端解决机制协议〉》，《上海财经大学学报》2006 年第 8 卷第 1 期，第 34 页。

五　结语

可持续发展是指在保护环境的前提下既满足当代人的需求，又不损害后代人需求的发展模式。图们江区域要实现可持续发展，必须坚持绿色增长和共同繁荣。1992 年，在 UNDP 的倡导下，中、俄、朝、韩、蒙五国共同启动了图们江区域合作开发项目，至今，在基础设施建设、跨境运输、跨境旅游、跨境投资贸易等方面取得了一定进展。但是总的来讲，图们江区域合作开发还是雷声大雨点小。究其原因，有国际政治的因素（朝核问题的未决以及朝鲜半岛双方的对立），有经济发展水平的因素（图们江区域处于中俄的边缘地区以及产业化水平不高），有凝聚力缺位的因素（各自为政，各自为战，缺乏共识），也有相关法制不完善的因素（区域合作框架协定及争端解决机制的缺位）。其中，合作开发的停滞不前与区域合作协定的不完善相互影响，相互作用。区域合作协定体系的构建能够保障经贸合作的安全，并且可以吸引更多国际资金以及跨国公司的投资，而合作水平的提高又可以为合作协定的构建及完善创造坚实的物质基础。

在构建国际区域合作协定方面，既有的各类模式为图们江区域合作贡献了很多可资借鉴的内容。通过探讨图们江区域跨界环境影响评价的完善，包括主权的部分让渡、国民待遇的落实、合作框架协定的制定等与开发有关的国际法问题，以及图们江区域争端解决机制的构筑问题，希望有助于推进构建合作框架协定的进程，而加快合作框架协定的进程又必然促进区域的全方位合作。

中朝执法合作规制探析

——基于罗先经贸区的立法实践

王军有　韩万里[*]

一　罗先经贸区发展历程简介

罗先经济贸易区位于朝鲜东北部罗先特别市，面积约 470 平方公里，已有 20 多年的开发历史。1991 年 12 月，朝鲜在靠近朝中、朝、俄边境的罗津、先锋地区设立自由经济贸易区，简称"罗先经贸区"。该区域充分发挥区位优势，力争以基础设施、产业园区、物流网络、旅游合作开发和建设为重点，发展原材料加工业、装备制造业、高新技术产业、轻工业、服务业、现代绿色高效农业等产业，成为朝鲜先进制造业基地和东北亚国际物流中心、区域性旅游中心。2010 年 5 月，时任朝鲜国家最高领导人金正日访华，与中国国家主席胡锦涛，就中朝共同开发和共同管理朝鲜罗先经济贸易区和黄金坪、威化岛经济区达成共识。同年 11 月 19 日，中朝两国政府正式签署了《关于共同开发和共同管理罗先经济贸易区和黄金坪、威化岛经济区的协定》，形成了中朝合作开发最基本、最具法律约束力的纲领性合作体系框架文件。2011 年 12 月 3 日，朝鲜最高人民会议常任委员会通过了新补充修订的《朝鲜民主主义人民共和国罗先经济贸易区法》[①]，2012 年 9 月正式颁布实施，该基本法的出台，奠定了中朝罗先经区执法合作的重要基石。

---

[*]　韩万里，中朝罗先经贸区管委会税务局局长；王军有，延边大学法学院教授。

①　以上信息来源于商务部国际贸易经济合作研究院：《对外投资合作国别（地区）指南——朝鲜》，第 37 页。

二 罗先经贸区中朝执法合作机制现状

罗先经贸区是中朝两国战略合作项目，合作模式与运行机制主要体现在三个层面：一个是国家层面的合作，由中方商务部牵头会同朝方对外贸易省成立中朝合作联合指导委员会，负责中朝两国间重大合作事宜的谈判磋商与决策指导，为两国执法合作打下了基础，明确了基本方向；另一个是省道层面的合作，吉林省人民政府与罗先特别市人民委员会成立中朝罗先经贸区工作委员会，是中朝罗先经贸区的立法主体，不定期召开联合会议，负责联合指导委员会谈判结果与决策事项的贯彻推进工作；第三个层面的合作，是中朝罗先经贸区工作委员会的执行机构——中朝罗先经贸区管委会，由中朝双方人员组成，是立法的次主体和补充，主要负责贯彻执行联合指导委员会和工作委员会决策事宜与中朝罗先经贸区的开发建设。自组建以来，罗先经贸区管委会通过常务会议和主任办公会，研究决定重大事项，推进日常工作，建立了平等参与的决策机制、指导机制和合作机制，在此基础上，着眼于罗先经贸区立法框架体系的建立与完善，致力于探索中朝区域执法合作机制，着力从法制层面推动与保障中朝罗先经贸区的持续发展与稳定繁荣。

（一）中朝执法合作的平台构建

吉林省人民政府中朝罗先经济贸易合作区领导小组办公室（简称为"吉林省政府罗先办"）和中朝共同开发和共同管理罗先经济贸易区管理委员会（简称为"罗先经贸区管委会"）是罗先经贸区的指导管理机构。罗先经贸区管委会的性质为在中朝罗先经贸区负责管理运营产业园区和指定区域的当地管理机构。罗先经贸区管委会管辖范围为由罗先市人民委员会根据经贸区开发总规划移交事权的区域。随着罗先经贸区分期开发推进，罗先经贸区管委会的管辖范围逐渐扩大。罗先经贸区管委会在管辖区内拥有投资、开发、建设、管理的自主性。罗先经贸区管委会由委员长、常务副委员长、副委员长、秘书长、总会计师等必要人员组成。相关部门的工作经验丰富并掌握专业知识的我国或外国人员可担任罗先经贸区管委会成员。罗先经贸区内企业或其他经济组织的人员不准担任罗先经贸区管委会成员。罗先经贸区管委会委员长、常务副委员长、副委员长、秘书长，按照干部管理权限，由各自省干部管理部门任命或解职，同时，征求对方国家相应领导机构意见。罗先经贸区管委会设立经济发展局、行政事务管理局、规划建设局、财政局、税务局、港务事务管理局等部门。罗先经贸区管委会需要新设立或取消部门，经罗先经贸区管委会常务会议讨论，报吉林省人民政府中朝罗先经济贸易合作区领导小组批准。①

（二）中朝执法合作的权力来源——中朝双边协定及朝鲜关于特殊经济区域相关立法的授权

2010 年 11 月 19 日，中华人民共和国政府与朝鲜民主主义人民共和国政府签署了《关于共同开发和共同管理罗先经济贸易区和黄金坪、威化岛经济区的协定》，该协定旨在进一步发展两国传统友好合作关系，致力于两国人民的共同利益，在平等互利的原则基础上，将两国经济合作关系推向新的阶段。为此，双方决定共同开发和共同管理罗先经贸区和黄金坪、威化岛经济区。同时，该协定第三条第一款规定，双方在两个经济区分别设立实际负责该区管理工作的共同管理机构，这一规定为罗先经贸区的中朝执法合作提供了法定依据，且该依据的性质为两国之间的双边条约。

2011 年 12 月 3 日，朝鲜最高人民会议常任委员会通过了新补充修订的《朝鲜民主主义人民共和国罗先经济贸易区法》；2012 年 9 月，做了补充修订，并颁布实施；2013 年 9 月 12 日，中朝罗先经贸区又发布了《罗先经济贸易区管理委员会运营规定》，此后，又发布了《罗先经济贸易区管理委员会运营规定实施细则》，为中朝双方通过罗先经贸区管理委员会实现执法合作，创立了更为具体的运行机制。

（三）中朝执法合作的法律手段——中朝双边条约及朝鲜国内法

罗先经贸区属朝鲜特殊经济区域，作为朝鲜领土一部分，朝鲜国内法对其具有当然的域内效力，在罗先经贸区的管理方面，虽言以中方为主导，但毕竟是在朝方国内进行的，一切执法行为应当遵循朝鲜的法律。朝鲜方面制定的基本法律及罗先经贸区自身制定的相关法律规定都是罗先经贸区管委会执法的依据，如在规范投资活动方面，有《外国人投资法》、

---

① 以上内容源自《罗先经济贸易区管理委员会运营规定》。

《合营法》、《合作法》、《外国人企业法》、《外国投资企业和外国人税法及实施规定》、《外国人投资企业高新技术引进规定》、《外国投资银行法》、《外国投资企业登记法》、《外国投资企业会计法》、《外国人投资企业破产法》、《外国人投资企业财务管理法》等；在规范贸易活动方面，有《贸易法》、《加工贸易法》、《海关法》等；在其他相关法律方面，有《外汇管理法》、《涉外民事关系法》、《涉外经济仲裁法》、《劳动法》、《外国人投资企业劳动规定》、《环境影响评价法》、《土地租赁法》、《刑法》等；在特殊经济区域法律规定方面，有《罗先经济贸易区法》、《罗先经济贸易区管理委员会运营规定》、《罗先经济贸易区开发规定》、《罗先经济贸易区企业设立及运营规定》、《罗先经济贸易区外国投资企业劳动规定》等。

三 罗先经贸区中朝执法合作存在的问题

（一） 执法合作协调机制尚需进一步完善

由于中朝罗先经贸区这种执法合作模式对于两国来说是史无前例的，国际上又尚无较为成熟的先例可借鉴。因此，中朝双方在执法合作过程中面临很多问题，只能"摸石头过河"，逐步探索推进。另外，虽然中朝两国同属社会主义国家，在历史、文化、地理环境等方面有诸多共同点，但两国仍在政经体制、文化体制、投资环境、法制环境等多方面存在差异。目前，执法合作机制仍很不成熟，协调机制仍需完善。

（二） 执法合作所需的法律依据尚需健全

在罗先经贸区的中朝执法合作过程中，执法合作的实现需主要通过法律手段。目前，虽然朝方在基本法层面上有较为全面的法律体系可供执行，但适用于罗先经贸区的立法有限，罗先经贸区为实施上位法而制定的具体规定、细则、准则也基本上处于起步阶段，尚未构成完整的立法体系。截至目前，罗先经贸区仅通过了《罗先经济贸易区管理委员会运营规定》《罗先经济贸易区开发规定》《罗先经济贸易区企业设立及运营规定》《罗先经济贸易区外国投资企业劳动规定》四部规定，很多方面尚待继续推进具体立法的完善。

四 完善罗先经贸区中朝执法合作的措施

(一) 丰富执法合作内涵，坚持实质平等公平原则

在中朝两国确定的合作机制框架下，协调推动落实好双方协议和2014年6月25日两国联合指导委员会秘书长在平壤会议上确定的任务，全面深化推进罗先经贸区开发建设和自身建设，使罗先经贸区开发建设和管委会工作更好推进，进一步丰富中朝关系内涵。从法理学的视角来看，应确立罗先经贸区执法合作的价值理念。应遵循法益权衡原则，将罗先经贸区的运作发展建立在中朝双方以及各方当事人的利益平衡点上，实现互利共赢。从伦理学的角度来看，罗先经贸区执法合作应遵循最大的最小值规则，合作应建立在中朝双方以及各方当事人基于事实上的平等，突破形式上的平等，即在分配社会合作所产生的利益方面，始终从最少受惠者的立场来考虑。从心理学方面来看，只有通过呼吁各方经济主体以实现经济利益来实现更高质量更高水平的公平，并以法律的规范把此理念纳入法制轨道，以法律的形式确定稳固下来，才能实现市场经济主体利益的最大化，最终形成良性的循环系统，推动社会健康有序地向前发展。

(二) 多层面加强执法合作，完善和谐的工作氛围

首先是加强国家层面的合作。加大中朝双方联合指导委员会工作的推进力度，定期召开联合会议，研究指导推动中朝战略合作事宜。其次是积极推进省道层面的合作。受联合指导委员会的指导，积极推进中朝双方工作委员会的工作，不定期召开联合会议或开展互访，研究落实指导委员会会议决议或合作目标规划法等事宜。再次是罗先经贸区管委会中朝双方的合作。作为工作委员会的执行机构，中朝罗先经贸区管委会在领导班子分工上，由中方出任管委会主任，朝方出任常务副主任。中方另外派出三名副主任，朝方派出一名副主任，一名秘书长。罗先经济区管委会分工采用"AB角"，中方主任分管的业务由朝方安排一名主任协管，反之亦然。在内设机构设置上，目前，罗先经贸区管委会内设经济发展局、规划建设局、港务管理局等六局二办。每个局由中朝双方各派一名局长。在经费保障上，由于目前罗先经贸区管委会还没有财政收入，通过从吉林省财政借款，保证了罗先

经贸区管委会正常运转。在团队文化建设上，罗先经贸区管委会经常举办丰富多彩的文体活动，有利于中朝双方同事在积极参与过程中，增进了解和互信，加深友谊和感情。每逢朝方重大纪念日，中方也积极参与其中。适逢春节等传统节日，朝方往往携家属与中方人员共度佳节。通过日常沟通与广泛交流，双方能够在一定程度上克服文化差异，为中朝执法合作奠定了基础。

（三）完善立法，推动建立健全执法合作机制

首先，应当逐步探索建立健全罗先经贸区实体法律规范，为中朝罗先经贸区执法合作奠定基础。要尽快制定罗先经贸区的立法规划，分步骤分期限完善立法。特别是在制定立法规划时，应对与执法合作密切相关的国际经济法等重点关注，并优先安排；同时，还应当注意的是，罗先经贸区所有的相关立法活动要与上位法相符合，不能违背上位法的规定，应当始终注意其在朝鲜国内法体系中的地位，注意法律的位阶关系。

其次，要逐步探索完善罗先经贸区程序法，为执法合作创造条件。建立健全执法案件移送受理与处理及证据相互确认转化相关法律法规。建立健全行政执法定性与定量法规。建立健全行政执法程序推定制度。建立健全行政执法案件与司法案件移送处理及证据转化相关法律。

再次，要积极发挥中方在完善立法过程中的建设性作用。由于我国在特殊经济区域立法方面已经有了一定的经验。因此，在进行罗先经贸区相关立法过程中，应当以中方为主导，就重大问题，经由中朝双方反复磋商谈判，达成一致。截至目前，罗先经贸区管委会组织选调了吉林省直有关厅局和驻省中直有关部门领导干部赴罗先经贸区管委会任职，组建罗先经贸区管委会有关合作开发的内设机构。中方在充分研究、深刻领会《朝鲜民主主义人民共和国罗先经济贸易区法》的基础上，积极与朝方有关部门共同研究制定了 18 部下位法草案，并已将部分草案陆续交付朝方。同时，罗先经贸区管委会已经着手组织制定经贸区的相关法规，出台了经贸区开发建设、企业登记设立等四个方面的下位法。在与朝方平等协商，充分交换意见的基础上，罗先经贸区管委会制定颁布了管委会运行管理、项目建设招投标、采购管理等三个管委会法规。罗先经贸区管委会还分别为中朝双方聘请了常年法律顾问，全程参与重大事项决策和日常事务管理，用法律手段规范、落实和推动管委会的管理和决策，共同推进中朝合作开发事业。

参考文献

［1］商务部国际贸易经济合作研究院：《对外投资合作国别（地区）指南——朝鲜》，2013。

［2］杨春科：《关于联合执法的参考》，《行政法学研究》1996 年第 3 期。

［3］《朝鲜民主主义人民共和国罗先经济贸易区法》《罗先经济贸易区管理委员会运营规定》《罗先经济贸易区开发规定》《罗先经济贸易区企业设立及运营规定》《罗先经济贸易区外国投资企业劳动规定》。

经济合作中的劳动法律环境与朝鲜民主主义人民共和国外国人投资企业劳动法律制度

〔朝鲜〕 金明玉[*]

为了满足经济发展的需求，顺应国际合作的趋势，今天，朝鲜民主主义人民共和国持续发展对外贸易，同时以合营合作的外国投资方式扩大其对外经济关系。

有利的劳动法律环境是实现国家之间经济合作的重要保障。

确保有利的劳动法律环境意味着对于能够确保企业获得稳定高利润的劳动法律制度予以确立并趋于完善。

换句话说，它是指有关外国人投资企业的劳动法律制度，在有利的投资条件、原则下，解决劳动力雇用与解雇、劳动力组织、劳动力管理、劳动报酬与劳动保护、劳动时间和休息、职工的社会保险与社会保障、企业内劳动关系当事人之间发生的劳动纷争等所有劳动关系问题。

只有确立外国人投资企业劳动法律制度，才能完善外国投资关系法律制度，创造有利于投资的劳动法律环境，积极发展对外经济关系。

我国政府积极保护并鼓励外国人投资，为了创造有利于投资的法律环境，制定并颁布了许多法律法规，作为其事业的一环，政府还确立了外国人投资企业劳动法律制度。

社会主义朝鲜的缔造者，伟大领袖金日成同志做出指示，"在完全平等互惠的原则下，我们鼓励并保护外国投资人在共和国境内的投资，保障其合法权益，制定并颁布外国人投资法等相关法律。"（《金正日全集》第94卷：

---

* 〔朝鲜〕金明玉，金日成综合大学法律专业教员博士、副教授。

266）

当资本输入国将其他国家的资本作为一定的输入对象时，输入其他国家资本的企业在朝鲜民主主义人民共和国被称作外国人投资企业，其中包括合营企业、合作企业及外国人企业。

《朝鲜民主主义人民共和国外国人投资企业劳动法》（简称《外国人投资企业劳动法》）是规定在合营企业、合作企业及外国人企业工作的劳动者的劳动生活与劳动关系的法律。

依据《外国人投资企业劳动法》，与本国的工厂和企业不同，在朝鲜民主主义人民共和国境内的外国人投资企业工作的劳动者的劳动生活和劳动关系应受到该法的规定。而依据该法设立的与外国人投资企业劳动相关的、稳固的体系即是外国人投资企业劳动法律制度。

外国人投资企业劳动法律制度的法律基础是《朝鲜民主主义人民共和国社会主义宪法》。

《朝鲜民主主义人民共和国社会主义宪法》第 37 条规定，国家鼓励我国机关、企业、团体与其他国家法人或个人的企业进行合营合作以及在经济特区进行各种企业创建运营活动。该规定给予共和国境内的外国投资活动以宪法保障。

外国人投资企业劳动法律制度的法律基础还包括《朝鲜民主主义人民共和国外国人投资法》《朝鲜民主主义人民共和国合营法》《朝鲜民主主义人民共和国合作法》《朝鲜民主主义人民共和国外国人企业法》等。

这些法律综合规定了合营企业、合作企业、外国人企业等形式的外国人投资企业的创建及其所有经营活动，同时，它还规定了有关企业内劳动力组织和劳动力管理的原则问题。

外国人投资企业劳动法律制度中最为基本的法律是《朝鲜民主主义人民共和国外国人投资企业劳动法》和《朝鲜民主主义人民共和国外国人投资企业劳动法实施规定》。

这是首次制定并实施的外国人投资企业劳动规定。该规定于 1993 年 12 月 30 日首次通过，于 1999 年 5 月 8 日、2005 年 1 月 17 日得到修改。

之后，朝鲜于 2009 年 1 月 21 日制定了《朝鲜民主主义人民共和国外国人投资企业劳动法》，并于 2009 年 4 月 27 日制定了《朝鲜民主主义人民共和国外国人投资企业劳动法实施规定》。该法全面、具体地规定了外国人投资企业劳动问题的解决原则和方法。

贯穿于朝鲜民主主义人民共和国外国人投资企业劳动法律制度的原则有以下三点：

第一，要有效保障企业的经营活动。

如果说外国投资者的目的是通过投资获取利润，那么，我国旨在通过投资促进国家经济与科技的发展。《外国人投资企业劳动法》体现有效保障企业经营活动的原则，尊重并实现双方的共同利益。

它集中表现为：除去自然灾害等不可抗力因素之外，不可将外国人投资企业的劳动力投入到与企业生产经营活动无关的其他工作。另外，签订劳动合约解决有关劳动报酬问题时，将充分反映当事人双方的要求，不能仅依靠某一方的要求。

第二，实现劳动关系当事人的双方平等。

劳动关系当事人双方平等是指外国人投资企业的管理层和企业职工在法律地位上的平等。只有实现权利与义务的平等，当事人双方才能同时以企业主人的身份，共同参与企业的经营事业，顺利解决企业经营过程中出现的所有问题。

只有在解决劳动力雇用、劳动合约的签订、劳动报酬、劳动保护、职业同盟的地位和作用等所有问题时，才能具体体现朝鲜民主主义人民共和国外国人投资企业劳动法律制度的平等原则。

第三，贯穿于朝鲜民主主义人民共和国外国人投资企业劳动法律制度第三个原则，也是根本原则是维护企业职工的权益。

《外国人投资企业劳动法》全面体现了在谋求企业有效经营的同时，要全力保障职员的权利与利益的原则。该原则体现在与职工解雇、职工劳动保护、社会保险和社会保障相关的法律规定上。

外国人投资企业劳动法律制度中重要的是有关劳动力保障的制度。

有关外国人投资企业劳动的法律法规首先要解决的正是有关劳动力保障的问题。

《外国人投资企业劳动法》制定了劳动力保障原则，即除了特殊的劳动力之外，创建于共和国境内的外国人投资企业所需劳动力均由共和国提供，同时不允许雇用 16 岁以下的未成年人。

《外国人投资企业劳动法》规定企业所在地的劳动行政机关应承担保障企业所需劳动力供给的义务，根据外国人投资企业提出的劳动力保障申请书，相关劳动行政机关应于 30 天内保障劳动力供给，该劳动行政机关保障的劳动力应由外国人投资企业雇用。如果雇用对象不符合雇用标准，也可不予雇用，必要时，法律将保障外国人投资企业雇用其他国家劳动力，尊重并满足投资者在解决劳动力问题上的要求。

与职工解雇相关的法律明确规定，职工在劳动力雇佣期结束或退休之前，用人单位不能单方解雇。如需解雇，需规定与职业同盟组织之间的协商义务，同时对解雇与不能被解雇的情况都需做出明确的规定，以此保障职工的权利。

外国人投资企业劳动法律制度中的劳动报酬制度是十分重要的。

正确支付劳动报酬，系统地增加劳动报酬，无论性别和年龄对相同的劳动给予相同的报酬，这些均是外国人投资企业劳动报酬制度所贯彻的原则。

《外国人投资企业劳动法》规定，劳动报酬包括工资、津贴、补贴和奖金。该法律规定中央劳动行政机关或投资管理机关制定最低月工资标准，补偿职工在劳动过程中消耗的体力与精力并保障其生活。同时，法律具体规定外国人投资企业需支付职工休假津贴和生活补助，对职工的休息日劳动、加班以及夜间工作支付津贴和奖金。

外国人投资企业劳动法律制度中有关职工的劳动条件保障制度也是十分重要的。

有关劳动条件的规定中最重要的是劳动时间。

《外国人投资企业劳动法》规定，外国人投资企业职工的劳动时间与我国职工的劳动时间相同，根据劳动的劳累程度与特殊条件，可制定短于规定时间的劳动时间。受季节影响的部门，可根据实际情况，在年劳动时间范围内制定不同的劳动时间。

外国人投资企业保障职工在节假日和周日休息，不得已在节假日或周日工作时，应保障一周之内予以调休，同时，法律规定每年给予职工 14 天的定期休假，给予女性 150 天的产前产后休假，对于从事重体力劳动和有害劳动的职工，给予 7~21 天的补休。

劳动保护问题是劳动条件保障中存在的重要问题。

《外国人投资企业劳动法》规定，企业在安排职员接受劳动安全技术教育之后允许其从事作业，在生产与组织作业之前，企业应具体了解劳动安全状态，及时清除有害于职员生命和健康的危险因素并保障生产，同时企业应完善劳动安全设施和劳动卫生设施，保护女性职工，充分供给劳动保护物资，在作业过程中发生职员死亡、负伤、中毒等事故时，应及时制定相关治疗措施。

外国人投资企业劳动法律制度中关于职工的社会保险与社会保障制度是十分重要的。

《外国人投资企业劳动法》保障在外国人投资企业工作的职工和在我国机关、企业、团体工作的劳动者享有同样的国家社会保险和社会保障。

依据法律，在外国人投资企业工作的共和国职工，由于疾病或负伤等原因失去劳动能力或超过退休年龄无法工作时，应享有国家的社会保险和社会保障。换句话说，在丧失劳动能力的情况下，他们能够获得补助金和退休金并享有静养、休养、参观、学习等各种优惠待遇。

外国人投资企业劳动法律制度中具有重要影响的制度是与职业同盟的地位与作用有关的制度。

外国人投资企业的职业同盟指的是维护并代表职工权益的组织。

外国人投资企业需与职业同盟签订劳动合约，并有义务履行劳动合约。

劳动合约应阐明有关职工执行作业课题的问题以及有关保障职工劳动生活权益的内容，其中包括劳动时间、休假条件、劳动条件、生活条件保障、劳动保护、劳动报酬支付、奖惩问题等。

在我们敬爱的金正恩同志的光辉领导下，朝鲜民主主义人民共和国国力正日益强大，吸引了越来越多的外国投资者，他们希望与我国进行经济合作与技术交流。

最近，我国政府正扩大经济特区建设并实施有关经济特区的劳动立法措施。

如今，《金刚山国际观光特区劳动规定》（2012年12月3日）、《罗先经济贸易区劳动规定》（2013年9月12日）、《经济开发区劳动规定》（2013年12月12日）等具有一定法律效力，保证了经济特区内有利的劳动法律环境。

在完全平等与互惠的原则下，持续发展对外经济关系是朝鲜民主主义人民共和国一贯坚持的对外经济政策。

我确信我国将会不断改善并完善投资环境与法律环境，积极为国际合作与发展做出贡献。

（卢雪花、顾敏译）

金日成综合大学继 2010 年之后新发掘的
高句丽时期遗址遗物

〔朝鲜〕 李光熙*

伟大的领袖金日成同志做出如下指示：

"文化遗址遗物是以实物展现我国悠久历史文化发展的珍贵依据，它体现了我们民族创新智慧和悠久的生活习俗。"（《金日成全集》第 8 卷：395）

金日成综合大学在发掘并研究我们民族历史上最强大的国家——高句丽的文化发展过程中取得了辉煌的成就。

今天，我将介绍继 2010 年之后金日成综合大学新挖掘出土的高句丽时期的主要遗迹。

一　大城洞坟群的发掘

大城洞坟群位于平壤市大城区大城洞。

朝鲜中央历史博物馆于 2004 年 8 ~ 10 月发掘壁画墓（34 号），2008 年 10 月 ~ 2010 年 11 月，金日成综合大学对其进行了全面的调查与发掘。

从大城山城里的北将台北部延伸出来的山脉向西分裂出两座丘陵，而大城洞高句丽古坟群正坐落于此。

于其中一座丘陵上，以 1 号墓为中心，东部 3、4 号墓，西部 2 号墓，西南部 12 号墓，南部 7、8、9、10 号墓，北部 5、6 号墓紧密地分布于方圆 100m 范围之内。

---

* 〔朝鲜〕李光熙，金日成综合大学历史系科学部副主任、副教授。

另一座丘陵上，以位于丘陵顶峰的 15 号墓为中心，13、14、16、17、18、19、20 号墓位于其东部，22 号墓位于其东南部，23、26 号墓位于其南部，28 号墓位于其西部。

坐落于此的著名高句丽古墓，从外部来看，全部被泥土覆盖，从内部构造来看，分为没有墓道设施的墓（竖穴式墓）和有墓道设施的墓（横穴式墓），它们在具体的构造和形式上有所不同。

没有墓道设施的墓（竖穴式墓）：5、6、14、23、28 号墓。

有墓道设施的墓（横穴式墓）

——于羡道南部建有门的墓或与墓道墙面直连的墓：7、9、10、13 号墓。

——墓道倾斜于一侧的墓：2、15、16、17、19、20、22、26、34 号墓。

其中 34 号墓是唯一一个画有壁画的墓。虽然很难了解壁画的内容，但是通过如同大鸟羽毛的图案，可以猜测它是四神图或是人物风俗图与四神图。

——墓道位于墓中心的墓：3、4、8、12 号墓

对大城洞古坟群里发掘的古坟年代进行了初步的鉴定，可以测出古坟大概修建于 2 世纪至 6 世纪。

在大城洞古坟群里发掘出很多文物。

文物中大致有陶瓷、棺钉、瓦片及部分人骨、马骨、贵金属制成的装饰物。

陶瓷是褐色、灰色系的陶片，属坛子类。

棺钉是顶部被制成蘑菇模样的典型高句丽棺钉。

瓦片呈赤红色，下面印有细绳纹路，是修建墓穴的一种建筑材料。

在大城洞古坟群新发掘出的中间嵌有藤条花纹的金耳环和小环头刀装饰物等一些珍贵的贵金属装饰物，可谓是此次发掘取得的最大的成果。

嵌有藤条花纹的金耳环出土于 7 号墓。7 号墓墓穴内并排建有三个构造和大小几乎一样的墓室。金耳环遗物出土于东侧墓室，东侧墓室长 3.7m，宽 0.98m，高 0.9m，是一个仅能容下一个棺的小墓室。

金耳环遗物由纯金制成，重达 9.87g，是由粗环式（太环式）的基本环和悬挂于下方的垂吊物，以及连接它们的连接环构成。

金耳环最引人瞩目的地方是，在其球形的中间装饰物以及与它相连的小

圆形连接环上均刻有一些华丽的花纹，这些花纹均来自镂金和雕刻技巧。

中间装饰上的花纹是呈 ∞ 字型延展的藤条花纹，一般由 2 个盛开的花朵和 3 个花蕾构成。

小的圆形连接环上刻的花纹是三叶文，通过雕刻技巧刻于环的两侧。

从耳环的形态与刻于中间装饰上的花纹的发达程度等方面来看，可以推测出该耳环大约设计于 5 世纪中叶。

34 号墓出土了一些十分贵重的遗物，其中包括环头刀装饰物、由小金环制成的正六面体装饰物，以及中间较粗、两边较窄的棺模样装饰物。

二　小环头刀装饰物

两个形态相同，大小不同的装饰物。其中一个保留了较好的形态，刀把尾部附着刻有三叶文的椭圆环。这个椭圆环的长直径是 19.5mm，短直径是 15.2mm，它较好地保留了铁表面镀银的痕迹。椭圆环和刀把的连接处套有一个银板制成的扁平椭圆环。该环的长直径是 16.5mm，短直径是 14.3mm。

刀鞘口处有一个扁平的椭圆银环，其长直径是 13.9mm，短直径是 13.5mm。

该银环里套有一个更小的银环。

小银环内插有单刃刀形状的刀片，两边向下伸延出长铜线。通过分离银环和刀刃，我们可以了解到，将刀刃插入刀鞘之后，再插入铜线可以使刀刃无法移动。

另一个小环头刀装饰物仅保留了很少一部分。刀把尾部装饰环的长直径是 16mm，短直径是 12mm，与其连接的扁平银环的长直径是 12mm，短直径是 11mm。

刀刃是单刃刀，刀尖部分仍保存了下来，而且附有一个扁平的银环。有趣的是银环中间有一个能够贯穿刀尖的孔，孔上钉有一个固定钉，目的是防止刀脱离刀鞘。

在大邱市达西 55 号伽倻墓等伽倻与新罗的坟群中挖掘出土的环头长刀刀鞘上也附着同样形状的遗物，由此我们可以推测出它的作用。

通过与之前出土的遗迹和出土于伽倻墓的刀相比，就可以推测出该遗物的整体尺寸。

较大刀的长度约为 20cm，较小刀的长度为 15~16cm。（通过对比，从出土于伽倻墓的刀可以推测出该遗物的长度约为刀环长直径的 10 倍。)

该文物没有实用价值，纯属装饰物。两把刀虽然具备刀的完整形态，但是无法从刀鞘中拔出，因此，可以猜测它是无法使用的装饰物。

三 由小金环制成的正六面体装饰物

该文物的制作方法是先将直径为 1mm 粗的金线制成直径为 3mm 的圆形环，再将圆形环粘贴成正六面体形状。

相关研究认为，该文物是耳环的中间装饰物。同样是高句丽时期文物，在大城区安鹤洞和安鹤宫址周边出土的粗环式耳环上也有相同的中间装饰物（《朝鲜遗址遗物图鉴》，朝鲜遗址遗物图鉴编纂委员会，1990：275），在出土于新罗的黄南洞坟群南侧坟和黄南洞 110 号墓的粗环式耳环，以及出土于伽倻的昌宁校洞 12 号墓的环式耳环中都可以找到类似的中间装饰物。

因此，可以推测出该文物是大城洞 34 号墓墓主使用过的耳环上的中间装饰物。

四 中间较粗、两侧较窄的棺模样装饰物

该文物长度为 0.9cm，中间部分直径为 0.4cm，两侧尾部直径为 0.2cm。该文物延较长方向贯穿有一个直径为 0.1mm 的孔。以前，在平城市地境洞 1 号墓和集安太王陵中，与许多其他装饰物一起发掘过很多类似文物，因此，可以猜测它是悬挂于某个特定地方的装饰品。

从 34 号墓的构造和具体形状来看，该文物的年代约为 4 世纪。

发掘于大城洞 34 号墓的贵金属装饰物具有很高的学术价值。

到现在为止，小环头刀装饰物大多出土于伽倻和新罗的坟群。但是，对于高句丽坟群来说，就只有在中国集安麻线沟 1 号墓出土过位于刀把尾部的三叶文环。这可引起对附有小环头刀装饰物的环头长刀来源的各种猜测。但是，继麻线沟 1 号墓之后，在大城洞 34 号墓发掘出能够推测其较为完整形状的文物，这一事实为有关环头长刀来源的见解提供了有利依据。

学界认为，出土具有华丽装饰的武器装备的伽倻和新罗坟群修建于 5 世纪初。

因此，可以确信，在高句丽为统一三国而南下之时，附有该装饰物的环

头长刀流传到了伽倻和新罗。

在高句丽遗址中曾挖掘出由小金环制成的正六面体装饰物，而该文物是在能够清楚了解年代的壁画墓中被发掘的，因此，可以更加确定，具有类似中间装饰的耳环来源于高句丽时期。

五　西山城（赤头山城）

金日成综合大学于 2011～2012 年对位于平壤市万景台区域船内洞的西山城（赤头山城）进行了调查、发掘与研究，最新发现表明在高句丽时期，西山城是平壤的保卫防御城。

普通江流淌于平壤城外城，而西山城（赤头山城）坐落于普通江对面的西山上。（图 3：西山城位置图）

西山城（赤头山城）向东距离平壤城外城城墙约 800m，向南距离大同江和普通江的交汇处约 500m。

现在，在山陵线等部分地区仍可找到西山城城墙痕迹。

西山城（赤头山城）始建于高丽时期。

这一事实可以通过后代的文献记录和常发掘于西山城的高丽时期瓦片得以证实。

最初于《新增东国舆地胜览》发现了有关赤头山城的建城记录。依据《新增东国舆地胜览》，赤头山城由泥土修建，位于平壤江西部，方圆 5100 尺，高 11 尺。（《新增东国舆地胜览》卷 51，平安道，平壤府，古迹条。）

此次发掘了新的高句丽遗址。

其中包括四棱锥城砖、赤红色瓦片、褐色和灰色系陶瓷等。

在城墙下面和东城墙南侧各出土了四块城砖，它们被精巧地加工成典型的高句丽四棱锥城砖。

在城头和城墙发掘了很多高句丽时期的赤红色瓦片。

其中母瓦上印刻的花纹有细绳花纹、四线格花纹、芦苇花纹、棱形花纹、火花花纹、沙松叶花纹和驳船花纹。这样的母瓦常见于大城山城和平壤城等高句丽时期遗址。这说明西山城（赤头山城）修建于高句丽时期，而不是高丽时期。

通过研究此处出土的遗物可以进一步了解西山城（赤头山城）具体修建于高句丽哪一时期。

新发掘的城砖的加工方式和形状比例与平壤城城砖几乎一致。

西山城（赤头山城）城砖的前面部分经细致加工呈凸起状。该城砖与平壤城城砖十分相似，但它不同于大城山城城砖，大城山城城砖前面部分被大块取出，加工较为粗糙。

通过研究城砖前侧的形态比例，可以推测出其修建的时间。

概率统计资料显示，西山城（赤头山城）城砖前侧的长宽比例约为1∶1.68。

大城山城城砖前侧的长宽比例为 1∶1.22，而平壤城城砖前侧的长宽比例为 1∶1.89。（《考古学中信息技术的使用》，科学与百科辞典出版社，2011∶89）

由此可知，出土于西山城（赤头山城）的八块城砖的形态比例接近于平壤城城砖。

通过观察此处出土的高句丽瓦片上的花纹，可以得知西山城的修建年代。

母瓦片上的花纹主要用于大城山城周边都城建造时期，但是其使用量并不多。其中四线格花纹、棱形花纹、火花花纹等大多流行于都城迁移至平壤城之后。

这表明西山城（赤头山城）与平壤城几乎建于同一时期。

高句丽于 6 世纪中叶建立了平壤城，对于高句丽为什么要在复杂多变的时期迁都并修建平壤城这一问题，我们可以通过研究该城的位置来进一步了解。

西山城（赤头山城）与平壤城外城相距不远，仅隔一条普通江。

平壤城防御力最弱的部分是外城，外城城外的平地与西山城（赤头山城）隔江相望，敌人可渡江于此展开军事活动，十分危险。

从西山山顶向下俯瞰，可以一览平壤城外城，这是当时军事活动中不容忽视的高度警戒区。实际上，当时的平壤城北城墙修建了数百米高，旨在将能够一览外城的最胜台顶峰划入城内。

如果在西山建城，军将驻守军事要地，一览平壤城，了解情况后可前后夹击沿大同江逆流而上跃进普通江的敌军以及在外城城外平地上展开军事活动的敌军。

因此，在对面西山建立保卫防御城，即西山城（赤头山城），目的是加强平壤城外城的防御能力。

西山城（赤头山城）是守护高句丽平壤城的保卫防御城，它的发掘为研究 6 世纪时的高句丽文化提供了又一宝贵的依据。

427 年，高句丽迁都平壤之后，建立了坚固的卫城防御体系，保卫大城山周边都城。其中，位于大同江下游方向的清岩洞土城和位于大同江上游方向的高芳山城都是保卫防御城。学界也进行了多次讨论，却几乎没有任何言及 586 年高句丽迁移至新平壤城后如何建立保卫都城防御体系的相关内容。

这次对西山城（赤头山城）的发掘和研究为开展关于新平壤城防御体系的研究奠定了基础。

六　高句丽时期的盐生产遗址

金日成综合大学从 2011 年起，在平安南道温泉郡园邑地区对我们祖先的盐生产遗址进行了调查和研究，并于 2013 年 10 月首次发掘了高句丽时期盐生产遗址。

该遗址坐落于园邑劳动者区所在地的东北方向，距离园邑合作农场第 4 工作队的田中央约 3km。

很久以前便听说该地区地层里有很多灰烬，广泛分布着约 200 个土包，这些土包被称作"灰堤"。经过土地整顿，现存约 60 个土包。

这些灰堤碱性很大，粮食无法生长。

在土地整顿之前的地图上，可以看到灰堤周边围绕着水袋，其中部分水袋仍保存至今。

此次发掘的高句丽时期的盐生产遗址来自其中的 5 号灰堤。

5 号灰堤呈西北—东南方向的椭圆形，长为 130m，中间部分宽为 80m，两端宽为 30m。

该遗址坐落于 5 号灰堤西南侧的东西方向上，发掘时，上面设施遭到破坏，处于流失状态。但是，通过现状也能较好地推测出其规模和构造。

总体来看，该遗址是由石头和砖块砌成的建筑物以及水坑构成。

该建筑是将地面深挖 2.5m，再在里面用石头和砖块垒砌而成的，总长约 5.25m，由炉口设施、燃烧室和烟道设施构成。

炉口设施是烧火除灰设施，由炉口和分别位于两侧的 2 个再处理设施构成。

其中，右边的再处理设施是由扁平的地砖和砖块砌成，完好地保留至今。左边再处理设施的墙体直接利用泥墙，没有使用石头或砖块垒砌。发掘时，再处理设施中堆满了混有黑炭的浅灰色灰烬，因此，可以确信这是燃烧树木留下的残余灰烬。

燃烧设施是放置烧锅的基础设施，呈长 1.3m、宽 1.05m 的方形形状。

燃烧设施的四面墙壁由长 40～50cm、宽 40～20cm、高 10～12cm 的石块多层垒砌而成，如今仅保存三层。垒砌墙壁的砖块及与其连接的土层由于高温受热呈浅红色。

燃烧设施的底部被搅拌的石头和石灰压实，凹凸不平，其下方是被烧成浅红色的厚实土层。

烟道设施是排烟的通道，长约 3m，宽约 35cm。在距离烟道始端约 82cm 的区域有用扁平的花岗石垒砌成的墙壁，烟道的地面先是陡峭向上倾斜，再呈水平状，这一区间的墙壁由 4 层砖块垒砌而成。在约 1.7m 的地方削去了由砖块垒砌的墙面内侧，修建了一个直径 40cm、深 25cm 的球形空间，此处可放置底面如同烧锅一样呈弧形的物体。（照片 7：盐生产遗址全景）

遗址周边堆积了厚厚的黑色灰层。

距离该建筑物西南侧约 19m 的地方发现了水坑设施。该设施是在位于 5 号灰堤南部末端的低洼田地里发现的，现在灰堤和田地地表的高度差约为 80cm。

从田地的灰层痕迹可看出在其东西方向上建有一个水渠，其末端是一个直径为 2m、深为 1.5m 的水坑。水坑的最底层是厚度约为 20cm 的黑色灰层，黑色灰层的上面是厚度约为 5cm 的贝壳层，而贝壳层的上方又覆盖有厚度为 7～8cm 的黑色灰层。

该遗址出土了很多文物与遗物，包括各种陶瓷、砖块、铁锅碎片、熔化的铁块、兽骨等。

陶瓷制品包括带有条纹横向手柄的罐子、蒸笼、大小不一的瓮、缸、坛子等。

砖块呈赤红色，侧面刻有各种几何学花纹。（图 8：砖块）

通过观察铁锅碎片的形态可以了解到，它其实是一个锅口朝外、肚子略微凸起的四角形烧锅。

可以推测出，此次新发掘的遗址是高句丽时期的海盐生产遗址。

首先，我们能够推测出该遗址修建于高句丽时期。

该遗址出土的陶瓷和砖块与 20 世纪出土的高句丽遗址遗物是相同的。其中，瓶口宽大、带有两个条纹横向手柄的陶瓷是典型的高句丽陶瓷。而且刻于赤红色陶瓷上的长幕花纹与 4 世纪中叶的故国原王墓（安郡 3 号墓）中出土的坛子上所刻有的花纹一致。

该砖块不同于我国西北方 4 世纪左右主要使用的乐浪国灰色系砖块，它呈赤红色，花纹简洁，强烈体现了高句丽特点。

由此可以确信，此次新发掘的遗址修建于高句丽时期 4 世纪中叶。

我们也可推测出该遗址是海盐生产设施。

遗址发掘所在地直到 20 世纪仍频繁出现涨潮和退潮现象，不适合人类建屋居住。发掘的灰堤四周建有引渡海水的水渠和水袋，由此可以猜测，当时这里从事着与海水有关的生产活动。

通过观察遗址的构造和遗物形状也可了解到该遗址主要用于盐生产。

当时，炉口设施、燃烧设施和烟道设施修建于地下。进入中世纪，地下建屋并进行日常活动是十分罕见的。

燃烧设施的长和宽约为 1m，里面进行过多次燃烧，可以猜测它的上方常放有很多受热燃烧的方形物体。这与当时建有窄长坑洞的住房火坑设施不同，因此，可以推测出该构造物是有特殊用途的工作坊而不是生活住房。

里面堆有厚厚黑色灰层的水坑，完全不同于一般家用的浅水井和储存用水的水坑，重点是它连接着引渡海水的水渠，由此可以猜测这是一个对水坑里储存的海水进行加热的盐生产设施。

此次出土的遗物也不是一般生活住房里常见的碗、碟和报时器。这表明当时这里并没有过从事日常生活活动。该遗址出土的容积较大的缸和坛子是用来运输并储存液体的工具，而蒸笼则用来蒸煮东西或过滤液体里残留的颗粒。

经证实，铁锅碎片其实是一个锅口较为宽大，肚子略微凸起的方形铁锅的碎片。体积如此大的方形锅完全不同于日常生活中经常使用的圆形锅，因此可以推测出它被用于其他某种特殊用途，比如将它放置在方形燃烧设施上加以使用。由此可以推测出该遗址是引渡储存海水、运输煮沸海水的设施，更准确地说，它是煮沸海水生产海盐的设施。

灰堤盐度较高，无法种植粮食，灰堤周边堆有厚厚的黑色灰层，这些特殊现象也常见于其他国家的盐生产遗址。

上述情况都表明了此次新发掘的遗址是高句丽时期的海盐生产遗址。

该遗址在我国当时的盐生产技术中仍处于较高水平，它为有关其他时期盐生产问题的见解提供了有利依据。

与中国的有关盐生产的考古资料相比，此次新发掘的高句丽时期盐生产遗址有一些不同之处。

从重庆市忠县出土的中坝遗址，以及成都出土的汉朝时期砖块上刻有的盐生产图中可以看出，它们都是直接使用从盐水井里捞取出的盐水。

它表明汉朝时期中国四川省的盐生产还没有经历浓缩过程，它们仅是通过接连设置多个圆形锅的方式来生产盐。

还未获取与高句丽同一时期修建的山东省盐生产遗址完整样貌的资料，所以只了解一些出土于该遗址遗物的相关信息，其中包括部分圆形铁锅和由藤条制成的图章藤。

这与高句丽当时具备的盐生产技术仍有一定差距，高句丽当时使用的盐生产方式是先浓缩海水，再在两个方形平锅里蒸煮海水。

此次发掘的盐生产遗址也表明了我国的文化发展在一定程度上影响了日本。

日本使用植物灰烬浓缩海水，再将浓缩了的海水放入几十个小陶瓷内进行烧火加热，从这样的原始方式到使用方形铁锅进行盐生产，这很可能是某一地区的先进生产技术得以广泛传播的结果。

用铁制成的四方平锅进行盐生产的方式源于高句丽 4 世纪中叶，这一事实表明，日本到目前为止所使用的盐生产技术来源于我国，同时也表明了该技术源于高句丽时期。

有关高句丽遗址遗物的研究尚处于初级阶段。

今后，我们将更加致力于高句丽的历史、文化研究，为向世界展现朝鲜民族悠久的历史和灿烂的文化而做出贡献。

（卢雪花、顾敏译）

金正日委员长去世后朝鲜的周边
外交与朝日关系的新变化

姜龙范　王海凡*

近期朝日关系出现了松动，朝鲜成立高级别的"特别调查委员会"，重新启动对"绑架问题"的全面调查。而作为回应，日本政府解除了部分对朝鲜的单边制裁。此次朝鲜对日政策的调整并不是既定方针的推行，而是在外部国际环境压迫下的结果。周边外交是朝鲜对外交往的重要内容，与中、美、俄等大国的关系是其周边外交的核心，亦是朝鲜外部国际环境的关键。受迫于第三次核试验后持续恶化的周边外交状况所带来巨大压力，朝鲜不得不在其多次强调已经解决并坚决反对纠缠的"绑架问题"上有所让步，以寻求朝日关系的松动，进而有助于周边外交困境的缓解。

本文尝试从对金正日委员长去世后朝鲜周边外交变化的梳理入手，对朝鲜周边外交与朝日关系变化间的内在关系进行探讨，以揭示近期朝日关系松动的实质。

一　金正日委员长去世后朝鲜的周边外交

1. 中朝关系的冷淡

朝鲜于 2006 年 10 月和 2009 年 5 月的两次核试验，对中朝关系的发展产生了严重的负面影响。尽管如此，在金正日委员长逝世（金正日于 2011

---

*　姜龙范，天津外国语大学东北亚研究中心教授、博士生导师；王海凡，天津外国语大学讲师。

年 12 月 17 日逝世。——编者注）以前，中朝两国仍旧维持着相对良好和密切的传统友好关系。2009 年 10 月，中国国务院总理温家宝正式访问朝鲜。朝鲜已故领导人金正日委员长也曾于 2010 年 5 月、2010 年 8 月、2011 年 5 月和 2011 年 8 月先后四次访问中国。较为频繁的高层往来巩固了当时的中朝关系。金正日委员长逝世消息正式宣布以后，中国以最快的速度向朝鲜发出了唁电，并率先表达了对朝鲜新领导人的支持，时任党和国家领导人胡锦涛等还专门前往朝鲜驻华使馆进行了吊唁。此外，中国还向朝鲜紧急援助了 50 万吨粮食和 25 万吨燃油，以解朝鲜的燃眉之急。①

朝鲜新领导人继任初期，中朝两国间落实和开展了较大范围的经贸合作。2011 年 6 月 8 日，黄金坪经济区建设开工仪式在中国丹东举行，时任中国商务部部长陈德铭与时任朝鲜国防委员会副委员长张成泽参加了仪式。2012 年 8 月，中朝双方在北京正式签署了黄金坪、威化岛合作开发协议，并成立了黄金坪、威化岛经济区管委会；同年 9 月 15 日，中朝共同开发和共同管理黄金坪经济区管委会办公大楼在朝鲜黄金坪奠基，中朝共管"两岛经济区"中的黄金坪开发工作正式启动。除位于黄金坪的合作项目以外，中朝两国还在朝鲜的罗先、清津等地区推进了大规模的经济合作项目。继 2008 年获得了罗津港 1 号码头的使用权之后，中国又于 2011 年末获得了罗津港 4 至 6 号码头的建设权与 50 年使用权，此外还将在罗先地区进行包括修建机场以及图们至罗先铁路等在内多达 30 亿美元的投资。②2012 年 9 月，除罗津港外，中国又获得清津港 3、4 号连接线码头的 30 年使用权。③

与此同时，中朝两国也保持了较为密切的人员往来。2012 年 2 月，时任中国外交部副部长傅莹访问朝鲜，随后朝鲜外务省第一副相金桂冠访问中

① 《日媒：金正日去世后中国援助朝鲜 50 万吨粮 25 万吨油》，凤凰网，2012 年 1 月 30 日，http：//news. ifeng. com/world/special/jinzhengri/content－4/detail_ 2012_ 01/30/12185624_ 0. shtml。

② 《中国获得朝鲜罗先特区 4～6 号码头 50 年使用权》，韩联网（中文版），2012 年 2 月 15 日，http：//chinese. yonhapnews. co. kr/allheadlines/2012/02/15/0200000000 ACK20120215001900881. HTML。

③ 《中媒：中方确保清津港 3～4 号码头 30 年租赁权》，韩联网（中文版），2012 年 9 月 10 日，http：//chinese. yonhapnews. co. kr/allheadlines/2012/09/10/0200000000 ACK20120910002500881. HTML。

国；3月，朝鲜外务省副相、"六方会谈"朝方团长李勇浩访问中国；4月，朝鲜劳动党中央政治局候补委员、中央书记、国际部部长金永日率领朝鲜劳动党代表团访问中国；7月，朝鲜人民保安部部长李明洙访问中国；8月，中共中央对外联络部部长王家瑞访问朝鲜，并与朝鲜新领导人金正恩第一委员长进行了会晤，这亦是朝鲜新领导人的首次正式外交活动；同月，时任朝鲜国防委员会副委员长张成泽访问中国，并受到当时中国国家主席胡锦涛与国务院总理温家宝的接见；11月，由中共中央政治局委员、全国人大常委会副委员长兼秘书长李建国率领的中国共产党代表团访问朝鲜，与朝鲜新任领导人进行会晤，并转交了新任中共中央总书记习近平的亲笔信，这是朝鲜新任领导人第二次会见外国代表团。

然而，受朝鲜再次发射卫星并进行核试验的冲击，上述中朝关系发展的良好态势被迫中断。2012年12月1日，朝鲜宣布将再次进行卫星发射。对此，中国表示"朝鲜有和平利用外空权利，但这一权利受到安理会有关决议等的限制"，同时朝鲜的相关行为需有利于维护朝鲜半岛及东北亚地区的和平与稳定。① 2012年12月12日，不顾国际社会的反对，朝鲜再次发射了"光明星3号"卫星。对此，中国先是表示了遗憾②，而后与其他联合国常任理事国一致通过了联合国安理会关于朝鲜发射卫星问题的第2087号决议。与以往不同的是，此次中国对朝鲜发射卫星行为的表态明显强硬。就朝鲜曾在2009年4月和2012年4月进行的同样举动，联合国安理会在中国的参与下只是以发表主席声明的形式进行了谴责。对于此次中国的态度和做法，朝鲜也颇有微词：在2013年1月24日朝鲜国防委员会发表的声明中，中国被暗指为"盲目地"、"毫不含糊地放弃基本原则"、"执迷不悟"，甚至是"提线木偶"。③ 随后的2月12日，朝鲜进行了第三次核试验。就此，时任中国外交部部长杨洁篪紧急召见朝鲜驻华大使池在

---

① 《2012年12月3日外交部发言人洪磊主持例行记者会》，中华人民共和国外交部，2012年12月3日，http：//www. fmprc. gov. cn/mfa_ chn/fyrbt_ 602243/jzhsl_ 602247/t994709. shtml。

② 《2012年12月12日外交部发言人洪磊主持例行记者会》，中华人民共和国外交部，2012年12月12日，http：//www. fmprc. gov. cn/mfa_ chn/fyrbt_ 602243/jzhsl_ 602247/t997541. shtml。

③ "DPRK NDC Issues Statement Refuting UNSC Resolution"，KCNA，2013. 1. 24，http：//www. kcna. co. jp/item/2013/201301/news24/20130124 – 10ee. html.

龙以提出严正交涉。2013 年 3 月 7 日，联合国安理会一致通过关于朝鲜第三次核试验问题的第 2094 号决议。在该决议尚在讨论期间，中国就已表示"支持安理会对朝鲜核试做出必要、适度反应"。① 该决议获得一致通过以后，就"是否会停止对朝鲜石油出口或以停止中朝贸易等方式对朝进行制裁"的问题，中国更进一步明确表示"将根据国际法规处理有关问题"。② 随后，中国首次公开、明确、严格地落实联合国安理会针对朝鲜研制核武器及其发射卫星等相关问题的决议。中国交通运输部、商务部、工业和信息化部、海关总署等有关部门采取了严厉的出口限制措施，主要国有商业银行也停止了与朝鲜的业务往来③，2014 年上半年朝鲜从中国进口原油数量也显示为零④。

随着中国以实际行动表明对朝鲜核问题的态度，中朝两国关系开始趋于冷淡，但双方之间的人员往来并未因此而中断：2013 年 5 月 22 日，时任朝鲜人民军总政治局局长、次帅崔龙海以朝鲜最高领导人特使身份访问中国；7 月 27 日，中国国家副主席李源潮访问朝鲜，出席朝鲜战争停战 60 周年纪念活动；8 月 1 日，时任朝鲜最高人民会议常任委员会委员长金永南突访中国；8 月中旬，中国政府朝鲜半岛事务特别代表、"六方会谈"中方团长武大伟访问朝鲜；9 月中旬朝鲜外务省第一副相金桂冠、"六方会谈"朝方团长李勇浩访问中国。尽管通过上述高层往来，双方就有关问题坦诚地进行了沟通，并都有修复与缓和两国关系的意愿与努力，但中朝关系始终未见回暖。而以往体现两国关系友好水平的首脑互访也再未进行，朝鲜新领导人继任以后一直没有实现对中国的访问。

2. 朝美关系的僵持

自 2009 年奥巴马就任总统以来，美国一直推行以"战略忍耐"为核心

---

① 《2013 年 3 月 7 日外交部发言人华春莹主持例行记者会》，中华人民共和国外交部，2013 年 3 月 7 日，http://www.fmprc.gov.cn/mfa_chn/fyrbt_602243/jzhsl_602247/t1019372.shtml。

② 《2013 年 3 月 8 日外交部发言人华春莹主持例行记者会》，中华人民共和国外交部，2013 年 3 月 8 日，http://www.fmprc.gov.cn/mfa_chn/fyrbt_602243/jzhsl_602247/t1019798.shtml。

③ 《日媒：中国四大银行停止对朝鲜汇款》，参考消息网，2013 年 5 月 11 日，http://finance.cankaoxiaoxi.com/2013/0511/206844.shtml。

④ 《中国二季度原油零出口成品油出口进一步扩大》，中国经济网，2014 年 7 月 29 日，http://www.ce.cn/cysc/ny/shiyou/201407/29/t20140729_3245225.shtml。

的对朝政策：在朝鲜拒绝就核问题做出实质性让步的情况下，美国不会同朝鲜进行双边对话，也没有兴趣重开"六方会谈"。在朝鲜改变立场之前，美国在朝鲜核问题以及"六方会谈"问题上采取静观待变的态度；同时，与之相反的是，美国不仅积极与日本和韩国协调立场，加紧构建美日韩三角同盟，还积极推动国际社会对朝鲜进行经济制裁与外交孤立，通过多边方式向朝鲜施加压力，以达到迫使朝鲜改变行为的目的。[①] 由此，无论是朝鲜第二代领导人后期还是新领导人继任以后，朝鲜一直难以与美国进行直接有效的对话与沟通，朝美关系也持续处于僵局之中。

抛开朝鲜对美国一贯的对抗与强硬，从另一个角度来审视两国关系，可以发现朝鲜对美政策中的另一个主题：朝鲜表现出来的对抗和强硬，并不意味着其不愿对话与沟通；而与之相反的是，朝鲜往往通过展示对抗与强硬，来谋求和换取同美国的直接对话与沟通。实际上，同美国保持对话与沟通对于朝鲜而言具有极为重要的意义，朝鲜三代领导人都充分认识到这一点。尤其是在朝鲜内政外交因核问题陷入严重困境的当前，美国的态度更是放松朝鲜所受制裁、缓解朝鲜在国际社会中所处孤立局面的关键。

为了实现与美国的直接对话与沟通，朝鲜新领导人在卫星发射、核试验以及美韩军演等重大问题上保持强硬和对抗的同时，频频向美国释放善意，积极寻求与美国的接触。2012 年 1 月 16 日，美联社驻平壤代理分社成立，美联社代表团也受到了时任朝鲜最高人民会议常任委员会、副委员长杨亨燮的接见，这也是西方通讯社首次在平壤开设代理分社。2012 年 2 月 23 日至24 日，朝美双方在中国北京进行两国间第三次高级别对话，并取得积极的成果：朝鲜同意暂停铀浓缩项目及核试验和远程导弹测试，作为条件，美国将恢复粮食援助。[②] 在金正日委员长去世后仅隔两个月便决定重启与美国的高层对话并取得积极成果，这充分表明了朝鲜新领导人对朝美关系的重视。但令人遗憾的是，此次高层对话所取得的积极成果及其对朝美紧张关系的缓解，因随后朝鲜为内政需要而在 2012 年 3 月 16 日宣布并最终于 4 月 13 日

---

① 刘俊波：《从"战略忍耐"看奥巴马的对朝政策》，《国际问题研究》2010 年第6 期，第 58 ~ 59 页。

② 《朝美发布高级别对话结果》，新华网，2012 年 3 月 2 日，http：//news. xinhuanet. com/world/2012 –03/02/c_ 122780781. htm。

进行的"光明星3号"卫星发射而中断。由于这次卫星发射，美国不仅停止了对朝鲜的粮食援助，还主导联合国安理会再次扩大了对朝鲜的制裁范围。2012年6月18日，美国总统奥巴马宣布延长于2008年6月开始实施的对朝鲜紧急状态，这也意味着对朝制裁措施的继续延长；6月20日，美国参议院通过《农业法》修订案，禁止美国政府通过农产品海外援助项目援助朝鲜。第二次"光明星3号"卫星发射与第三次核试验以后，面对国际社会的强烈反应以及美韩同盟的军事演习，朝鲜于2013年3月5日宣布废除《朝鲜停战协定》，随后两天朝鲜《劳动新闻》先后发表文章和社论，威胁"将会用精密核打击手段将首尔和华盛顿炸成火海"，强调"自主权比生命更珍贵"。① 联合国安理会第2094号决议一致通过以后，朝鲜受到有史以来最为严厉的制裁，内政外交也随之陷入极端严峻的境地。一时间，朝鲜半岛的紧张局势骤然加剧。然而，在持续保持强硬的同时，朝鲜并没有停止寻求与美国进行对话的努力。2013年2月底，美国NBA前球星罗德曼访问朝鲜，并带回金正恩第一委员长希望与奥巴马通话的讯息。② 同年4月，在是否发射"舞水端"中程导弹问题上，朝鲜表现出了一定程度的克制；而随后在5月朝鲜新领导人特使崔龙海访问中国时，崔龙海表示朝鲜愿意通过对话解决相关问题并采取积极行动。2013年6月16日，朝鲜提议朝美政府举行"无前提条件的对话和接触"。③

除上述各种努力之外，朝鲜还积极开展"人质外交"，以谋求实现与美国的直接对话与接触。2013年4月30日，朝鲜最高法院以"反朝敌对罪"判处于2012年11月初入境的美籍韩裔人士裴埈皓（音译）15年劳改刑。朝鲜最高法院的发言人称："美国公民裴埈皓出于对朝鲜的不信任和敌对感，从2006年到2012年10月间以颠覆朝鲜政权为目的，向在海外工作的朝鲜公民和外国人进行反朝宣传，唆使其从事推翻政权活动，并于2012年

① 《朝鲜连日发出核战威胁营造军事对立气氛》，韩联网（中文版），2014年10月6日，http：//chinese. yonhapnews. co. kr/allheadlines/2013/03/07/0200000000ACK 20130307003000881. HTML。

② 《金正恩：很想与奥巴马通话》，新华网，2013年3月5日，http：//news. xinhuanet. com/world/2013 – 03/05/c_ 124415310. htm。

③ 《 국방위 조미당국사이에 고위급회담을 가질것을 제안 》，조선중앙통신사，2013 년 6 월 16 일，http：//www. kcna. co. jp/calendar/2013/06/06 – 16/2013 – 0616 – 012. html。

11 月 3 日携带相关宣传物进入朝鲜罗先市时，现场被逮捕，随即被起诉。"① 裴埈皓是自 2009 年以来第 6 个被朝鲜扣留的美国公民。② 2009 年 3 月，两名美国女记者因非法入境被朝鲜扣留并以"敌视朝鲜民族罪"和"非法入境罪"分别获刑 12 年。同年 8 月 4 日，美国前总统克林顿访问朝鲜，次日二人获释并随克林顿返回美国。2010 年 1 月，美国人戈梅斯（音译）因非法入境而被朝鲜扣留后以"敌视朝鲜民族罪"和"非法入境罪"被判刑 8 年，并处以 7000 万朝元（约合 70 万美元）罚金。同年 8 月 25 日，美国前总统卡特访问朝鲜，其间戈梅斯获释并于 8 月 27 日与卡特一同返回美国。2010 年 11 月，美籍韩裔人士全勇洙（音译）因进行反朝活动而被朝鲜扣留，后在 2011 年 5 月美国国务院负责朝鲜人权事务特别代表罗伯特·金与美国国际开发署负责对外灾难援助助理署长乔恩·布劳斯访问朝鲜期间获释，并与两名美国官员一同回国。

通过上述事例来看，朝美之间似乎已经形成了某种特殊的接触模式：朝鲜先扣留美国公民再择机公布，而后美国派"高级人士"（或是现任高级官员，或是原总统）作为特使访问朝鲜，最后成功解救回"被扣人质"。由此，为了解救裴埈皓，美国不得不再次推动派遣"高级人士"访问朝鲜。美国前总统卡特一度表示愿意访问朝鲜，而最终美国政府决定由美国国务院负责朝鲜人权事务特别代表罗伯特·金担任此次赴朝的特使。但原定于 2013 年 8 月 30 日进行的访问被朝鲜取消，理由是"美国向朝鲜半岛派出 B－52H 战略轰炸机进行军事挑衅，破坏了人道主义对话气氛"。③ 2014 年 2 月，朝鲜再度以美韩坚持军事演习为由拒绝美国特使罗伯特·金访问朝鲜。

朝鲜这两次取消和拒绝罗伯特·金访朝，极有可能是有意而为之。朝鲜方面对裴埈皓的刑罚判定，要远远重于之前几名被其扣留的美国人。而 2009 年被扣留的两名女记者和 2010 年被扣留的戈梅斯（音译），分别是由美国前总统克林顿与前总统卡特专门访问朝鲜成功解救回国的。据此判断，

① 《朝鲜就韩裔美国人案详细解释称其谋推翻朝制度》，中国新闻网，2013 年 5 月 10 日，http：//www. chinanews. com/gj/2013/05－10/4806212. shtml。

② 《西方猜测朝鲜重判美国人动机称朝美关系恶化》，环球网，2013 年 5 月 3 日，http：//world. huanqiu. com/exclusive/2013－05/3894976. html。

③ 《朝鲜称美国特使未能访朝原因在美方》，新华网，2013 年 8 月 31 日，http：//news. xinhuanet. com/2013－08/31/c_. 125291152. htm。

朝鲜以美韩军演为由取消和拒绝罗伯特·金，实则是希望美国派出与克林顿、卡特同样知名的人士或更高级别的现任官员访问朝鲜，以谋求实现朝美间的接触与对话。正在美国为解救裴埈皓而积极进行外交努力的同时，朝鲜再次以"反朝敌对行为"扣留了两名美国人：米勒·马修·托德和杰弗里·福尔。① 其中，米勒·马修·托德已获刑6年，而杰弗里·福尔尚未被宣判。② 从而需要解救的美国人上升至3名，朝鲜借此施压促使美国与其恢复对话和接触的用意十分明显。有报道显示，2012年4月、8月和2013年8月，曾有多名美国政府高级官员数次秘密访问朝鲜。③ 2014年9月，朝鲜外相李洙墉赴美国纽约参加第69届联合国大会，并在大会一般性辩论进行发言时表示："美国若彻底撤回对朝敌对政策，对朝鲜自主权和生存权的威胁不复存在，届时核问题也迎刃而解。"④ 朝美之间最终能否恢复直接对话，被扣留美国人能否顺利获释回国，还需拭目以待。

3. 朝俄关系的回暖

基于《朝俄友好睦邻合作条约》（2000年2月9日）、《朝俄共同宣言》（2000年7月19日）以及《朝俄莫斯科宣言》（2001年8月4日）等三个基础性文件，与中朝、朝美关系相比，金正日委员长去世后的朝鲜与俄罗斯关系显得更为平稳，尤其是双方政府均表现出了力图加强友好关系、促进全面合作的积极姿态。

2011年12月19日，朝鲜正式公布最高领导人金正日委员长逝世的消息。当日，时任俄罗斯总统梅德韦杰夫即向继任者金正恩第一委员长致唁电表示深切哀悼，同时，时任俄罗斯外长拉夫罗夫也表示希望两国友好关系的发展不要因此而受到影响。⑤ 据朝鲜中央电视台于2012年1月28日的报道

---

① 《美国请求朝鲜基于人道理由释放两名被拘留美国人》，中国新闻网，2014年7月1日，http://www.chinanews.com/gj/2014/07-01/6335652.shtml。

② 《朝中社：美国人米勒·马修·托德被判处6年劳动教养》，新华网，2014年9月14日，http://news.xinhuanet.com/world/2014-09/14/c_1112473346.htm。

③ 《秘密接触能否让美朝关系迎来转机》，《中国青年报》2014年9月9日，第4版。

④ 《朝外相：美撤回对朝敌对政策核问题可迎刃而解》，环球网，2014年9月28日，http://world.huanqiu.com/exclusive/2014-09/5153572.html。

⑤ 《俄罗斯希望金正日逝世不会影响俄朝关系发展》，新华网，2011年12月19日，http://news.xinhuanet.com/world/2011-12/19/c_111256964.htm。

称，金正恩第一委员长致函俄罗斯领导人就其对金正日委员长逝世的哀悼表示感谢，并表示愿意进一步发展两国关系。① 2012 年 2 月 27 日，时任俄罗斯总理普京在《莫斯科新闻》上发表的《俄罗斯与不断变化的世界》一文中，除强调俄罗斯的朝鲜半岛无核化立场之外，也指出"不能接受有人试图威胁朝鲜新领袖的地位以及这些人提出的欠妥当的应对措施"②，以此来表达对朝鲜新领导人的支持。2012 年 3 月 6 日，金正恩第一委员长致贺信给再次当选总统的普京称："希望您在建设强大俄罗斯的道路上取得成功，希望朝俄两国传统的双边友好合作关系得到巩固和加强"。③ 两国新任国家领导人间的这一友好互动，为金正日委员长去世后朝俄关系的发展创造了积极的条件。2012 年 7 月 19 日，《朝俄共同宣言》发表 12 周年，朝鲜《劳动新闻》就此表示：该宣言推动了两国间的友好合作关系，是新世纪两国友谊的里程碑，是推动国际关系健康发展和保障世界和平的动力。④ 同年 10 月 7 日，时值俄罗斯总统普京 60 岁生日，金正恩第一委员长专门向普京致以贺电，并表示"相信具有悠久历史传统的朝俄友好合作关系将在各领域继续加强和发展。"⑤

2013 年 3 月，联合国安理会一致通过关于朝鲜第三次核试验问题的第 2094 号决议以后，朝鲜受到来自国际社会的有史以来最为严厉的制裁，朝俄关系的发展也因此受到了消极影响。2013 年 11 月 13 日，俄罗斯总统普京应邀访问韩国，在此期间与韩国总统朴槿惠举行了首脑会谈，并发表联合声明。该声明敦促朝鲜加入《禁止化学武器公约》，明确表示不能容忍平壤方面坚持的核与导弹开发路线，指出根据《核不扩散条约》，朝鲜不能拥有拥核国家地位，强调朝鲜应遵守联合国安理会有关决议及其做出的无核化相

① 《金正恩致函多国表示感谢名单中未包含中国》，凤凰网，2012 年 1 月 29 日，http：//phtv. ifeng. com/program/news/detail_ 2012_ 01/29/12172088_ 0. shtml。

② 弗拉基米尔·普京：《俄罗斯与不断变化的世界》，俄罗斯驻中国大使馆网站，http：//www. russia. org. cn/chn/2735/31294582. html。

③ 《金正恩祝普京在建设强大俄罗斯的道路上取得成功》，中国新闻网，2012 年 3 月 9 日，http：//www. chinanews. com/gj/2012/03 – 09/3732704. shtml。

④ 《로동신문 조로친선의 력사는 끝없이 흐를것이다》，조선중앙통신사，2012 년 7 월 19 일，http：//www. kcna. co. jp/calendar/2012/07/07 – 19/2012 – 0719 – 006. html。

⑤ 《김정은동지 로씨야대통령에게 축전》，조선중앙통신사，2012 년 10 월 7 일，http：//www. kcna. co. jp/calendar/2012/10/10 – 07/2012 – 1007 – 010. html。

关承诺。① 随后的 12 月 2 日，俄罗斯总统普京签署总统令，执行联合国安理会此前通过的第 2094 号决议，对朝鲜实施制裁。

进入 2014 年以后，随着朝鲜亟须改善与周边国家关系以缓解内政外交所处困境，以及俄罗斯因乌克兰危机而受到来自西方的孤立与制裁，朝俄关系开始回暖。2014 年 5 月 5 日，俄罗斯总统普京签署了批准取消朝鲜对苏联 90% 债务即 100 亿美元的协定。关于朝俄两国间承继苏联时期的债务问题，相关谈判持续了近 20 年，直到 2011 年 8 月朝鲜已故领导人金正日委员长访俄期间才实现突破，双方最终于 2012 年 9 月签署了债务调整协定。依据该协定，余下的近 11 亿美元最终也将被用于投资朝鲜境内能源、卫生及教育领域的两国合作项目。② 2014 年 8 月末，朝鲜更换其驻俄罗斯大使。新任朝鲜驻俄大使金亨俊（音译）原为朝鲜外务省副相，自 2005 年就任该职起便负责朝中关系方面的工作。此次驻俄大使的更换，充分体现了朝鲜对朝俄关系的重视。2014 年 9 月 26 日，俄罗斯副外长与朝鲜驻俄大使进行了会晤，对即将举行的两国间 "高级别接触" 的准备工作进行了重点讨论。2014 年 10 月 1 日，在参加第 69 届联合国大会后，朝鲜新任外务相李洙墉访问俄罗斯，与俄罗斯外长进行了会谈。随后，俄罗斯外长表示：重启朝核问题六方会谈存在可能；关于两国领导人互访，"不会排除任何形式的访问，一切都将取决于双方解决问题的进展，以及各层面接触所创造的条件"。③ 由此显示出，朝俄关系存在迅速好转的可能性。

两国在经贸领域内合作计划的逐步落实，也是金正日委员长去世后朝俄关系发展的重要成果。2013 年 9 月 22 日，朝鲜罗津至俄罗斯哈桑铁路重新开通。这标志着为纪念两国外交关系建立 60 周年而于 2008 年 10 月开工并由俄罗斯企业参与的罗津至哈桑铁路改造工程正式完成。罗津至哈桑铁路改造工程是朝俄两国推动西伯利亚大铁路与朝鲜半岛纵贯铁路实现相互过轨运

---

① 《韩俄首脑举行会谈商定为维护半岛和平开展合作》，韩联网（中文版），2013 年 11 月 13 日，http://chinese.yonhapnews.co.kr/newpgm/9908000000.html? cid = ACK20131113003000881。

② 《普京批准取消朝鲜对前苏联 100 亿美元债务协定》，环球网，2014 年 5 月 6 日，http://world.huanqiu.com/exclusive/2014 - 05/4987853.html。

③ 《俄外长说重启朝核问题六方会谈存在可能》，新华网，2014 年 10 月 01 日，http://news.xinhuanet.com/world/2014 - 10/01/c_ 1112701726.htm。

输的关键之一。① 2014 年 7 月 18 日，俄罗斯企业参与建设的朝鲜罗津港 3
号码头竣工。在朝鲜方面看来，罗津至哈桑铁路改造工程与罗津港 3 号码头
建设工程是朝鲜已故领导人金正日委员长与时任俄罗斯总统普京签署的
《朝俄莫斯科宣言》的宝贵成果，是连接欧洲和东北亚地区的友谊桥梁，起
到了进一步提升罗先经济贸易区国际地位的重要作用。② 朝鲜罗津港 3 号码
头投入使用以后，罗津至哈桑铁路货运常规运营随即开始，每年将为朝俄图
们江—哈桑口岸带来超过 400 万吨散货和 10 万个集装箱的补充货源③，推
动两国经贸合作的进一步发展。朝俄两国在罗津至哈桑铁路改造工程上取得
的成果甚至还引起了韩国方面的关注和间接参与。2014 年 11 月 13 日，俄
韩首脑会谈期间，两国领导人签署了关于韩国企业参与罗津—哈桑建设项目
的谅解备忘录。除罗津至哈桑铁路改造和朝鲜罗津港 3 号码头建设两项工程
以外，朝俄还在推进经朝鲜直达韩国的天然气运输管道铺设项目。为推动其
顺利实现，2011 年 8 月 24 日朝俄首脑会谈期间，时任朝俄两国领导人一致
同意设立关于该项目的共同委员会。④ 该项目也因此成为朝鲜已故领导人金
正日委员长 2011 年 8 月访问俄罗斯取得的重要成果之一。参照上述两项工
程的经验，该工程虽历经波折、推进缓慢，但是相信其最终也将会实现。

尽管目前朝俄经贸往来与合作的水平有限，但两国间巨额债务的减免，
以及罗津至哈桑铁路和朝鲜罗津港 3 号码头等基础设施建设工程的完成并投
入运营，无疑将会对日后朝俄经贸合作的进一步发展起到积极的推动作用，
有利于推动两国贸易额达到 10 亿美元目标的实现⑤。而从更为长远的角度
来看，朝俄经贸往来与合作的持续推进，也将有利于减少朝鲜在对外贸易上
对中国的高度依赖。

---

① 〔日〕三村光弘：《朝俄经济关系分析》，《俄罗斯学刊》2012 年第 6 期，第 79 页。

② 《라진항 3 호부두 준공》，조선중앙통신사，2014년7월18일，http：//
www. kcna. co. jp/calendar/2014/07/07 – 18/2014 – 0718 – 023. html。

③ 《俄朝"哈桑 – 罗津"段跨境铁路货运开始常规运营》，中华人民共和国商务部
网站，2014 年 7 月 16 日，http：//www. mofcom. gov. cn/article/i/jyjl/e/201407/
20140700664254. shtml。

④ 〔日〕三村光弘：《朝俄经济关系分析》，《俄罗斯学刊》2012 年第 6 期，第 80
页。

⑤ 《俄官员称俄朝贸易额拟提高 10 倍将连接俄朝铁路》，中国新闻网，2014 年 6
月 5 日，http：//www. chinanews. com/gj/2014/06 – 05/6248998. shtml。

二 朝日关系的新变化

1. 民主党执政后期的日朝关系

与前两届民主党内阁不同的是，野田佳彦就任首相以后，开始重新审视日本与朝鲜之间的关系，着手推行对朝鲜缓和的政策。2011 年 9 月 17 日，刚刚执政两周多的野田内阁便做出决定，将不对朝鲜采取新的制裁措施。同年 11 月 15 日，日本队与朝鲜队在平壤进行巴西世界杯亚洲区预选赛，日本政府破例同意本国球迷前往朝鲜观赛助威。此外，日本还在 2011 年 11 月与朝鲜进行了秘密接触，就有关战时遗留日本人的遗骨问题向其提出了收集和归还的请求。①

金正日委员长突然去世以后，为了有效应对朝鲜半岛局势，更准确地把握朝鲜政局的走向，野田内阁积极开展了同中、美、韩等国的沟通与交流。2011 年 12 月 25 日，野田首相访问中国，与中国领导人就维护朝鲜半岛局势稳定达成共识。2012 年 1 月 17 日，美、日、韩三国在华盛顿就朝鲜局势举行三方会谈，就继续保持密切的双边和三边协调达成了共识，并一致认为"朝鲜重返谈判、通过对话改善同美日韩关系的道路是开放的"。②

在与主要国家达成共识以后，野田内阁更为积极地开展了同朝鲜政府的接触。2012 年 1 月 9 日，日本将漂流到岛根县附近海域的 3 名朝鲜人经由中国送回到朝鲜。与此同时，两国还重新启动了有关"绑架问题"的谈判。2012 年 1 月 9 日，日本前绑架问题担当大臣中井洽与朝鲜朝日邦交正常化谈判大使宋日昊在中国东北就"绑架问题"进行了秘密接触，这是双方自朝鲜新领导人继任之后的首次接触。③ 同月 22 日，朝鲜释放了因涉嫌贩毒和制造假币而遭逮捕的两名日本籍嫌疑犯，这一举动被日本官员解读为是来自朝鲜高层的对日积极信号。④ 朝鲜旨在缓和两国关系的举

---

① 《朝鲜称发现大量日本人遗骨愿与日合作收集归还》，中国新闻网，2012 年 4 月 20 日，http：//www.chinanews.com/gj/2012/04 - 20/3834862.shtml。

② 《美日韩三国就朝鲜半岛局势等议题举行三方会谈》，新华网，2012 年 1 月 18 日，http：//news.xinhuanet.com/world/2012 - 01/18/c_ 111447549.htm。

③ 《日媒称日朝在中国东北秘密接触》，参考消息网，2012 年 1 月 10 日，http：//world.cankaoxiaoxi.com/2012/0110/10412.shtml。

④ 《朝鲜遣返两名日本贩毒疑犯》，《广州日报》2012 年 1 月 22 日，第 A5 版。

动，得到了来自日本的积极响应。2012 年 3 月 17 日，朝鲜朝日邦交正常化谈判大使宋日昊在蒙古乌兰巴托与长期参与绑架问题受害者支持活动的日本拓殖大学教授真锅贞树进行了非正式会谈，而真锅贞树被认为是原计划此次与宋日昊进行会谈的日本众议院预算委员会委员长中井洽的"代理人"。①

2012 年 4 月 3 日，日本政府决定将其单独对朝鲜实施的制裁措施再延长一年。这已是日本政府第八次延长对朝制裁。尽管如此，日朝两国之间的接触并未受到影响。随后的 4 月 5 日，朝鲜邀请了 20 多位日本人士参加当月 15 日举行的金日成主席 100 周年诞辰纪念活动。在出席该纪念活动期间，朝鲜朝日邦交正常化谈判大使宋日昊向日表示可以在收集和返还战时遗留日本人遗骨问题上给予合作。② 2012 年 6 月，朝鲜向日本媒体开放展示了日本人墓地；8 月初，两国红十字会会谈在时隔十年后重新启动，讨论归还战时遗留日本人遗骨以及扫墓等问题。2012 年 9 月 2 日，日本民间团体"全国清律会"成员赴朝鲜咸镜南道咸兴市的日本人墓地，祭拜当地挖掘出的战时死亡日本人遗骨。2012 年 11 月 15 日至 16 日，日朝两国政府间局长级会谈在蒙古乌兰巴托举行，双方商定保留两国间对话渠道并尽早继续开展政府间磋商；但遗憾的是原商定 12 月初再次进行的局长级会谈，因朝鲜第二次发射"光明星 3 号"卫星而被迫推迟。

总体而言，在野田佳彦担任首相的 1 年零 3 个月内，日朝两国始终保持了比较频繁的接触与沟通，两国关系有所缓和。野田佳彦卸任以后，日本民主党失去了执政地位，安倍晋三再次当选日本首相，朝鲜随之转为面对拥有丰富对朝交往经历及外交经验的日本自民党政府，朝日关系也由此进入了新的历史时期。

2. 安倍第二任期日朝在"绑架问题"上的接触与合作

再次就任伊始，安倍首相即面对朝鲜第二次发射"光明星 3 号"卫星而引发的紧张局面，随后不久又开始应对朝鲜第三次核试验带来的冲击。对于朝鲜发射卫星和进行核试验的行为，安倍内阁予以强烈谴责，并积极支持

---

① 《日朝双方代表在蒙古举行会谈》，中国新闻网，2012 年 3 月 18 日，http：//www. chinanews. com/gj/2012/03 – 18/3752485. shtml。

② 《朝鲜称发现大量日本人遗骨愿与日合作收集归还》，中国新闻网，2012 年 4 月 20 日，http：//www. chinanews. com/gj/2012/04 – 20/3834862. shtml。

和执行联合国安理会的决议与制裁。在朝鲜核问题及导弹问题上，日本政府一如既往地保持强硬。但在安倍第二任期近一年半时的 2014 年 5 月末，两国关系却出现了令人关注的变化：朝鲜成立高级别"特别调查委员会"重新全面调查"绑架问题"，而日本则部分解除了对朝制裁。

朝日两国在"绑架问题"上实现突破并非突然，既是安倍内阁一年来积极与朝鲜接触的成果，也是朝鲜政府积极推进与日本关系缓和的必然。早在 2013 年 5 月 14 日至 17 日，安倍内阁危机管理特别担当顾问饭岛勋就曾赴朝鲜平壤进行访问，其间，时任朝鲜最高人民会议常任委员会委员长金永南、朝鲜劳动党书记金永日分别与其进行了会谈①，朝日邦交正常化谈判大使宋日昊也与其交换了意见。此次访问期间，朝日双方主要就"绑架问题"进行了坦率的沟通。2013 年 10 月，饭岛勋又赴中国大连与朝鲜政府高级官员进行了秘密接触。②

随着日本与中韩两国之间冲突的不断加剧，日本同朝鲜之间的接触也变得更为频繁。2013 年 12 月和 2014 年 1 月，日本外务省亚洲大洋洲局局长伊原纯一先后在中国沈阳与越南河内同朝鲜国家安全保卫部高级官员进行了秘密会谈。2014 年 2 月下旬，朝日双方在中国香港进行接触，就举行日朝红十字会会谈、促成绑架受害者横田惠的父母与横田惠女儿会面、重启两国政府间局长级磋商等问题进行了探讨。③ 2014 年 3 月 3 日，朝日两国在中国沈阳举行了红十字会磋商，就日本人遗骸归还问题进行了讨论。④ 2014 年 3 月 10 日至 14 日，遭绑架日本人横田惠的父母横田滋和横田早纪江夫妇在蒙古

---

① 《일본 아베내각 위기관리특별담당 참여일행 도착 》，조선중앙통신사，2013년5월14일，http：//www. kcna. co. jp/calendar/2013/05/05 – 14/2013 – 0514 – 018. html；《김영일비서가 일본 아베내각참여일행을 만났다》，조선 중앙통신사，2013년5월15일，http：//www. kcna. co. jp/calendar/2013/05/05 – 15/2013 – 0515 – 021. html；《김영남위원장이 일본 아 베내각참여일행을 만났다》，조선중앙통신사，2013년5월16일，http：//www. kcna. co. jp/calendar/2013/05/05 – 16/2013 – 0516 – 021. html。

② 《饭岛勋去年 10 月或在中国秘密接触朝鲜高官》，大公网，2014 年 2 月 11 日，http：//news. takungpao. com/world/exclusive/2014 – 02/2268527. html。

③ 《日朝在北京举行政府间磋商将讨论朝核问题》，http：//news. sina. com. cn/w/2014 – 03 – 31/090829830687. shtml。

④ 日本外务省：《日朝赤十字会谈（报道发表）（平成 26 年 2 月 27 日）》，http：//www. mofa. go. jp/mofaj/press/release/press4_ 000663. html。

乌兰巴托同朝鲜籍外孙女金慧敬进行了会面。这标志着朝鲜在"绑架问题"上的态度有所转变。随后的 3 月 19 日，日本外务省东北亚课课长小野启一与日本红十字会国际部部长田坂治前往中国沈阳，同朝鲜再次进行红十字会会谈，并就重启局长级正式磋商达成协议。① 3 月 30 日至 31 日，朝日外务省局长级磋商在北京举行，双方就今后继续围绕"绑架问题"进行协商达成了一致。② 这是自 2012 年 11 月以来，时隔 1 年零 4 个月后，朝日两国首次举行正式的政府间磋商。

2014 年 5 月 26 日至 28 日，朝日两国政府代表团在瑞典斯德哥尔摩开始新一轮的政府间会谈并取得突破性成果：双方商定重新调查"绑架问题"，朝鲜开始有关调查之时，日本则需同时解除部分对朝鲜制裁。③ 会谈结束后的 5 月 29 日，日本内阁官房长官菅义伟发表谈话，表明了安倍首相有在其任期内彻底解决"绑架问题"的决心，为此日本将继续强烈敦促朝鲜采取具体行动。④ 2014 年 7 月 1 日，朝日两国再次在北京进行外务省局长级政府间磋商。朝鲜向日本通报了关于组建日本人被绑架问题特别调查委员会的筹备情况，包括该调查委员会的权限、组织构成及负责人情况等内容。⑤ 随后的 7 月 3 日，作为对朝鲜重启"绑架问题"调查的回应，日本首相安倍晋三宣布决定部分解除对朝鲜的单边制裁，包括解除禁止朝鲜国籍持有者进入日本和要求自行避免由日本进入朝鲜等的限制；解除向朝鲜携带 10 万日元以上现金需申报和汇款 300 万日元以上必须报告的限制；解除禁止朝鲜籍船

---

① 日本外务省：《日朝赤十字会谈（报道发表）（平成 26 年 3 月 21 日）》，http：//www. mofa. go. jp/mofaj/press/release/press4_ 000734. html；《日本外务省课长赴中国沈阳出席日朝红十字会会谈》，http：//world. huanqiu. com/exclusive/2014 - 03/4914854. html。

② 日本外务省：《日朝政府间协议的再开（报道发表）（平成 26 年 3 月 21 日）》，http：//www. mofa. go. jp/mofaj/press/release/press18_ 000069. html；《日朝局长级磋商就继续协商绑架问题达成一致》，http：//news. 163. com/14/0331/20/9OMLOE7300014JB6. html。

③ 日本外务省：《日朝间の合意事项（平成 26 年 5 月 29 日发表）》，http：//www. mofa. go. jp/mofaj/files/000044432. pdf。

④ 日本首相官邸：《日朝政府间协议における日朝双方の合意内容について》，http：//www. kantei. go. jp/jp/tyoukanpress/201405/29_ p2. html。

⑤ 日本外务省：《日朝政府间协议（概要）（平成 26 年 7 月 1 日）》，http：//www. mofa. go. jp/mofaj/a_ o/na/kp/page24_ 000305. html。

舶进入港口的限制，但该解除将仅限于人道目的。① 日本宣布解除对朝单边制裁后，朝鲜于 2014 年 7 月 4 日正式启动特别调查委员会，重新调查日本人被绑架问题，并将择时正式向日本反馈调查结果。据朝鲜中央通讯社报道，朝鲜国防委员会赋予特别调查委员会调查所有机构、根据需要可动员该机构和有关人员参与调查的特别权限。而从朝中社报道的特别调查委员会的成员来看，该委员会委员长由朝鲜国防委员会负责安全事务的参赞兼国家安全保卫部副部长徐大河担任，副委员长由国家安全保卫部参赞金明哲和人民保安部局长朴永植担任。② 由强力部门的要员亲自担任该特别委员会的负责人，充分显示出朝鲜对解决"绑架问题"的诚意。

"绑架问题"的进展，推动了日本对朝政策的松动，其国内甚至传出安倍首相欲访问朝鲜的信息。2014 年 7 月 11 日，日本国家公共安全委员会委员长古屋圭司披露：安倍首相亲口表示，只要解决"绑架问题"需要，他已经准备好访问朝鲜。日本外相岸田文雄也指出：作为解决"绑架问题"的潜在选项，安倍有可能访问朝鲜。③ 尽管安倍首相一再强调"当前还没有访问朝鲜计划"，"现阶段就此做出决定为时过早"。但是，如果朝鲜按时公布特别调查委员会调查报告并能够使日本得到比较满意的结果，那么安倍首相的确有可能会效仿前首相小泉纯一郎对朝鲜进行"闪电式"访问。

三　朝鲜周边外交变化对朝日关系的影响

周边外交是朝鲜对外交往的重要内容，其核心是与中国、美国、俄罗斯以及日本等四国的往来。作为地区内主要国家，中、美、俄、日通过参与地区事务来体现和施加其自身的影响力并进行博弈。朝鲜半岛问题是地区事务

---

① 日本外务省：《5月の日朝合意に基づく我が国の对北朝鮮措置の一部解除（平成 26 年 7 月 4 日发表）》，http：//www. mofa. go. jp/mofaj/files/000044431. pdf。

② 《 조선중앙통신사 보도 〈 특별조사위원회 〉 조직 》，조선중앙통신사，2014년7월4일，http：//www. kcna. co. jp/calendar/2014/07/07 - 04/2014 - 0704 - 013. html；《〈특별조사위원회〉조직된데 대하여》，조선중앙통신 사，2014년7월4일，http：//www. kcna. co. jp/calendar/2014/07/07 - 04/2014 - 0704 - 014. html。

③ 《日本外相が安倍首相の访朝の可能性を发表世间に冲击》，http：//japanese. china. org. cn/jp/txt/2014 - 06/04/content_ 32572116. htm。

的热点，而朝鲜核问题是朝鲜半岛问题的重要内容和关键所在。围绕朝鲜核问题的利益重合与冲突，构成了该四国博弈的主要内容。由此，朝鲜与中、美、俄、日等四国的双边关系并不是孤立存在的。朝鲜与任何一方关系的变化，不但会影响到其与另外三方的双边关系，同时也会影响到地区内的多边关系，进而影响到地区内国际局势的发展与权力格局的变迁。此外，中、美、俄三国同为联合国安理会的常任理事国，美国还是西方世界的主导国家，中国是朝鲜经济维系的主要依赖对象，俄罗斯在地区事务中有着无法替代的重要作用，而日本的对外政策更受到美日同盟的掣肘，从而周边外交实为朝鲜外部国际环境的关键。

冷战结束以后，中朝关系开始转型，即由冷战时期基于意识形态的"同盟关系"向基于国家利益的正常的国家间关系转变，而当前正是这一转型过程的重要节点。朝鲜第三次核试验以后，朝鲜核问题已经发展到牵涉两国核心国家利益的严重程度，由于中朝双方在是否放弃核武器这一根本问题上难以达成共识，中国已无法再继续容忍朝鲜以致参与到联合国安理会相关决议的对朝制裁之中，两国关系必然随之变得冷淡。政治关系的冷淡以及中国有关部门采取的严厉的限制措施，对中朝两国间的经贸往来与合作产生了颇为不利的影响。在朝鲜已故领导人金正日委员长于 2010 年 8 月末的对中国非正式访问期间，时任中国国家主席胡锦涛就两国间的经贸往来与合作提出了"政府主导、企业为主、市场运作、互利共赢"的原则。① 基于这一系列原则，黄金坪经济区合作开发、罗先与清津等地区的大规模经济合作等项目，在两国政府的积极推动之下曾一度稳步推进。然而自朝鲜第三次核试验以来，黄金坪经济区合作开发停滞不前，罗津等地港口的建设与利用也处于闲置的状态，"政府主导"原则因两国关系冷淡而无法发挥其应有的积极作用。而在两国经贸往来中，一直能够充分体现两国关系友好程度的关键领域也难以乐观：2014 年上半年，朝鲜从中国进口粮食的数量仅为去年同期进口数量的 47%②，更不必说从中国进口原油的数量持续为零。而与此同时，

---

① 《胡锦涛同金正日在长春举行会谈》，新华网，2010 年 8 月 30 日，http：//news. xinhuanet. com/politics/2010 - 08/30/c_ 12500145. htm。

② 《朝鲜上半年从中国进口的粮食数量同比减半》，韩联网（中文版），2014 年 7 月 30 日，http：//chinese. yonhapnews. co. kr/newpgm/9908000000. html？ cid = ACK20140730000900881。

朝鲜新领导人推行的"经济建设和核武力建设并行路线"①，将国民经济的恢复与发展置于同研发核武器一样重要的地位。继任之初，朝鲜新领导人曾明确表示："国民经济要在 3 年内恢复到上世纪 60 年代到 70 年代的水准，让朝鲜人民达到吃米饭、喝肉汤、住瓦房、穿绸缎的生活水准。"②但自 2013 年以来，随着国际社会全面制裁的加剧，朝鲜国内的经济状况并没有明显的改观。可以想见，对于长期依赖中国援助以及对华贸易的朝鲜而言，两国经贸往来的低迷给本就困难的朝鲜经济造成了何等严重的冲击。

以往即便受到国际社会的制裁，朝鲜仍旧能够获得来自中国的援助以维持国内经济，也可以通过中国的金融机构来获取外汇。然而，随着中国加入国际社会对朝鲜的制裁，朝鲜经济可以依靠的外援支柱和难得的融资渠道不复存在。由此，为了打破第三次核试验以来在经济与外交上的困境，朝鲜不得不转向其他国家寻求帮助或寻找其他及时有效的解决方法。

在美国主导推行的持续制裁之下，朝鲜难以从西方国家以及主要国际组织那里获得经济和物资援助。与美国关系的松动，是朝鲜改善外部环境并尽快恢复从国际社会获取援助的关键。为了寻求同美国的接触与对话，朝鲜不只是积极地表达意愿，同时还运用"体育外交""人质外交"等多种手段，刻意创造与美国"高级人士"接触的机会。但令人失望的是，朝美关系至今仍旧处于僵持之中，两国尚无法就关键问题进行接触与对话。而与俄罗斯关系的回暖，可以说是朝鲜在第三次核试验以后取得的重要外交成果。已经完成并实现运营的罗津至哈桑铁路和朝鲜罗津港 3 号码头等两国合作项目，如果运营顺利，从长远来看的确能够推动朝俄经贸往来的深化与拓展，也有助于减少朝鲜经济对中国的过度依赖。但是在短时间内，这种积极作用还无法充分显现。而且，罗津至哈桑铁路合作项目的经济价值得以最大化的关键，还在于西伯利亚大铁路与朝鲜半岛纵贯铁路的最终连通与运营，但这还有赖于朝鲜半岛南北关系的缓和，也并非短期内可以期望实现的。而俄罗斯再向朝鲜直接提供援助也不太可能，毕竟对于极为看重实利的俄罗斯而言，

---

① 《조선로동당 중앙위 2013 년 3 월전원회의》，조선중앙통신사，2013년3월31일，http：//www.kcna.co.jp/calendar/2013/03/03 – 31/2013 – 0331 – 024.html。

② 《金正恩发誓三年内让朝鲜人能吃上米饭肉汤》，http：//news.ifeng.com/world/detail_ 2010_ 12/08/3398232_ 0.shtml。

免除朝鲜对苏联 90% 的债务已是颇为难得，这一做法实际上已经是俄罗斯对朝鲜的及时支援与帮助。与此同时，朝鲜半岛南北关系虽然在持续紧张中突现积极互动的局面，但朝鲜能否最终从韩国顺利获得大量援助还仍旧无法确知。

在上述情况下，朝鲜只能将视线转向日本，寄希望于日本解除其单方面推行的相关对朝制裁，以便通过恢复与在日朝鲜人的经济联系来竭力缓解国内的巨大经济压力。而恰在此时，日本也开始与朝鲜积极进行接触，表现出希望通过日朝关系的某种缓和来改变安倍第二任期因参拜靖国神社与解禁集体自卫权所带来内外困境的迫切需要。由此，朝鲜最终能够在其多次强调已经解决并坚决反对纠缠的"绑架问题"上做出退让，从而使其在与日本在双边关系上实现了一定的突破。

四　结束语

综上所述，对于朝鲜而言，其近期在"绑架问题"上的态度转变，根本目的在于促使日本取消其单方面实行的对朝制裁，以缓解国内经济困境。而对于日本而言，安倍第二任期内就对朝政策进行的调整，既是为了缓解因其参拜靖国神社和强行解禁集体自卫权而导致的周边外交困境，也是为了满足其自身欲赚取更多政治资本的实际需要。

朝日关系近期出现的松动并不意味着两国关系将会出现根本性的转变。受制于日美同盟关系和美日韩三边协调机制，即便安倍晋三首相实现了对朝鲜的访问，两国关系再进一步实现突破的可能性仍旧有限。在中日关系出现缓和之际，日本政府也可能再次转向渲染和鼓噪所谓来自朝鲜的"安全威胁"，以便继续推进其国家大战略目标的顺利实现。而当中朝关系开始摆脱冷淡之时，两国间经贸往来将会迅速恢复甚至大幅回升，朝鲜国内经济困境将会得到有效的缓解，届时朝鲜寻求对日缓和的内部需要也将减弱，从而可能再次转向对日强硬，停止在"绑架问题"上的更多让步，重新强调历史问题和赔偿问题在朝日两国关系中的重要性。此外，由于美日韩三国协调机制的掣肘，这次日本解除的制裁也只是其之前单方面增加的那一部分，而其按照联合国安理会决议采取的制裁并没有丝毫松动，这对朝鲜当前经济困境虽有一定的缓解，但实际作用仍旧有限。由此来看，当前日朝关系的松动是极为脆弱的，两国关系在未来还有大幅波动甚至再次恶化的可能。

论清代朝贡体制下的中朝边境互市问题

——以清朝入关前为中心

陈尚胜[*]

自从 1968 年美国学者费正清主编的《中国的世界秩序：传统中国的对外关系》英文版正式推出后，[①] 中国古代的朝贡制度开始受到史学界的重视，"朝贡体系"遂被人们理解为研究中国传统对外关系的关键。[②] 在费正

---

[*] 陈尚胜，山东大学历史文化学院教授。

[①] 按：费正清（John K. Fairbank）主编的《中国的世界秩序：传统中国的对外关系》（*The Chinese World Order：Traditional China's Foreign Relations*，Harvard University Press，1968）是本论文集，书中收有费氏在 1963 年和 1965 年组织两次国际学术研讨会的专题论文，这两次会议讨论的主题分别是"东亚的国际秩序"和"中国的世界秩序"。该书现已出中文版，可参见：〔美〕费正清编：《中国的世界秩序、传统中国的对外关系》，杜继东译，中国社会科学出版社，2010。

[②] 关于这一方面的论著，可参看：Cranmer-byng，J. L.，" The Chinese Perception of a World Order"（《中国人的世界秩序观》），International Journal，24 – 1，1969，p. 166 – 171；Nigel Cameron，Barbarians and Mandarins（《外夷与官员》），University of Chicago Press，1970；Morris Rossabi，China and Inner Asia：From 1368 to the Present Day（《中国与亚洲腹地：从 1368 年到现在》，New York：Pica Books，1975；Sarasin Virphol，Tribute and Profit：Sino-Siamese Trade，1652 – 1853（《朝贡与利益：1652 ~ 1853 年间的中暹贸易》），Harvard University Press，1977；Key-Hiuk Kim，The Last Phase of the East Asian Woorld Order：Korea，Japan，and the Chinese Empire，1860 – 1882（《东亚世界秩序的最后阶段：朝鲜、日本和中华帝国 1860 ~ 1882》），University of California Press，1981；Aubery Singer，The Lion and the Dragon：The Story of the First British Embassy （转下页注）

清看来，朝贡制度是古代中国文化优越感的产物，而贸易又是朝贡制度实现的必要前提。① 因此，"朝贡贸易"在中国传统对外关系方面占有重要地位，而朝贡制度则是造成 18～19 世纪中西冲突的重要原因。② 日本学者滨下武志虽然反对费氏关于朝贡制度在早期中西关系上所起负面作用的分析，但他却把"朝贡贸易"论作为他的理论出发点，在此基地上构筑了"地域圈"理论。滨下认为，正是"朝贡贸易体系"的主导作用，促成了"近代亚洲经济圈"的形成。③ 不过也有学者指出，16～18 世纪的东亚贸易网络，决非"朝贡贸易体系"，而是"互市贸易体系"。④ 甚至还有学者指出，"朝贡贸易"的概念是不能成立的。⑤ 然而，如果我们把"朝贡"和"贸易"分成两个独立概念，把现今所说的"贸易"还原为古代人所说的"互市"，那么，它俩之间有无关联？若有关联又是如何结合成"体系"的？迄今却是未曾讨论的问题。

（接上页注②） to the Court of the Emperor Qianlong in Perking 1792－1794（《狮与龙：1792～1794 第一个英国使团访问北京乾隆帝的朝廷》），Barrie & Jenkins，1992；阿兰·佩雷菲特（Alain Peyrefitte）：《停滞的帝国》（The Immobile Empire），生活·读书·新知三联书店，1993；Robert Bikers，ed. Ritual and Diplomacy：The Macartney Mission to China 1792－1794（《礼仪与外交：马戛尔尼使华 1792～1794》），The British Association of Chinese Studies and Wellsweep Press，1993。其实，费氏本人早在 1941 年就与华裔学者邓嗣禹（S. Y. Teng）合作发表过"On the Ch'ing Tributary System"（《论清代的朝贡制度》），Harvard Journal of Asiatic Studies 6，1941，pp. 135－246；次年，他还单独发表过"Tributary Trade and China's Relation with the West"（《朝贡贸易与中西关系》），Far Eastern Quarterly 1－2，1942，pp. 129－149。

① John K. Fairbank and S. Y. Teng（邓嗣禹），"On the Ch'ing Tributary System"（《论清代朝贡制度》），Harvard Journal of Asiatic Studies 6，1941，pp. 135－246.

② John K. Fairbank，"Tributary Trade and China's Relation with the West"（《朝贡贸易与中国和西方的关系》），Far Eastern Quarterly 1－2，1942，pp. 129－149.

③ 滨下武志：《近代中国的国际契机：朝贡贸易体系与近代亚洲经济圈》，朱荫贵、欧阳菲译，中国社会科学出版社，1999。

④ 岩井茂树：《16～18 世纪东亚的国际商业与互市体制》，《东アジア研究》2006 年第 46 号，第 3～24 页。

⑤ 冯正玉：《17～19 世纪朝鲜对清贸易研究》，博士学位论文，吉林大学，2011。冯正玉在考察朝鲜对清朝的朝贡活动后认为，双方在进行朝贡关系活动时都没有追求直接的经济利益，因此将"贡物"与"赐物"的交换视为一种贸易活动，是根本不能成立的（第 51 页）。

清朝与朝鲜之间的边境互市，自清初至清末一直存在于鸭绿江流域和图们江流域。学术界对这一时期两国互市的研究比较重视，尤其是对图们江流域互市的研究成果颇丰。① 但现有研究多侧重于图们江互市制度演变和贸易状况，而对"互市"制度安排的缘由，以及它与"朝贡"体制的关联性，却缺乏必要的讨论。为此，本文拟以清朝入关前与朝鲜的边境互市问题为中心，做点初步考察和分析。

一 丁卯之役与后金的经济困境

15 世纪中期，随着建州左卫女真人自图们江南岸越江北移，图们江开始成为明朝与朝鲜王朝之间的界河。② 不过，女真人与朝鲜人的边境互市却一直频繁，大体上五日一市，互市地点包括图们江以南的会宁、庆源、钟城、庆兴、稳城和富宁六镇地区。③ 而努尔哈赤建立后金政权后，原来那种互市贸易，反而受到禁止，这是由于朝鲜基于自身安全以及她与明朝密切政治关系所致。④

为此，皇太极在即汗位（天命十一年九月初一日，1626 年）后不久，就于天聪元年（1627 年）初发动了"丁卯之役"（该年为干支纪年的丁卯年）。正月初八，皇太极命阿敏等人率师征讨朝鲜，并发文声明朝鲜遭伐之由："天可汗宾天，不即送使致吊；宣川之役，一不杀戮，不即送使致谢；

① 学术界对于清朝与朝鲜在图们江流域互市问题研究的代表性论著有：庄吉发：《满鲜通市考》，《食货月刊》1975 年第 5 卷第 6 期，后收于庄氏、《清史论集》第七册，文史哲出版社，2000，第 1~33 页；张存武：《清韩宗藩贸易（1637~1894）》，台北："中央研究院"近代史研究所，1978；王崇实：《会宁、庆源开市——谈清代吉林与朝鲜的边境贸易》，《吉林师范学院学报》1991 年第 2 期；郭庆涛：《试论 17 世纪中叶至 18 世纪清朝与朝鲜的会源边市贸易》，《韩国学论文集》第六辑，新华出版社，1997；王臻：《清朝对李朝图们江地区的边境贸易简论》，《东疆学刊》1999 年第 4 期；费驰：《清代中朝边境互市贸易的演变探析（1636~1894）》，《东北师大学报》（哲学社会科学版）2006 年第 3 期；张杰：《后金时期满族与朝鲜的贸易》，《辽宁大学学报》（哲学社会科学版）2008 年第 3 期。还有上面已标注的冯正玉博士论文。

② 杨昭全、孙玉梅：《中朝边界史》，吉林文史出版社，1993，第 137 页。

③ 刁书仁：《明代女真与朝鲜的贸易》，《史学集刊》2007 年第 5 期。

④ 王崇实：《会宁、庆源开市——谈清代吉林与朝鲜的边境贸易》，《吉林师范学院学报》1991 年第 2 期。

文龙我之大仇，而接纳内地，给饷护恤；辽民我之赤子，而招亡纳叛，一不送还。"① 从上面皇太极所说的兵伐朝鲜的四点理由来看，第一点指责朝鲜对努尔哈赤去世不遣使吊慰，第二点指责朝鲜在宣川之战（朝鲜在协助明朝军事进攻后金遭遇失败后，努尔哈赤也曾发兵偷袭朝鲜宣川②）后金军未杀朝鲜人的情况下不遣使致谢，第三点指责朝鲜接纳明朝将领毛文龙，第四点指朝鲜接纳因战争而逃往朝鲜的辽东难民。严格说来，上述四点皆不能成为皇太极冒险发兵征朝鲜的理由。那么，皇太极于1627年发兵征朝鲜的原因究竟是什么呢？

我们认为，皇太极发动丁卯之役的真正原因，是他需要解决后金在经济上极端困难的局面。这种困难是由内外两个方面的原因造成的。

从外部原因来说，后金在萨尔浒之战后，即面临明朝与朝鲜对其联手采取的经济封锁。本来，努尔哈赤虽然在萨尔浒之战中击败了明军并降服朝鲜援军，但却导致战前与明朝、朝鲜之间互市贸易的断绝。据一位曾被后金俘虏的朝鲜人记载："闻胡中衣服极贵，部落男女殆无以掩体。"而"战场僵尸，无不赤脱，其贵衣服可知。"③ 这里所说的只是衣服。其实，当时后金民众的基本生活物资如食盐、粮食等，也十分匮乏。

从内部原因来看，努尔哈赤率八旗军进入辽沈地区（1621年）后，后金的经济形态完全转入农耕经济，但满人本身的农业生产技术比较低端落后，并缺乏农业生产经验，必须依赖当地汉人。然而，后金强迫当地汉人"薙发"（剃发），以"薙发"作为汉人臣服后金的标志，却造成当地大批汉人逃亡，甚至武装反抗，更加加重了后金的经济困难局面。努尔哈赤为了缓解满人的粮食匮乏局面，还曾在辽东实行甄别汉人有粮户与无粮户的政策，对无粮户实行残酷的屠杀，并强迫有粮户以粮食养活满人。不久，努尔哈赤又将所占原来的农田，直接建立满人田庄，将所俘汉人降为奴隶编入农庄进行农业生产。但这种落后的生产方式，又造成"汉人每被侵扰，多致逃亡"④。

显然，后金既无法从内部改善生产关系来解决自身的经济艰难，也不可

① 《朝鲜王朝实录·仁祖实录》卷十六，五年四月丁酉。按：本文所用《朝鲜王朝实录》，皆据韩国国史编纂委员会网站，http://sillok.history.go.kr/。下同，不另注。

② 参见《朝鲜王朝实录·光海君日记》卷一七三，十四年一月戊戌。

③ 〔朝鲜〕李民宾：《建州闻建录》，辽宁大学历史系，1978，第43页。

④ 《清实录·太宗实录》卷一，天命十一年八月丁丑，中华书局影印本，1987。

能通过和平手段从外部环境创造贸易机会来改善自己的经济困难局面。所以，唯有强迫外部包围圈中的薄弱之处——朝鲜打开贸易通道，后金才有可能解决这种经济困难。事实上，皇太极正是通过这场战争与朝鲜结成兄弟关系，要求朝鲜在边境地区的中江与会宁设立定时的双方互市贸易。据学者研究，皇太极于当年（1627 年）四月初从朝鲜撤军之时，就将开市贸易之事告诉其对朝鲜交涉官员朴仲男。① 此后，后金又将从义州撤出最后驻军（以防止毛文龙偷袭为由留兵于义州）与义州开市赎还人口问题相联系。朝鲜最初对后金的要求一直采取延宕之术，后来遣使至皮岛向明朝将领毛文龙通报情况，② 才于天聪二年（1628 年）二月二十一日在中江首次开市。③ 后金派遣一千余人进入义州贸易，又派三百士兵进行保护，以采购粮食；朝鲜则以粮食赎还被金兵所掳人口。④

在鸭绿江流域开市大局已定的情况下，皇太极又于天聪二年（1628 年）二月初八日派遣高牙夫赍国书前往朝鲜王京谋求在图们江流域开市。二月二十二日，后金使节高牙夫携皇太极国书至朝鲜王京："金国汗致书于朝鲜王弟。今两国既成一国，中江大开关市，窃思东边之民，原来会宁做市矣。今见此处开市，皆欲往会宁贸易。料无王命，会宁官岂敢擅专？故具悉预报。如允当，速令会宁官遵行。"朝鲜仁祖王令承文院修书做答："两西新经兵火，财畜荡然。中江开市，亦恐无以成形。况于会宁空虚之地，以何人物，得成市贸也？"⑤ 然而，在后金派遣高牙夫至王京要求开市不久，即派朴仲男、者老等率八十余人直接到会宁，要求交易，⑥ 最后迫使朝鲜同意在会宁开市。⑦

---

① 刘家驹：《清朝初期的中朝关系》，文史哲出版社，1986，第 24 页。
② 据《朝鲜王朝实录·仁祖实录》卷十七，五年十一月辛未。毛文龙告诉朝鲜来使：可现答应后金开市要求，待明军集结再破前往义州贸易的金兵。但在义州开市之际，不可聚人过多。宜以此事委诸下民，官人则佯作不知。
③ 《朝鲜王朝实录·仁祖实录》卷十八，六年正月丙子。
④ 《朝鲜王朝实录·仁祖实录》卷十八，六年二月庚申。
⑤ 《朝鲜王朝实录·仁祖实录》卷十八，六年二月甲寅。
⑥ 《朝鲜王朝实录·仁祖实录》卷十八，六年三月丁丑，记载："咸镜监司李溟驰启曰：'骑胡加应介、落只、童信沙三人，来到会宁言，朴仲男、者老各率从胡十余人，当自沈阳出来，豫招仲男父兄，使之来即相见。回具、罗具、尼应古太等三部五十余人，亦以交易出来，明朝当到本府云。'事下备局。"由此而观，后金派往会宁的人数，当有八十余人左右。
⑦ 《朝鲜王朝实录·仁祖实录》卷十八，六年五月丙戌。

二 互市问题与丙子之役

后金与朝鲜在中江、会宁两地设立互市后，双方间围绕着互市问题却经常发生争执。在中江互市方面，后金要求朝鲜每年春、夏、秋开市三次。朝鲜则以其商贾载货从内地往返义州，需时数月，夏季农忙且多雨，改请春、秋两次开市，得到后金同意。① 双方议定中江互市时间，春市在二月举行，秋市于八月举行。天聪四年（1630 年），后金希望从义州贸易青布，朝鲜却以毛文龙兵骚扰之患为由，将贸易地点移置安定；而后金派人前往安定运输青布时，当地朝鲜官员却以未及措备为由而不给青布②；后金希望从义州贸易米粮，而中江市场却因为毛文龙被杀而使米粮贸易受到影响。当年六月，明朝经略袁崇焕计擒毛文龙，以侵盗钱粮、私通外夷等十二项罪斩杀毛文龙，任命中军副将陈继盛代领皮岛兵众。翌年四月，毛文龙部将刘兴治、刘兴基、刘兴深、刘兴沛起兵杀继盛，却造成中江市场粮食供应不足。这是由于毛文龙生前向明朝朝廷夸报自己的兵丁数额，每年冒领三十余万粮饷。毛文龙以此与朝鲜贸易，朝鲜贸得米粮除用于赈荒外，另以余粮输入中江供后金商人采买。而刘氏兄弟夺权后，明朝以他们擅害主帅定罪并停供他们的粮饷。刘氏兄弟遂派人持银到朝鲜贸粮，因此中江市场的粮食供应更加紧张。

天聪五年（1631 年）二月，后金派遣英俄尔岱（朝鲜史籍称"龙骨大"）至中江贸易，请以七万两银购货，一万两银贸马数百匹，二万两银贸牛二百余头，限三日内入送，逾期则往安州、平壤、王京。朝鲜以耕牛关系本国农耕，未按数入送。英俄尔岱欲入王京，逼催之下也仅贸得耕牛五十余头，遂对义州抢掠牛马。八月，朝鲜仁祖王李倧致书皇太极："顷日义州开市日，贵国差人恃强负气，多作非理，或抑勒价值，或攘夺马畜。"③ 十一月，皇太极回称："果有此事，是败我两国和好。王当行义州该管官员，查勒价者姓名并攘夺马匹毛色，详细开来，以便查究。"④ 李倧则云："既往之

---

① 参据《朝鲜王朝实录·仁祖实录》卷十八，六年二月庚申、六年三月丙寅。

② 参据庄吉发：《满鲜通市考》，载《清史论集》第七册，第 15 页。

③ 《朝鲜国来书簿》第一册，第 77～81 页。

④ 《朝鲜王朝实录·仁祖实录》卷二五，九年闰十一月辛酉。

事，何屑追勘"。此后贵国应"严饬差人，约束商贾，使之务从平价。"①
实际上，后金与朝鲜于义州中江互市，在天聪七年（1633年）冬之前，仅
开市两次。②

　　而在会宁互市方面，天聪三年（1629年）四月，皇太极致书李倧，指
责朝鲜对"会宁明系公市，欲与交易不果，多有推辞。"③ 六年（1632年）
三月，皇太极致书李倧，要求朝鲜对在会宁互市之后金商人，"一如义州及
鲜商到沈阳贸易之例，供给食粮草料。市中牛价宜照义州例，市价每匹增银
五分。"④ 七月，李倧回复："我国北边距京城数千里，地苦寒，民无生业，
民只吃瞿麦而衣狗皮，此往来差人所知，且市价贵贱，随地异宜，恐难局
定，只当平价交易耳。"⑤ 九月，皇太极回书相驳："先日尤剌汗卜占台抢掠
贵地，后来讲和，年年进贡，月月开市，牛布诸物，无所不有。我极东住
民，亦常相与交易。何与伊通市者偏有，与我通市者偏无耶？"⑥ 七年
（1633年）二月，皇太极遣郎格等往朝鲜会宁贸易，并寻访后金逃民。⑦ 朝
鲜回复："逃民虽舍命逃出，或死于途中。其到达本国，百无一二。纵有到
达，而闻贵国查觅，恐被绑送，不肯来投官府，各自散窜，无踪可寻。即有
可寻，拘绑以送，实人情之所不忍。"⑧ 李倧又致书称，"贵国商人不肯平价
交易，敝邦商贾争相逃避"⑨。朝鲜遂拒会宁开市。皇太极则复书切责："王
今断绝市道，是自毁邻好也。"⑩

　　天聪七年（1633年）五月，毛文龙部将孔有德、耿仲明率兵一万八千
人渡海投金⑪。皇太极以人口增添而粮食不敷为由，向朝鲜借粮。⑫ 李倧则

---

① 《朝鲜国来书簿》第一册，第84～87页。
② 据《清实录·太宗实录》（初纂本）卷十一，天聪七年九月十四日金国汗书。
③ 《朝鲜王朝实录·仁祖实录》卷二十，七年四月丙申。
④ 《朝鲜王朝实录·仁祖实录》卷二六，十年三月丙寅。
⑤ 《朝鲜国来书簿》第一册，第88～95页。
⑥ 《朝鲜王朝实录·仁祖实录》卷二七，十年九月壬子。
⑦ 《清实录·太宗实录》卷十三，天聪七年二月丙子。
⑧ 《朝鲜国来书簿》第一册，第24～30页。
⑨ 《清实录·太宗实录》卷十三，天聪七年二月甲申。
⑩ 《朝鲜王朝实录·仁祖实录》卷二八，十一年三月丁酉。
⑪ 《清实录·太宗实录》卷三，天聪七年五月壬子。
⑫ 《清实录·太宗实录》卷十四，天聪七年六月丙寅。

以朝鲜粮食不足而拒绝。① 六月，皇太极命诸贝勒大臣讨论，对明朝、朝鲜、察哈尔三处用兵，何者为先。诸大臣对朝鲜多持和议，主张维持互市贸易②。八至十一月间，皇太极数度遣使朝鲜，要求开通互市，刷还逃民，禁止鲜人越界采参③。李倧亦频频派使致书陈辩，并在其平安、黄海、京畿诸道加筑十四处城防。④ 十一月十六日，皇太极致书李倧，历数朝鲜十项背约行为，其中就有两项为互市方面的背约之责：义州互市本为一年两次，但至今仅开两次；近又关闭会宁互市。⑤ 八年（1634 年）冬，李倧差兵曹侍郎罗德宪为秋信使入沈阳致礼，仍拒金朝互市与索取逃人，并致书称："贵国差人持货来市，颇无限节，敝邦物力，甚难以应。自今以后，春、秋两使外，再勿赍货来，为长久之道可也"；"且青布、蟒缎、大缎、倭段、天青缎、闪缎、硼砂、水银、彩色等物，原系中朝所产，近年禁令特严，绝不得贸。六月贵使来时，适值诏使至，尚有所赍，故敝邦悉以所得应之，此则出于偶然耳！若贵国以为恒有之物，每责市易，是不知敝邦情事也，须以本国土产，依约交易，其成商贾何有所得别物，不售于贵国，更用于何处。要之土产为主，其他不出于敝邦者，随所得而应之，乃两国交易之常道也。且两国使臣，既有春秋交易之事，则会宁开市，不宜叠行，以滋弊端，事理甚明，贵国必能谅之。"皇太极闻悉，怒而拒收朝鲜礼物，并扣留德宪，回复国书令其从人携回。他在国书中告诉李倧："王来书云，我国违背前约，使

① 《朝鲜国来书簿》第一册，第 112～116 页。

② 《清实录·太宗实录》卷十四，天聪七年六月甲戌。

③ 参见《清实录·太宗实录》卷十五，天聪七年八月乙丑；卷十五，天聪七年九月癸卯；卷十六，天聪七年十一月甲辰。《朝鲜王朝实录·仁祖实录》卷二八，十一年九月壬子；卷二八，十一年十一月乙卯；卷二八，十一年十一月戊午。

④ 参见《清实录·太宗实录》卷十五，天聪七年九月庚寅；卷十六，天聪七年十月乙酉；卷十七，天聪八年二月乙亥；《朝鲜王朝实录·仁祖实录》卷二八，十一年十一月戊午；《朝鲜国来书簿》第一册，第 117～119、121～125 页。

⑤ 据《清实录·太宗实录》卷十六，天聪七年十一月甲辰，记载，皇太极指责朝鲜十项背约行为：以族人诈称亲弟，一也；容汉人登陆义州，并更以朝鲜衣装，二也；将返还之朝鲜战俘解送明朝，三也；听任朝鲜人越界采参打猎，四也；义州互市本为一年两次，但至今仅开两次，五也；孔耿弃明投我，尔国中途截战，六也；孔耿入我国以后，尔国又派兵向其进攻一次，无故构兵，七也；与明朝密切往来，却以语欺瞒于我，八也；近又关闭会宁互市，九也；新筑七处城防，欲与我结怨，十也。

臣持货物责贾子边。细绎王言，实不知我国违背之由，初时定约，除使臣外，每年四大市，于义州交易，予遵约，迁居积至义州，而贵国之物不至，是贵国弗践前言而违定约也。其后又定约，每二年于义州交易，贵国不践前言而复违之。后又约市物与春秋使臣同来，两国遵行，至今未改。由此观之，责国渝约则有之，予实未也。又以春秋使臣外，我国遣人持货往市，颇无限节。王言无乃谬乎！所言无限节者，系何月日，往市凡几次，系何姓名，易不明白开说，而徒以空言伤和好，果何谓耶！六月间，曾遣使至贵国，盖取春市未完之价耳，去人或有贸易，不过因兄弟之国，乘便少携货物，有无相易已耳。今竟执此以为口实，是尔不乐交市之意，岂有他哉！又云：会宁开市，不宜叠行，以滋弊端，若与我国逃匿之民窃市。反不虞滋弊端乎！王果畏上天，守和议，岂有出此言之理。贵国之人，从庆兴、庆源、抚彝、阿吾地、阿山、干源、安源等处地方，与予逃匿居民窃市，已经察出，将货物并其人与贵使面质，似此弊端，岂非起自贵国乎！"① 可见，皇太极认为互市违约皆由朝鲜而起。

天聪九年（1635 年）正月，后金户部承政马福塔（朝鲜史籍称"马夫达"）返自朝鲜，所携李倧信件称，"会宁开市若派专官管理，商民疑骇未必就市，不若听两国边民自由互市。"② 皇太极复书："若任民自相贸易，恐无统生乱，应令该地官员监视。而敝邦人民并不曾有轻入贵国境内，而贵国人民何故频入敝邦采取人参耶？"③ 夏秋冬三季间，皇太极三度遣马福塔至朝鲜王京及平壤贸易④。年底，皇太极致书责朝鲜故意压低金商所携人参价格。双方初议参价每斤十六两，朝鲜以明朝不用人参而压价为九两，实则与明朝成交价为二十两。⑤ 后金商人携人参与朝鲜贸易，本为作为解决大宗采购所需资金，而朝鲜方面故意压价，也令皇太极非常不满。

---

① 《清实录·太宗实录》卷一八，天聪八年十月壬子。

② 《朝鲜国来书簿》第二册，第 1～2 页；又见于《清实录·太宗实录》卷二二，天聪九年正月己卯。

③ 《清实录·太宗实录》卷二三，天聪九年三月壬申。

④ 据《清太宗实录》卷二三，天聪九年四月戊子、天聪九年五月乙亥、天聪九年六月辛卯；卷二五，天聪九年十月壬寅；卷二六，天聪九年十二月丙寅。并参见《朝鲜王朝实录·仁祖实录》卷三一，十三年四月乙巳、十三年五月辛亥、十三年十一月戊午。

⑤ 《清实录·太宗实录》卷二六，天聪九年十二月丙申。

天聪十年（1636年）四月十一日，皇太极称帝并改国号为"清"，年号"崇德"。十一月十九日，皇太极以朝鲜败盟逆命，从八旗、蒙古、汉军中征调马步兵十万人，决定亲征朝鲜。① 此次战争史称"丙子之役"。皇太极指责朝鲜国王发动战争的理由，是朝鲜人越境采参、围猎扰边、接纳叛逃、围堵明朝降将投清、接待使臣无礼等败盟行为以及朝鲜不肯向清朝称臣。② 通过我们的考察看，后金与朝鲜之初的互市纠纷，也是一个非常重要的原因。前面所引诸多史料表明，后金与朝鲜的互市，不仅是其解决粮食、布匹自给不足的重要手段，同时也是解决耕牛和战马不足的重要措施。所以，其与朝鲜之间的互市，可以说是其入关前战时经济的重要部分。而为了解决好互市问题，唯有通过战争缔结相互间的封贡关系，将互市纳入到朝贡体制之中解决，以君臣关系来约束朝鲜听从清朝的互市安排。

事实上，正是在清朝与朝鲜达成封贡关系后，朝鲜才完全按照清朝的互市要求，接受清朝的互市安排。崇德二年（1637年）定，凤城等处清人每年赴义州中江进行春（二月）、秋（八月）二次互市。③ 而据《咸镜道会源开市定例》记载，"会宁开市创于崇德三年（1638年）戊寅，盖大国以宁古塔、乌喇两处民人之乏农牛、农器、食盐而设。"④《通文馆志》也记载，"崇德戊寅，宁古塔人持户部票文来换农器，后以为例。"⑤ 顺治三年（1646年）"三月初五日申时分，有大朝开市差官一同通事卞兰并跟随人到付，随就赖打湖户人所居便近地方，于庆源府（位于图们江畔的朝鲜咸镜道庆源城）开市。"⑥ 此后，库尔喀人和厚春旗人也自会宁转来庆源互市。因会宁、庆源皆位于朝鲜北方，被朝鲜王朝统称为"北关互市"。至此，清朝与朝鲜之间的边境地区互市贸易关系，已在朝贡体制下稳定下来并逐渐走向正常化。

---

① 《清实录·太宗实录》卷三二，崇德元年十一月己未。
② 据《清入关前与朝鲜往来国书汇编（1619~1643）》，第197~200页。
③ 参据庄吉发：《满鲜通市考》，载《清史论集》第七册，第26~27页。
④ 《咸镜道会源开市定例》，原件藏于韩国首尔国立大学奎章阁，编号奎16023。转引于郭庆涛《试论17世纪中叶至18世纪清朝前期与朝鲜的会源边市贸易》。
⑤ 《通文馆志》卷三，《事大上》。
⑥ 《同文汇考·原编》卷四九，《犯越一》。

三　余论：清鲜封贡关系条件下的互市制度

综上所述，后金政权自皇太极继承大汗之位后，为了摆脱萨尔浒之战后明朝对其进行的经济封锁和后金进入辽沈地区后经济转型过程中的困难局面，曾动用战争手段（丁卯之役）迫使朝鲜接受她的边境互市要求。而在中江互市和会宁互市纠纷不断很难开展的情况下，皇太极借改国号和称帝之机，再次发动对朝鲜的战争（丙子之役），迫使朝鲜向清朝称臣纳贡，才实现了边境地区的互市稳定和正常化。

从另外一种角度来说，后金在皇太极时代要求朝鲜接受自己的边境互市要求，完全是后金战时的经济需要。曾有学者在研究后金时期与朝鲜的贸易时，看到了后金两次对朝鲜战争背景中所包含的经济因素，指出满族诚如皇太极所说的有"向以取资他国之物为生"的传统。[①] 我们认为，皇太极所说的这个传统，还是在女真人进入辽沈地区进行农业经济以前。在那时，女真人以及后金初建时的经济形态，还主要依靠采集经济和狩猎经济，因此需要与外族交换生活必需品。所以，他们曾在明朝所设的抚顺马市上以自己出产的人参、兽皮甚至猪牛来换取汉人的布匹与粮食。不过，满族进入辽沈地区以后，期望通过与朝鲜人的互市，来换取耕牛以恢复农业生产，换取粮食以缓解粮食严重不足的困难，换取马匹以补充战马。因此，皇太极对朝鲜提出的边境互市要求，完全是后金与明朝作战的战时经济需要。

我们从后金及清朝最初主管与朝鲜关系事务的机构为户部来看，也可以发现这种战时经济需要对涉外事务的影响。本来，在汉族文化的影响下，后金在天聪五年（1631 年）设有吏、户、礼、兵、刑、工六部。按照汉族文化的传统，凡涉及与外国政治关系的事务，一般由礼部负责。然而，在皇太极以及摄政王多尔衮执政期间，后金以及清朝有关朝鲜事务的主导权，一直由户部掌握。如伊始担任户部承政（后改称户部尚书）的英俄尔岱和参政（后改称户部侍郎）马福塔，一直主导着与朝鲜的交涉事务，包括通交、互市、使朝鲜鞠狱等事务。而崇德二年（1637 年）十月清朝首次册封朝鲜国

---

① 　张杰：《后金时期满族与朝鲜的贸易》，《辽宁大学学报》（哲学社会科学版）2008 年第 3 期。

王之行，也是由英俄尔岱和马福塔为正副使来完成的。① 由掌管军国支计的户部主官兼管朝鲜事务，反映了当时与朝鲜的关系直接关乎后金经济需要。

到福临顺治亲政时，清朝关于朝鲜事务的管理权才由户部改归礼部。顺治十年（1653 年），清朝与朝鲜之间的互市管理权也改由礼部管辖，并以咨文形式通报朝鲜。而边境互市的具体管理官员，中江是凤城守尉，盛京户部要派出税官；在会宁和庆源则由乌喇（吉林）、宁古塔方面派遣官员前往管理，礼部派通事随往。② 朝鲜《同文汇考》也专门设"交易"门，收录有清朝礼部与朝鲜国王之间围绕中江、会宁、庆源三处互市问题的往来咨文，它表明清朝入关以后与朝鲜的互市制度，已完全纳入由礼部所主导的朝贡体制。

本来，早在汉代就已开始的边境地区互市，与朝贡制度就有密切的关联性。③ 而朝鲜王朝最初向明朝请求在中江立边境贸易，也是依赖她对明朝的藩属关系。朝鲜《通文馆志》记载，中江设市，"始于万历癸巳（1593年），自本国请于中江设场开市，买取军粮马匹。辛丑（1601 年）因弊端滋兴，又乞还罢。抚院咨会本国及镇江游击府曰：'迩来倭犯朝鲜，暂议开市，以济军需。不过一时权宜之计，况今倭奴业已退遁，即将中江交易尽行停止，再不许违禁贸易，致起争端云云。'顺治间，虽迫于咨请，听施其卖牛，而但令该管之人，以官办牛、盐照例贸换而已，并不许私商随往。"④上述记载表明，中江互市最初是由朝鲜向明朝提出的，以解决朝鲜当时遭受

---

① 参见《清史稿》卷二二八《英俄尔岱、马福塔传》；卷五三三《朝鲜传》。

② 张存武：《清韩宗藩贸易（1637～1894）》，"中央研究院"近代史研究所，1978，第175～183页。

③ 《汉书》卷九十五《西南夷两粤朝鲜传》记载，"高帝已定天下，为中国劳苦，故释佗不诛。十一年，遣陆贾立佗为南粤王，与剖符通使，使和辑百粤，毋为南边害，与长沙接境。高后时，有司请禁粤关市铁器。佗曰：'高皇帝立我，通使物，今高后听谗言，别异蛮夷，隔绝器物，此必长沙王计，欲倚中国，击灭南海并王之，自为功也。'于是佗乃自尊号为南武帝……"
《汉书》第三册，中华书局，2000，第2840页。按：据此史料观察，西汉高祖十一年（公元前196年）派遣陆贾前往南粤国，册封赵佗为南粤国王，除了给予南粤国剖符以便其向汉朝通使外，还曾在双方边境设立"关市"以贸易货物。汉高后吕雉在位时（公元前187至公元前180年），双方关市关闭。以此来看，边境互市在汉高祖时期曾是朝贡制度中的具体内容之一。

④ 《通文馆志》卷三，《开市》。

倭祸而军需物资极端困难的问题。而明朝也从救助藩属国家灾难角度考虑，应允了朝鲜的请求。后来，又根据朝鲜的要求，明朝又关闭了中江互市。在明代，中江互市的兴革，都与双方良好的封贡关系密不可分。

然而，清朝入关以后，对朝鲜互市的战时经济需要已不复存在。而她在与朝鲜之间封贡关系平稳以后，为何没有取消中朝之间的边境互市呢？其实，朝鲜在肃宗王时期，就曾请求清朝革罢中江互市。朝鲜史书记载："肃宗庚辰（1700 年），移咨礼部，革罢中江开市。"① 朝鲜要求革罢中江互市，是因为中江附近凤凰城的栅门贸易的兴起。但清朝并没有接受朝鲜革罢中江互市的要求，其原因何在？清朝史书并无明确记载。我们认为，清朝需要用边境互市制度来维护她对周邻诸国所采取的朝贡体制。随着清朝与周邻国家之间政治关系的建立，朝贡制度已成为清朝开展与周邻国家政治往来的核心制度。清朝的朝贡制度，实际上是清朝构筑的边疆防御体系。② 而她在与安南、缅甸、廓尔喀、浩罕等国进行封贡往来时，皆设立定点的互市贸易，既顾及两国边境地区的民生，也有利于维护边疆地区的稳定。而就清朝入关后与朝鲜之间的会宁、庆源、中江互市来看，皆有解决东北边疆地区居民经济交换需求的目的，并以此来巩固东北边疆地区的稳定。尤其是图们江流域的会宁和庆源互市，它为宁古塔、乌喇（吉林）地区的少数民族和清朝守边人员就近解决生活必需品提供了重要的供应渠道。而中江互市，与凤凰城的栅门贸易相比较，在贸易地点上对于清朝而言更具安全性，在贸易性质上更具有民间性，因此为清朝所保留。

因此，正是清朝对边境地区互市制度的安排，使她在周邻国家所推行的朝贡制度，才真正形成"朝贡贸易"体系。也正是这种互市的地域性，才构成了不同的地域经济圈。

---

① 〔朝鲜〕李肯翊：《燃藜室记述别集》卷十八，《边圉典故》"西北开市"条。
② 参见陈尚胜：《试论清朝前期封贡体系的基本特征》，《清史研究》2010 年第 2 期。

东北鼠疫时期图们江流域防疫与国际合作

李勇植*

1910 年秋季，在蒙古高原北部中俄边境的土拨鼠捕猎者中间爆发了鼠疫。10 月 12 日，中俄边界小城满洲里出现第一个肺鼠疫病例。在此之后，随着在东北地区务工的山东、直隶两省劳动力返乡，鼠疫沿着铁路向东和向南蔓延。11 月，哈尔滨出现第一位患者，12 月蔓延到齐齐哈尔、长春。1911 年 1 月，鼠疫传播到吉林、沈阳、大连，进入山海关，波及天津、北京、保定；越过渤海海峡，在山东半岛登陆，影响到济南和青岛。同年 3 月，鼠疫在各地陆续消退。在肺鼠疫流行的数月时间里，华北各省，特别是东北三省人民惨遭蹂躏，先后有 5 万多人失去了宝贵生命。面对鼠疫肆虐，各地都采取了相应的防疫措施。当鼠疫蔓延到延边地区后，当时的延边地方政府也采取了积极的防疫措施，在有效地控制鼠疫传染的同时，预防日俄对延边地区的干涉。学界对于 1910 ~ 1911 年东北鼠疫的研究可谓深入广泛①，但对于鼠疫期间延边地区防疫情况的研究较少，亦有需纠正之处。

---

* 李勇植，延边大学人文社会科学学院历史系教授。

① 曹丽娟的《试论清末卫生行政机构》（《中华医史杂志》2001 年第 2 期）全面地论述了中央和地方的卫生行政机构沿革；王学良的《1910 年东北发生鼠疫时中美与日俄间的政治斗争》（《社会科学战线》1992 年第 3 期）一文阐述了东北鼠疫期间清政府利用美国对付日俄瓜分阴谋，同时美国也是出于自己"门户开放"利益而参与防疫活动，注意到美国资本家趁清政府危机威逼清政府签订有利于以美国为首的四国银行团的贷款协议；谭晓燕的《民国时期的防疫政策（1911 ~ 1937）》（山东大学硕士学位论文，2006），于洋、马东玉的《东北历史科技文化最光辉的一页——震惊世界的传染病治疗》（《辽宁师范大学 （转下页注）

一 图们江流域地区防疫措施与效果

东北鼠疫沿东清铁道蔓延，经哈尔滨渐流入临近各属，吉林巡抚电饬所属"先事预防，凡由疫地所来之行旅分别查阻、隔绝交通并饬所属筹设防疫局及检疫所，实行检验、消毒之法以防侵入"，并特别强调"惟此事关系甚巨，俄、日邻邦均极注意，深恐延入彼疆"。①与日俄为邻并经常与其交涉的延边地方政府为避免一直对延边地区虎视眈眈的日俄两国借机滋事挑衅，自然不敢怠慢防疫事宜。延边各地相继成立卫生防疫机构，1911 年 1月 12 日，延吉府设立防疫局②，由彭树堂任局长，这是延吉府成立的第一个专门从事卫生防疫事务的机构。下设诊疫所、检疫所、隔离所、庇寒所、养病所和疑似病院各一处，七处防疫分卡等临时防疫机构，共有 6 名医官，55 名办事人员。之前，1911 年 1 月 4 日，东南路兵备道成立了东南路临时防疫所，东南路临时防疫所于两处交通要道设卡检疫，一处设在骆驼碢子，截断宁安来道；另一处设在哈尔巴岭，截断吉林来道，并设哈尔巴岭防遏所。和龙县在警务所内附设防疫局，并于沿江各交通要道设立防疫、检疫分所。珲春厅设立防疫局，下设防疫分卡，由巡警负责。敦化县也设立防疫局，下设检疫所、诊疫所和庇寒所。此外，还组织了一支巡诊医疗队，由防疫局总医官田勇方亲自带队，不分昼夜前往染疫各家按名诊治，以免庸医误人。

（接上页注①）学报》2006 年第 3 期），焦润明的《1910～1911 年的东北大鼠疫及朝野应对措施》（《近代史研究》2006 年第 3 期），曹晶晶的《1910 年东北鼠疫的发生及蔓延》（《东北史地》2007 年第 1 期），张靖的《吉林省国境卫生检疫历史考察》（吉林大学硕士学位论文，2011）等，这些论文谈到当时东北鼠疫时期疾病的传染及检疫、防疫等应对措施，虽然关于延边地区的防疫却鲜有提及，但对了解其卫生防疫政策和社会状况方面有一定的参考价值。值得关注的是胡成的《东北地区肺鼠疫蔓延期间的主权之争（1910.11～1911.4）》（《中国社会历史评论》第九卷，2008，第 214～232 页）一文透过一般性的检疫、防疫过程中的主权之争，揭示了作为自然法则的人之鼠疫传染，在人群中蔓延不受种族、领土、国界和文化的限制，并关了注防疫过程中国际合作的意义。

① 延吉县历史档案：《为交涉司札鼠疫传染甚速宜竭力整顿卫生由》，吉林省延边朝鲜族自治州档案馆，全宗号 20 目录号 1 案卷号 233。

② 于局子街择租适宜民房一所，委派承办、文牍、稽查、庶务兼会计各一员，中医一员、西医临时顾问一员、书记一名，巡警四名专司防疫事务。

防疫局成立后立即开展了各项防疫举措。首先，防疫局专门负责检疫消毒、医治各乡，至于城镇的公共卫生则由巡警局专门负责，地方商会协助清理；对于开导村屯居民注意个人卫生为巡警分区负责，由自治会为助理。医生治理疫病则"可中西兼用，听民就诊，自择救度药方"，"本局札发各属经验药方并准照用，需用药品如或缺乏准备价来本局领购"。其次，截断交通并设立检疫所。凡需要来往人员务必在检疫所留验五日方可放行。再次，防疫局考虑到"东省习惯死者举而委之沟壑，故有浮棺"，但这个时候正值鼠疫流行"尚任棺骸暴露实不过与卫生，且疫死火化之制创，民间多以固疫致死者隐匿不报，一律与浮棺混淆"，① 如果不妥善处理这些浮棺将会导致疫病的进一步扩散。鉴于此，延吉府防疫局令各区巡警搜集散落各地的浮棺，并将散落各地的浮棺就地掩埋，也要"深以七尺为度"。还有，鼓励各地方展开积极的消毒预防措施，有疫各地应即设法消毒，无疫地亦应极力清洁。

由于当时人们的卫生意识比较差、居住环境不够清洁，为了让人们明白讲究卫生有助于防治鼠疫的传染，延吉府防疫局专门制定了通俗易懂的《诸邑人等清洁卫生以防疫气规则》，并各地张贴告示。该规则强调居民的居住环境一定要保持清洁、透光、通气，"要将个人住宿的房屋扫除得干净，要将那些个破烂、肮脏的东西远远地丢出去"，"要将有人住的屋子多开窗眼、透阳光、通空气"，还鼓励百姓多出去走动不要总在屋里待着。此外，延吉府防疫局还发布了《晓谕人民著紧拿获老鼠以防瘟疫由》的布告，让当地百姓赶紧设法捕鼠，并采取了相应的奖励措施，"要是捉着老鼠，就送到离你们近的巡警局里可以卖钱，不论大小，每一个老鼠给钱二百文"。②

为了防止鼠疫在公共场所的蔓延，防疫局将下等伙房、小店一律封闭，不准住客，同时加强了对允许营业的澡堂、客栈、饭馆、妓馆等公共场所的管理并制定了相应的防疫规则，如《澡堂防疫规则》、《客栈防疫规则》、《酒席馆防疫规则》、《妓馆防疫规则》等。防疫规则的制定使延

---

① 东南路兵备道历史档案：《延吉府详报防疫事宜由》，吉林省延边朝鲜族自治州档案馆，全宗号 4 目录号 2 案卷号 366。

② 延吉县历史档案：《为交涉司札鼠疫传染甚速宜竭力整顿卫生由》，吉林省延边朝鲜族自治州档案馆，全宗号 20 目录号 1 案卷号 233。

边的防疫工作有章有据，促进了公共场所卫生环境的改善，有利于防止鼠疫的蔓延。

鼠疫蔓延到宁安地区后，吉林巡抚严饬驻延陆防各军和东南路兵备道道尹陶彬迅速截断由宁安赴东宁、敦化、额穆、汪清要道以免传染。1911 年 1 月 4 日，东南路兵备道成立东南路临时防疫所，一处设在骆驼砬子，截断宁安来道；另一处设在哈尔巴岭，截断吉林来道，并设哈尔巴岭防遏所。"哈尔巴岭为延、珲、汪、和西通要道"，① 哈尔巴岭防遏所的设立对控制疫情防止鼠疫的传染起着至关重要作用。哈尔巴岭防遏所委员高立垣于 1911 年 1 月 6 日午后实行截断交通的措施。为了更加有效地在哈尔巴岭展开防疫与检查工作，高立垣草拟了《哈尔巴岭检疫规则》，与哈尔巴岭巡防哨官商妥"择要路不分日夜轮流派兵值守，凡由西往东之普通车马、行人一律禁止通行"；即使公职人员经过也必须遵守检疫规则，"凡各官衙、局所之公人因公必须经过者，须将所带之衣物全行搬运消毒室，待用药消毒三小时后再行放行"，"虽系官衙、局所之公人若检验时疑似已染有疫病者仍不准通行"。至于文报局送报人员"送到后即令转回，不准在本处文报局逗留、存住，以免有传染之虞"。针对外国人也做了相应规定，"凡持有护照之外国人均照官衙、局所公人之法办理，如无护照之外国人亦一律禁阻而昭公允"。②为了对过往行人进行彻底检查、消毒，哈尔巴岭防遏所设立了留验室、沐浴室、消毒室等检疫机关与消毒设施。

当时，哈尔巴岭防遏所做了详细的检疫记录。对过往行人的人数、所带物品，因何经过，是否允许经过、采取何种检疫、消毒措施等都要在每日的检疫报告中做详细记录。哈尔巴岭防遏所采取的严厉措施中引人瞩目的是对文报局所传递的政府公文也要进行消毒，将从疫地送来的包封及各种官报暨慢行文件可送所消毒数十分钟再行转递，其限日公文亦可如此办理当无妨碍，至于紧急公文则需要经过上级的许可才能采取消毒措施。当然防遏所人员在对文件进行消毒时需要格外注意，不得将文件稍有损毁，文件经消毒后再交文报局接递。对于邮政局的邮差也参照文报局的办法采取了相应的措

---

① 东南路兵备道历史档案：《和龙县详报防疫事宜由》，吉林省延边朝鲜族自治州档案馆，全宗号 4 目录号 2 案卷号 357。

② 东南路兵备道历史档案：《哈尔巴岭防遏所呈报检验事宜由》，吉林省延边朝鲜族自治州档案馆，全宗号 4 目录号 2 案卷号 336。

施，"本日早七钟半有局子街邮差蔡国清负有邮便各物来所，据称系由敦化而来拟赴延吉邮政局等语。伏思该邮差虽系公人亦应照章留验，当即比照文报局例将其衣物及所带邮件消毒三十分钟"。①

哈尔巴岭防遏所对公职人员采取了检疫、消毒措施，对一般行人是不允许其随便出入的，特别是由疫情非常严重的省城而来准备进入延吉境内的更是一律禁止其通行。"本月十六日有由吉林赴局子街步行者七人，十七日又有由吉林赴局子街者八人均经当时面令折回"。至于运送物品的车辆也不允许其进入延吉境内，"十八日有文报局雇佣大车一辆，车内满载饮食各物系由敦化而来，经当时劝令折回"。② 大量人员到达哈尔巴岭后不能通过，虽然多数行人经劝令折回，但他们中的一些人则试图私自绕过哈尔巴岭进入延吉境内。哈尔巴岭防遏所委员高立垣听到有由各处山路私行绕远者后，对哈尔巴岭附近的地形进行了详细勘测。经过勘察发现，碱草沟、蜂蜜砬子等处为进入延吉境内的捷径。高立垣令曹哨官派兵分驻于碱草沟、蜂蜜子等处，以资防堵。与此同时，决定在由哈尔巴岭通往局子街的途中设立分卡，以防有漏网之鱼。但在沿途设立分卡后，从哈尔巴岭经过检验允许通行的人员在经过分卡时"若无执据以证之，沿途分卡不知其为特许入境者。抑系私行远越者，势必无所遵从转生诸多不便"。鉴于此，哈尔巴岭防遏所开始对允许过境的人员发放"放行执证"。放行执证记载过境人员因何过境、从何而来以及其在哈尔巴岭防遏所的检疫状况等详细内容，并在哈尔巴岭防遏所留有其检疫状况的存根，以备日后查证。除此之外，放行执证上还特别注明"此证出延吉境外即做废纸，不得转用"，以防持证人员通往他处。

随着东北疫情渐缓，延边地方政府也开始裁撤相关防疫机构，但哈尔巴岭防遏所由于其所处位置的重要性而暂被保留，"惟哈尔巴岭一处原为由吉通延之要道，五方齐集，纷至沓来。虽许通行以方便交通，仍须留验以昭慎重"，"拟俟疫气太平之后，再行裁撤"。③ 因为设立了哈尔巴

---

① 东南路兵备道历史档案：《哈尔巴岭防遏所呈报检验事宜由》，吉林省延边朝鲜族自治州档案馆，全宗号4目录号2案卷号336。

② 东南路兵备道历史档案：《哈尔巴岭防遏所呈报检验事宜由》，吉林省延边朝鲜族自治州档案馆，全宗号4目录号2案卷号336。

③ 东南路兵备道历史档案：《延吉府详报防疫事宜由》，吉林省延边朝鲜族自治州档案馆，全宗号4目录号2案卷号366。

岭防遏所，才有效地将疫情非常严重的吉林省城与延边地区隔离开，防止鼠疫向延边地区蔓延，为延边地区防疫工作的顺利进行创造了良好的外部环境。

汪清与宁安接界，当鼠疫蔓延到宁安时汪清知县吴勋彦认为，"防疫事务关系民命，即通饬各区巡警严密筹堵通衢要道、遮断交通，又随时出示晓谕所属人民毋得前往接界之宁安及各被疫县境"，命令驻扎在骆驼碰子与凉水泉分区的巡警"帮同防疫委员竭力堵截外来旅客、车辆"，令各区巡警"清除一切有碍卫生等物"，"来往甚多之客栈、澡堂、酒馆更格外照章查验，似此防患于前或不致贻悔于后也"。①

和龙县因与朝鲜交界其防疫工作显得尤为重要，"和龙所属沿江上下游三百余里与朝鲜昆连，沿江要隘一十八处。日、朝商民往来不绝于道，若稍有疏忽、防范不力，以致疫症流行到境。日人则有隙可乘、干我内政、侵我主权致起重大交涉"。② 于是和龙县城内设立了防疫局并于沿江各交通要道及与延吉、珲春交界处设立防疫检疫分所。和龙县防疫局设局长一员，知县兼任，指挥各员办理本局一切事宜；文牍兼庶务一员，警务长兼任，承办局长命令分办本局应行各项事宜；西医一员，卫生科员兼任，中医一员，劝学员兼任，分任防疫、诊疫各项事宜。各防疫检疫分所各驻巡长一名、卫生警两名，实行照章检查以防传染。

和龙县防疫局西医史廷蕙原来是警务公所卫生科员，史廷蕙曾在上海医学会研究学习并在延吉官医院充差两年，研究西医颇有心得，由他来办理具体防疫事宜颇能胜任。还有，中医李华春原本劝学员，兼任中医后遵照吉林民政司札发药方配制防疫中药并分发巡警各区所存储。后来，和龙县防疫局又添派卫生巡警十名，"分赴各乡屯，劝谕人民格外清洁、注重卫生"，鼓励民众设法捕鼠。"倘有疫症发见一面移室隔离，一面飞报检疫所派医调治"。如果近期有人死亡则要求其亲属详报死者的死因，"居民如有病毙之人，无论男妇、老幼务将得病之先如何情形、病重之时如何症状、既毙之后如何现象详细来局报明，是否疫病以便派员检查"。和龙县

---

① 东南路兵备道历史档案：《汪清县详报防疫事宜由》，吉林省延边朝鲜族自治州档案馆，全宗号4目录号2案卷号355。

② 和龙县历史档案：《札饬查明境内有无疫病呈覆由》，吉林省延边朝鲜族自治州档案馆，全宗号3目录号1案卷号10。

防疫局还下令"下等伙房、小店一律封闭，不准住客。稍有违犯、私自留客者查出罚办"；"旅店凡有来往客商，其神气十足者，一经看验即填给执照立予放行；黯淡者查其脉里果系疫病即交防疫所留验以五日为期，如无病症方予放行"；禁绝"有疫各属及有疫村屯交通往来并禁物品及动物交通"。① 此外，由于"日人于沿江各处严行防疫之法"，"和属各境多在图们江北地方，华、韩工人现既不许通入朝鲜境内则围集于沿江一带自必繁多"，为防止这些苦工在图们江岸聚集，和龙县防疫局决定将这些苦工送往延吉庇寒所。

东北鼠疫期间，朝鲜总督府担心鼠疫会蔓延到朝鲜境内，便封锁了进入朝鲜境内的图们江口岸，并严禁延边地区华、韩工人入境。吉林东南路兵备道查此种苦工人或于境内向无营业度日及全无家属可归者，如若任由这些苦工随意流浪，他们衣食无着、身体羸弱极易染上鼠疫并成为流动的鼠疫传染源，这对延边地区的防疫工作非常不利。鉴于此，东南路兵备道令延吉府"择适中之地设一宽敞庇寒所收留圈禁此种苦工，消其菌毒、洁其饮食，俾免饥寒、流亡之惨"。延吉府将河南旧有工程营房稍加修缮后设立了庇寒所，由前劝学所所长董黎耀任所长。接着，延吉巡警总局按区挨户搜查，"如实有确丢营业不能生活及确丢家属无所依托者"一并送入庇寒所。此外，东南路兵备道电饬所属和龙、汪清、敦化等县若发现此种苦工，由当地巡警局派人送往延吉府庇寒所，"由该府给业证单，持单报所宿食。但必须秉公确查，不可稍涉偏护"。② 为了对庇寒所内患有疾病的人员进行更有效的救治，延吉府防疫局在庇寒所内开设了疑似病院，并委派延吉官医院医官于济源经理疑似病院。

综上所述，东北鼠疫时期因为延边地方政府强有力的防疫措施，鼠疫的蔓延得到有效遏制。因此，延吉、和龙、珲春、汪清等地区成为无疫区，③即无一人死亡，仅在敦化有染疫死亡者39人，其疫线纯由西北通吉林城之

---

① 东南路兵备道历史档案：《和龙县详报防疫事宜由》，吉林省延边朝鲜族自治州档案馆，全宗号4目录号2案卷号357。
② 延吉县历史档案：《为交涉司札鼠疫传染甚速宜竭力整顿卫生由》，吉林省延边朝鲜族自治州档案馆，全宗号20目录号1案卷号233。
③ 秋笳徐韵：《东三省疫事报告书》（黑龙江吉林史料选编），黑龙江人民出版社，2005，第1181页。

大道而来。① 由此看来哈尔巴岭防遏所的作用非同小可。还有，鼠疫期间采取的一系列清洁卫生的举措改变了城镇的公共卫生状况，同时也为应对相似状况的再次发生积累了一定经验。

二 防疫期间图们江流域国际合作

1. 国际合作背景

鼠疫传染迅速，大量人口疫毙。当时的清朝中央政府连续召开会议指令地方开展防疫工作。1910 年 12 月 25 日，清政府在内廷召开特别防疫会议，由守卫大臣、内务府、外务府、外务部、民政部、邮传部、法部、陆军部、大理院各大臣共同研究防疫方法，要求直隶、东三省总督设法安置因疫留境而无法回家过年的人群。清廷和东三省地方很快采取了一系列措施，这些措施对控制东三省等地的疫情发挥了重要作用。随着疫情的发展，各府、县主

---

① 秋笛徐韵：《东三省疫事报告书》（黑龙江吉林史料选编），黑龙江人民出版社，2005，第 1154 页。"敦化县的死亡人数为少数，其染疫期亦较短"，延、和、汪、珲地区为无疫区，此内容与《延吉市志》（第十七篇，卫生）〔新华出版社，1994，第 459 页，"宣统二年（1910 年）冬，局子街流行鼠疫半年之久，死亡 323 人。"〕是否矛盾？又是何种状况也？323 人死亡数据亦出现在其他文章处。例如：北京大学朝鲜文化研究所编撰的《医疗保健史》，民族出版社，2005，第 80 页，"据《延吉县志》记载，当时延吉县境内染上鼠疫死亡者达 323 人"；张文宣：《延边医药卫生历史概况》，载《延边文史资料》第二辑，延边人民出版社，1984，第 155 页，"1919 年 1、2 月间，在满洲里、哈尔滨一带流行的鼠疫，蔓延到额穆、延吉一带，尽在原延吉县境内死亡者达 323 人。"那么这些数据是否准确？如果不准确又是何种原因出现在文献当中？本人认为不准。原因有三：一是，在秋笛徐韵《东三省疫事报告书》中，详细记载疫区和无疫区情况，而且死亡统计亦相当具体；二是，档案资料当中亦对延、和、汪、珲地区疫情无记载，而且明确记述无疫情发现；三是，吉林省龙井县地方志编纂委员会编的《龙井县志》（东北朝鲜民族教育出版社，1989，第 553 页）虽然在鼠疫（鼠乱）条记有"据旧志记载：1911 年延吉府境内，因患鼠疫死亡者达 320 余人。"但上面霍乱（虎列拉）条记有"1910 流行，同年延吉府设防疫分局，下设调检所、庇寒所，以调查疑病，收容疑病患者，共死亡 323 人。"如果霍乱条数据准确就一下明了是怎么个情况了。至此，认为 323 人数据是有来历的，必有关于此死亡的情况。是霍乱造成还是鼠疫造成？查阅资料时没有发现鼠疫时期延、和汪、珲地区死亡情况，且霍乱死亡人数来历清楚，因应判断为霍乱所造成的。

动或按上级的指示被动地设置本地的防疫机构——防疫会、防疫所。各地乡镇为保护本地群众免被鼠疫传染，也纷纷建立防疫分所，聘请中外医疗人员，设立防疫院，开展防疫工作。简言之，从中央到乡镇不同级别的防疫所的建立，为在不同地域范围内开展防疫，提供了一个各阶层参与的防疫领导组织体系。

因为东三省的近代医学教育、医疗设施的落后和医学人才的缺乏，不能满足也不可能满足疫区的迅速扩大而造成的严重医疗需求，成为制约防疫工作开展的瓶颈。为解决医学人才的严重不足，各级政府采取优惠政策，大胆引进国内外的西医人才。当时，中国传统医学面对鼠疫的狂澜棘手和无奈，与西医的迅速介入、有效预防形成鲜明的对比。防疫所用的药粉、药水等为中医所不熟悉，而且西医人员尤为缺乏。鉴于此，清中央政府、地方政府、各种团体组织和个人通过各种渠道聘请西医前来防疫。东三省通过大胆灵活的人才政策从本地、外省和国外聘请防疫人员，培训自己的防疫人员的方式，最大限度地解决了医学人才缺乏问题，为遏制鼠疫在东三省等地的蔓延提供了有力的人才保障。

为救治染疫患者，医生在采取西医疗法的同时，也积极探寻中医治疗鼠疫的方法，并向广大的群众公布防疫的处方。为此，先后出版了国内外的防疫处方书。"防疫首重医生"，防疫过程中中医医员采取和西医合作的态度，大力推行西方防疫措施进行预防，如哈尔滨的中国医员与俄国医生进行合作防疫，不辞劳苦。

当时东北的政治局势是以大连为中心的日本势力控制东北南部，以哈尔滨为中心的俄国势力控制东北北部，因此对付这场突如其来的鼠疫，不仅是一场人与自然灾害的斗争，而且也是一场激烈的政治斗争。清政府在采取大胆而积极的国际合作措施的同时，谨慎预防日俄乘机找到口实而侵犯中国主权。当时的延边地方政府需要防范与应对的也是日俄两国，吉林东南路兵备道道尹陶彬在巡查敦化、额穆等地的防疫情形时就向吉林巡抚奏称，"俄既恃强、日亦思狡，近月来边境虽无重大交涉发生。而窥其俄人封锁海参崴及日人修筑沿图们江岸航路码头之举，目光注视珲春"。[1] 日本通过1909年的《图们江中韩界务条款》获得在延边地区的龙井村、局子街、头道沟、百草

① 东南路兵备道历史档案：《本道出巡监视防疫》，吉林省延边朝鲜族自治州档案馆，全宗号4目录号2案卷好431。

沟设立领事馆和领事分馆的权利。尤其是日本吞并朝鲜后，延边地区作为日本侵略东北的主要门户一直受到日本政府的重视，鼠疫期间日本在延边地区的活动自然会引起延边地方政府的密切注意。

因此，鼠疫期间虽然清中央政府和地方当局大胆开展国际合作，但当时的东北局势不得不让清朝政府慎重对待日俄的积极参与，延边地区作为日俄争夺的要地更是受到清政府的重视和嘱托，预防日俄干预成了防疫过程中的又一项重要任务。

2. 有限的国际合作

中国图们江流域防疫中的国际合作具有局限性，是由延边地区所处地理环境造成。延边地区位于东北亚地区的核心地带，战略地位险要。尤其是日俄战争以后，日本加紧了对延边地区的渗透。防疫期间延边地方政府需要防范与应对日俄两国，尤其担心日本以保护"韩民"为借口予以干涉。这些因素不得不影响到国际合作。

随着防疫需求的增加，为解决延边地区西医不足的问题，延边地方政府聘请外国医生协助防疫。防疫局聘请中医的同时以高薪聘请日本医生。

宣统年间延吉府防疫局员月薪统计表

职务	局长	承办	文牍	稽查	中医	西医	通译	庶务兼会记	书记	卫生巡警	局役	统计
员名	1	1	1	1	1	1	1	1	1	4	3	16
薪工银两	0	0	0	0	36	100元	0	36	16	6	6	银130 洋100元
夫马银两	0	20	10	10	0	0	16	0	0	0	0	56
合计	0	20	10	10	36	100元	16	36	16	24	18	186 100
合中钱		100	50	50	180		80	180	80	120	90	

资料来源：《延吉府详报防疫事宜由》，宣统三年（1911年）正月二十四日。①

从表格中可以看到，延吉府以高薪雇聘西医并配有通译，这名西医是日本人滕永小一，他是日本病院院长。还有，除了通译李同春是吉林延吉人

---

① 吉林东南路兵备道衙门总务科：《延吉府详报防疫事宜由》，吉林省延边朝鲜族自治州档案馆，全宗号4目录号2案卷号366。

外，防疫局其余人员的籍贯都是外地。由此可见，延边地区也采取了大胆灵活的人才政策，从本地、外省和国外聘请防疫人员，最大限度地解决了医学人才的缺乏问题，为遏制鼠疫在延边地区的蔓延提供了有力的人才保障。

鼠疫蔓延到延边地区后，朝鲜总督府通过日本驻延边总领事永泷久吉向吉林东南路兵备道道尹陶彬发出外交照会称，"朝鲜总督府为预防鼠疫事，禁止旧棉、旧衣、旧纸类之输入及贵国劳动者之入国一节，业经恭布左右。兹总督府更为厉行此禁令起见（承准咨称）从豆满江（中国称图们江。——编者译）沿岸住民中雇幕监视人，使缠赤布于左肩，隶于宪兵监督下，沿岸使为监视等，因相应照会，贵道查照须至照会者"。① 这些措施和防遏所设置大致相同，防止有人私自越江进入朝鲜境内，以此截断传染途径。此外，日本人以调查鼠疫为名派人多次到哈尔巴岭察看。当然，日本人在我国境内的活动引起延边地方政府的警惕，如哈尔巴岭防遏所的高立垣对日人的行动派人跟踪，并呈报道尹告知其情况。

除了医员雇聘、边境监视等方面的合作外，官方也通过媒介宣传预防鼠疫知识，其内容大多是由日本人讲述的。"吉林全省防疫总局临时发行每日出版两张，第五版病情及诊断有《防疫约言（续）》，官医川久保志熊、杉本松正讲述，江苏范恒编译，《黑死病预防论》，东京帝国大学生陈谟述"。② 为了救治染疫患者，医生在采取西医疗法的同时，也积极探寻中医治疗鼠疫的方法，并向广大的群众公布防疫的处方。中西医的结合、中外医疗界的合作表明虽然政府在延边地区采取谨慎而处处警惕的防疫措施，但面临鼠疫这样的自然灾难，还是为谋求可供分享的共同利益而进行了较积极的国际合作。

总之，虽说图们江地区（延边地区）的防疫措施既有防俄日干预的一面，但也有有限的国际合作的一面。在清政府能力有限，延边地处边疆，该地朝鲜移民占多数的情况下，日本人在延边地区开展医疗活动在防疫中起到了一些积极作用。当然，因为延边地方政府采取了积极的防疫措施，所以有效地控制了疫情的蔓延，为以后传染病的预防积累了宝贵的经验。

---

① 吉林东南路兵备道衙门档案：《日总领事将朝鲜总督府为预防鼠疫禁止旧棉衣纸等类之输入由》，吉林省延边朝鲜族自治州档案馆，全宗号4目录号1案卷号159。

② 《吉林防疫日报》（三月份共十九份）、《吉林防疫日报附张》（宣统三年三月二十日第五十九号），吉林省延边朝鲜族自治州档案馆，全宗号4目录号2案卷号438。

少数民族传统文化与妇女生育健康

杨国才[*]

中国是一个统一的多民族国家，各民族的发展经历了漫长的历史，创造了灿烂的文化，其中包括各民族特有的生育健康文化。它不仅存在于悠久的过去，而且存在于现实的社会中。云南各族人民在建设高水平物质文明的同时，也在建设高水平的社会主义精神文明。为了适应社会的需要，人们在生活中追求生育，渴望优质服务，期待生育健康，母子平安，获得幸福。

因此，生育健康观念是人们在长期社会实践和特定心理状态基础上逐步形成的。对生育健康的追求，最早的出现是因为人们为了生存，祈求平安。由于历史上人们对自然、社会生育及其本身不能完全认识，受到种种的制约。自然、社会给人带来吉凶祸福，使人感到神秘，于是人们开始进行避邪去祟的活动，追求平安。从自然界来说，山、水、火、阳光、动植物等各种自然资源，给人们带来生存的条件；同时自然现象如洪水、雷雨、风暴等自然灾害危害着人们的生存。人们想摆脱灾难，但依靠自己的力量难以达到目的，于是祈求超自然力的神灵降福于人间，从而形成求吉活动，出现各种各样祈求生育平安的形式和礼仪。人们除受到神秘的自然的压迫外，还受到社会力量的压迫。自从进入阶级社会后，人类形成了不同的族群，由于社会发展变化、战争频繁、国家兴亡、人为祸患带来的灾难，形成了一种社会力量，为了摆脱这种社会异己力量，求得平安，于是形成了各民族生育文化。

随着社会的发展，传统的生育文化成为争取实现自我满足的一种精神寄

---

* 杨国才，云南民族大学女性研究与培训中心主任、教授。

托，为此，人们采取了一系列的追求生育的活动。于是盼望自己生育，为了实现自己的生育能力，人们进行各种各样祈求活动，以达到精神和心理上的平衡，于是就形成以生育为内容的少数民族传统文化。少数民族传统文化虽然不具备法律的作用，却又是具有精神制约功能的无形法律。所以少数民族生育观念折射出民族、社会、时代的心态和文化特质，具有民族性、社会性、地域性和传统性。此外，人们出于求子愿望，塑造出主宰生育的怀抱婴儿、慈祥和蔼的送子观音等。以婚姻、求子为目的进行礼仪活动是各少数民族的共同特点。婚姻中的婚礼，迎娶、拜天地、闹洞房等活动都十分重视礼仪。夫妻和睦、婚姻美满，常以双喜图等来象征、反映。求子是为了世代绵延，香火不绝。对长辈来说，子孙绕膝是一种福气，人们盼望多子多孙，于是出现麒麟送子、观音送子等求子活动。

同时，生育是妇女生活中特有的，也是十分重要的生产活动。但是，由于两性分工及地位的不平等，人类社会中有关生育的文化很久以来不被主流社会重视。在现代社会中，随着种族之间、民族之间、区域之间的文化交流日益频繁，许多古老的生育、生活文化面临消亡。因此，收集、整理、抢救、保护少数民族传统生育健康文化，不仅有理论意义，并且有现实意义。

一　少数民族传统文化中的生育文化

生育是一个有关民族、家族、家庭兴旺的大事，是社会关注的问题。各民族在生育问题上形成各有特色的生育文化。不同的民族通过不同的活动来庆贺生育，并形成五彩缤纷、各色各样的反映人们美好愿望的生育活动。生育活动是在长期历史发展过程中形成的，在各民族人民群众生活中广泛流传，是民族传统文化的遗产。我们要继承和发扬其精华，去其糟粕，把一些落后的迷信活动废弃，从科学发展的意义上继承和发扬，利用生育健康观念来表现各民族传统的健康生育文化。

云南各民族都有祈求子孙绵延、世代昌盛、民族繁荣的愿望，因此，十分重视妇女的生育，采用各种活动祈求生儿育女。以吉祥仪式保佑孩子健康成长，进行一系列以生育为内容的活动，其目的是盼望婴儿的到来，避免祸害，平安成长。举行祈子祝福，既用语言的谐音来表示求育，也用想象力或类似象征意义等来表达美好的心愿。云南各少数民族在生育方面的活动各有特点。在活动中，传统的"多子多福"，以及在人们观念里的"重男轻女"

等不适应时代的许多活动逐渐有所改变，但历史悠久的优秀传统习俗仍然起着一定的作用。所以，应提倡科学的计划生育，优生优育，优质服务，让优秀的民族传统生育文化为各民族人民的健康服务。

（一）祈求生育吉祥平安的观念

流行于云南少数民族地区的生育健康活动很多，在民族地区不论谁家，于生孩子添丁加口之前，都要进行许多活动，如请客吃饭、踩山、跳舞、唱歌，盼望多子多孙。

纳西族、普米族要到山上位于山洞和水塘附近的大石旁，石中有水坑，并有积水，人们到这里求子，被称为"久木鲁"。求子的妇女由丈夫陪同，请巫师前往。到达后，祈子的夫妇跪着向"久木鲁"叩头，巫师点燃一堆火，念生儿育女、身体健康等语，然后妇女入水洗掉污秽和晦气。通过祈子仪式，据说妇女回来就会生儿育女。白族为了增强妇女的生殖能力，白族妇女以石为生殖崇拜对象，或以石为生育神的象征。白语把"女阴"称为"阿央白"。每年8月15日白族妇女到石宝山来祭祀"阿央白"。通常刚结过婚或结婚多年不育的白族妇女，都到这里来磕头、烧香祭祀，目的是求子嗣。有的妇女除烧香磕头外，还在石雕女阴内涂抹香油，这不仅希望能够生育，而且还希望顺产。

踩山也是一种祈求生育子女的活动，主要流行于云南屏边苗族地区。每年正月初，无子女的夫妇发起活动，在半山上的树上扎红布和青布的竹竿，届时附近男女老少携带饭菜来参加。发起人备酒招待前来参加者，男女青年赛歌吹芦笙，跳舞。人们认为，发起活动的夫妇用踩花山竹竿做床，以竿上的青红布做衣服，就可以求得子女。

许多民族还有踩生的民俗。回族在婴儿降生前，家长在亲邻中选择好踩生的人，待婴儿坠地，即请踩生人踏进产房，若生的是男孩，则请一个聪明、诚实、勇敢的人，首先踏进产房；若生的是女孩，则请一个温柔、善良、勤快的人，首先踏进产房。他们认为，谁先进入产房，孩子长大后其气质、性格就像谁。

在洱海地区的白族人家，每当婴儿诞生后，主人用准备好的红糖、甜酒、鸡蛋，恭候第一个来家里的人，谓之"踩生"。[1]第一个来到家里的人，被称为"踩生人"。当踩生人接到主人敬奉的甜酒鸡蛋时，就会意示到主家有喜，立即抚着婴儿，并向婴儿祝福，说一些"长命富贵""易长成人"之类的吉庆话。白族对"踩生"十分看重，认为这可预兆新生儿的前程。俗谚云："女踩男，龙出潭"；"男踩女，凤飞起"，意为：生男孩，"踩生"是女的，那么男孩则如龙出深潭，前程无量；生女孩，"踩生"是男的，女孩前途似金凤展翅。"踩生"人是小孩来到人世的第一个引路人，关系到小孩的成长与前途。文山壮族把第一个进入产妇家门的成年人，认作孩子的"踏生父母"，成为孩子的保护人。日后孩子生病，就抱孩子到"踏生父母"家吃饭，据说能消灾除病。

在傣族人的观念里，妇女生男生女是神灵恩赐的。要向神灵求子，具体的方式是杀鸡献祭寨神求子、献鸡蛋向村寨附近的大树求子、到江边宰鸭向水神"匹南"求子等。无论向何种神灵求子，求者要心诚，求祭前洗澡净身，才会有好的结果。

怒族生育要酿酒待客。通常怒族产妇的孕期以9个月计算，初孕的当月不计算时间。怀孕期间，孕妇将得到各方面的照顾，如将好的饮食留给孕妇吃，男子从事重体力劳动，孕妇只搞点轻微的劳动。孕妇一过7个月，男子就要采购东西，准备滋补品以供产妇食用；孕妇则在家里酿酒，准备分娩期间招待客人。分娩时一般由婆婆和邻居的妇女接生，男人不能在场，胎盘要埋在门口搭好桥的干净地方。若生男孩，头一只鸡要杀母鸡；若生女孩，头一只鸡要杀公鸡。头一只鸡杀好煮熟后，妇女们一同吃上一顿"团结饭"，然后才散去。待帮忙的妇女全部散去后，男子才能回家照顾产妇。小孩降生后第二天一早，男女双方的亲戚、三朋四友及左邻右舍要带着各种礼物前来祝贺，喝喜酒，吃团结饭。产妇在坐月子期间得到特殊照顾，如吃白米饭和漆油（由漆籽榨成的油）炖的鸡肉及蜜糖水，忌生冷酸、蔬菜、杂粮、蛋类及其他肉食。坐一次月子，产妇一般要吃20~30只鸡，富裕者甚至要吃40~50只。怒族妇女坐月子期间，一般在晚上不允许亲戚或外人出入产妇的家门，白天则不限制。产妇坐月子期间，不参加田间或家务劳动，里里外外的劳动由男子承担。坐月子一般为15~30天，婴儿满月不请客送礼。如婴儿出世后生病、发育不正常时，要用两股河流交叉的水清洗全身，男婴用舀到第9瓢的水洗身，女婴用第7瓢的水洗身，祝愿婴儿像泉水一样纯洁，像南瓜一样肥胖，健康成长。

景颇族妇女临产时，要请寨中一位子女齐全的老夫人来当助产婆。新生儿呱呱落地，助产婆以用火烤过的竹片割断脐带，与胎盘一起用笋叶包好埋在楼下的柱脚旁，意为这样可以让孩子在长大后不忘自己的出生地，靠得住。

基诺族和其他许多民族一样，在生育上也有许多忌讳和规矩。首先是对妇女的禁忌：妇女怀孕后，砍柴时不能把斧子挟在柴中间，没有出头的芭蕉花不能吃，不能采白参、黄色菌和独朵的鸡棕，背柴时不能把竹子柴和树木柴背在一起，否则会难产；成双的果子不能吃，否则会生双胞胎；兽头上的肉和叫谷魂的猪头不能吃，吃了会对生育和孩子的生长不利；不能看月食，否则孩子会眼斜。其次是对丈夫的禁忌：丈夫打猎时不能砍黄棕树，否则孩子的头发长不好；不能打猴子，否则孩子长得不漂亮；不能割岩蜂，割了自己会被叮；寨子里的老人死了不能抬，不能打蛇，不能爬树摘果子，不能参加绷大鼓，认为违反其中任何一条，妻子都会难产；打猎时，鸟类要打最好、最漂亮的，妻子吃了，孩子才会长得漂亮。再次是对夫妻双方共同的忌讳：丈夫在打猎回来的路上不能与妻子正面相遇，否则会生病；夫妻不能吵架，不然孩子长得丑。

独龙族孕妇又叫"双身人"，双身人不能参加婚礼，如果婚礼上新郎新娘见到双身人，一辈子都不顺利；孕妇也不能参加丧礼，即使亲生父母去世，也不能参加。实际上，这些禁忌是为了照顾孕妇，免得她们大喜大悲，影响胎儿的发育与成长，确保妊娠过程平安无事。

可见，少数民族生育文化，包含着人与自然和睦相处，保护自然生态，让自然生态环境造福于人的观念。同时，许多对男女的禁忌则是对人们行为的规范，人们的行为符合规范，生育才能健康。

（二）名字中蕴含的健康理念

婴儿出生后，给婴儿命名是家庭中的一件大事。给婴儿命名是一种语言符号，也是人的一种标识。然而，人名背后存在着深厚而广泛的社会历史文化内容和社会性别观念。人们都希望自己有个好的名字，让人叫得顺口，听得悦心，这里还潜蕴着某种善良的祝愿，往往与家族兴旺、民族繁荣相关。婴儿命名大概有三种类型，一是取吉祥字词命名，二是取吉祥事物名字命名，三是借寓吉祥人、事物命名。总之，希望婴儿健康平安成长，寄予美好祝愿，展示未来，折射出民族文化的观念，表现出民族传统文化的内涵。各民族给婴儿命名喜欢用褒义字、吉利字。美好的名字是物质文明和精神文明的典型体现。各民族还举行隆重仪式相伴命名。

云南纳西族在婴儿出生后，请僧人命名。僧人根据生母的年龄、属相和婴儿的年月日，推算出婴儿出生于经文中东、南、西、北、东南、西南、东北、西北八个方位的一个方位，把与孩子方位一致的神佛名字中一两个字，连在一起，给婴儿取名，认为这样起的名会得到神佛的保佑，是吉祥的名。为了防止同名，在名字前加上家名，这种名字称为方向名。

　　傈僳族人不论男女，在一生中都有两次命名。男性婴儿在出生后的第七天命名，女性婴儿在出生后的第九天命名，也有婴儿刚生下来就命名的，一般由婴儿的父亲、祖父或外祖父命名。取名虽没有一定的标准，但有两种是比较确定的：一是，用吉祥的字命名，目的在于避凶求吉，使婴儿身心健康，长命百岁；二是，用给人带来吉祥的动物及其叫声命名，如果命名人在这天遇到鸟飞，就取名为"鸟飞"；如果遇到狗叫，就给婴儿取名"狗叫"；如果路上遇到猪叫，则取名为"猪叫"等。傈僳人认为鸟是自由的象征，狗有保护人们安全的特性，猪有致富的特征。

　　拉祜族人名的称谓奇特而有趣，无论男女老幼，其人名的称谓均由两个音节组成，包含性别和名两个不同的内容。第一音节为性别，第二音节是具体的名字。男性的第一音节统称"扎"，拉祜语意为骁勇、强悍、刚毅；女性的第一音节统称"娜"，意为温柔、孝顺、美丽；第二音节大都以出生日的十二属相取名，出生日属相就是人名。如属猪日出生的，拉祜语称猪为"哇"，男性就叫"扎哇"，女性叫"娜哇"……如果孩子出世后，体质单薄虚弱，而父母又很希望自己的儿女身体强健，因此就给孩子取一个象征性的名字叫"海"，即强壮之意，男孩叫"扎海"，女孩叫"娜海"。

　　独龙族的男婴儿出生后第七天，女婴儿出生后第九天为命名日，夫妇双方的家族成员和四邻纷纷登门祝贺。一般由孩子父亲或有名望的老者为婴儿命名。命名者手执七颗有色玉石的项链挂在婴儿脖颈上，视婴儿的生命是天上的格蒙给的，他会保佑婴儿平平安安长大，吉祥如意，然后按婴儿出生的地点或村名加上他在同辈人的排行顺序给婴儿取一个名字，叫作排行名。

　　彝族为婴儿取乳名。在婴儿出生后第五、七、九日，产妇抱婴儿出大门，请祭司毕摩打羊小念经驱邪，为婴儿剪去后脑胎发，然后给婴儿起名字。布依族人以吉祥名对长子寄予厚望，对他们的名字都赋予吉祥之意。很多人的奶名叫"吉波"（布依语：保佑）、"吉禄"（希望有俸禄）、"吉激"（希望有缘分）、"左思"（有恩德）、"吉长贤"（长大成才），这些名字几乎都是为长子取的，真意是希望长子快长大，成为有用之才。勐海地区的布朗族的婴儿取名要举行仪式。仪式于婴儿出生一个月内举行，届时在桌上准备一碗米，一碗饭，用八颗稻谷占卜。取名人把手中的稻谷向上抛，落下四对为吉利，可当即取名，并和母亲连名，如落下不成对，则为不吉利，重抛，重抛后的取名可与母亲连名，亦可与父亲连名，象征幸福。为孩子取喜名被视为家庭生活中的一件大喜事，家中要宴请宾客，亲朋好友都来祝贺。

白族人家的婴儿出生后，待小孩满十天、半月或一个月后，父母及婴儿祖辈就要给婴儿取个乳名或去抢个名字。取乳名不讲究形式，而且也没有繁复的仪式和礼节，只要除了家里人外任何人都可以取。一般男孩则取"富宝"、"要得"、"定宝"、"定狗"等留住孩子的白族话乳名。女的则取"协女"、"康囡"、"协狗"、"协匡"等乳名，其意同男孩取乳名意思相同。

还有一种取乳名的方式，叫抢名。要抢名的人家，往往躲在路旁、村口或从家里突然跑出来拉住被抢的人急忙往家中拉，有的地方还象征性地用吓唬、打、骂等风趣的形式把被抢的人拉拖进家。待被抢的人还不明白是怎么一回事时，主人家已把婴儿放到他手上，并把他拉到早已准备好的酒席桌上的上八位座席上，才向他提出给婴儿取个名字的要求。于是被抢的人由一场虚惊变成一阵欢喜，高兴地给婴儿取个名字，大家才入席，被抢的人受到主人家全家人的热情招待。

与抢名相反的是讨名，先要选好向哪家去讨，并要请人去征求人家愿不愿意给个名字，若同意给，那双方要择日举行。这一天，被讨的人要备下三五桌酒席，去讨的人要抱一只大公鸡和一些礼品，并邀约亲友数人抱上小孩一起去。在席面上，被讨名字的人当着众亲友及小孩父母给小孩取名，并写下"取名单"，给小孩一套衣服、一双筷子、一个碗，碗里要盛满米，从此把小孩当作自己亲生儿女一样对待。白族人的乳名、抢讨来的名字不做正式名使用，待小孩长大后，还要取一个名字，叫学名。也有的地方把抢讨来的名字做学名或正式名字使用。

哈尼族给婴儿取名有一套奇妙的礼俗。婴儿出生后，由公公或婆婆口念吉利诵词，在婴儿脑门心一画，取下"奶名"，同时将胎盘烧焦，盛入竹筒中收存。元江、墨江一带孕妇多在大房火塘前生孩子。婴儿出生后第三日，要举行隆重的父子连名命名仪式，要举行象征性的劳动仪式，邀一名父母双全、家中无人死于非命的男童在屋外当着婴儿母子面挖地三锄，以示将来能劳动致富。然后宴请村里长辈男子，由年龄最长者将嚼细的一点点鸡肉喂入婴儿口中，同时念祝词，取下父子连名的名字。每个哈尼儿童在五六岁前一般都有 2~8 个名字，随时还可更换。换名时要举行更名仪式，儿童长至七八岁后才将名字固定下来，一般到老不换。

傣族有名无姓，一个人一生中有好几个名字。小孩时有乳名，男童进佛寺当和尚有僧名，还俗后取还俗名，结婚以后有了孩子双称"之父"。男人通称"波涛"，女人通称"咪涛"。傣族一般以"岩""玉"区分男女性别，傣族中还有的叫"刀"，"刀"在一部分领主的名字中常出现。取名字时长子称岩，次子称衣，三子称尚，四子称赛。长女称月，次女称衣，三女称安，四女称爱。

佤族也有父子连名制，他们的名字分两部分，第一部分是排行，第二部分是本名。两个部分组成一个人的真名或者全名。男子的排行中长子叫艾，次子叫尼，三子叫桑，四子叫赛……女子中长女叫叶，次女叫伊，三女叫安……佤族的名有的取天干名，也有的取地支名，有些受汉文化影响，带有一种精神寄托。例如，取"保"名是祝愿他长大后万事如意，得到保重；取"老"名是愿他成为名扬天下的好人；取"然"名是盼他像岩石一般坚硬，不怕艰难险阻，借此表达人们对生育的理想和愿望。

布朗族则以月为姓。布朗族的"姓"是根据出生时的月份定的。他们把一年中的十二个月分别叫作：晚帕、晚苏、晚赛、晚尔、晚丙、晚章、晚地、晚骚、晚坎、晚俄、晚敢、晚尼。"晚"是天或月的意思。如是一月出生的，姓氏就叫"帕"。布朗族人的名字也十分独特。人们没有姓只有名，凡男子都在名字前加一"岩"字，女子都在名字前加一"伊"字。布朗族还有母子连名制，布朗话叫"迈种妈"（跟母亲叫），说明在布朗族的历史上，母系氏族社会经历了比别的民族更长的时间。有的名字加"岩""叶"，婴儿生下后，要请家中的老人或父母取名。居住在西双版纳的布朗族，只有名没有姓，保留着母子（女）连名制。婴儿出生三天后，要请"布占"（还俗的佛爷）祭祀"代袜那、代袜么"神，并替婴儿拴线命名。名字分别按男女出生的先后排列。双江县布朗族命名是请外人，当产妇生下婴儿后，第一个到产妇家的人就为孩子取名，并用该人姓名的最后一个字做孩子的名。男性在名之前加"岩"，女性加"叶"。名字取好后，主人家请长老用傣文把婴儿名字、出生年月记在一块小白布上，准备些饭菜，一起送到佛寺，由"六召"佛爷登记于名册后，将白布挂在佛堂中。

怒族也有父子连名制，婴儿降生后，三天之内一般由公公婆婆取名，没有公公婆婆的则请旁系亲属或同辈人取名。取名时，除宰杀鸡羊或猪以示庆贺外，不再举行仪式。怒族取名因居住地的不同也有差异。福贡、原碧江县的部分村寨的怒族实行父子连名制，其他地方的怒族则不用父子连名制。福贡、碧江的怒族男子在一生中有三次命名：第一次是正名，即奶名；第二次是青年名，即男孩长到十四五岁时，由青年同辈人取的名，但这种青年名只能在青年男女同辈中称呼；第三次命名是在结婚之时，男青年在结婚时由父亲命名，亦将父亲名字的最末一字或最末二字冠于儿子的名字之前。碧江怒族取名有男女之别，男性要冠以父亲名字的第一个字，如父亲叫"拉威"，男孩则取名"拉付"；女性冠以母亲名字的第一个字，如母亲叫"亚威"，女孩则叫"亚沙"等。有的也冠以叔叔、舅舅的名字。新中国成立后，多数怒族改取汉姓。贡山怒族取名也有男女之别。兰坪县兔峨乡的怒族则在孩子满月时请"取名客"或"满月客"，所取之名尽量避免与上辈人名字相同或相近似的字。

景颇族妇女生育后，若是生男孩则用红线拴在婴儿的右手腕，若女孩则拴在其左手腕上，接着必须马上请老人给婴儿取名，否则将被守候在产妇门外的野鬼取了鬼名，孩子就变成鬼了，然后请一位长老为新生儿祝福，祝孩子健康成长无灾无病，全家幸福愉快，最后用芭蕉叶包上火烤干巴、苤菜根、辣椒、生姜送给村里每户人家一份"扎同图"（景颇语），以示报喜。

基诺族也有连名制。基诺族命名特点多为连名式，包括父子连名和其他形式的连名。基诺族命名仪式中，"父子连名"最为常见。所取名字一般只用两个字即两个音节，用父亲名字的第二音节，作为儿女名字的第一音节，如父名叫"腰杰"，儿子叫"杰泽"，女儿叫"杰得"，以此类推。如名字雷同时，可按年龄大小、居住环境、家庭名称、父母名字连称等方法区分。如白腊车可分为大白腊车、小白腊车、作塔车（住寨头白腊车）、资卓巴车（卓巴家的白腊车）、资者车（父亲叫资者的白腊车）等。

德昂族子女的名字，一般由父母取，有的请亲友取名，目的是希望孩子顺利成长，不生疾病。对生下来体弱多病的子女，家长们还到类房请佛爷再取一个名字。德昂族给子女取名，习惯按属相和排行取名，也使用汉族的十二生肖：查（鼠）、包（牛）、衣（虎）、卯（兔）、先（龙）、沙（蛇）、牙（马）、麻（羊）、新（猴）、收（鸡）、尺（狗）、交（猪）取名。生的那天属相是什么就以什么为名，男性在属相前加"阿"，女性在属相前加"立"。例如，属牛那天生的男孩叫"阿包"，女孩叫"立包"。如按排行取名，则不分性别均称为腊所（老大）、腊左（老二）、腊约（老三）。此外，还有按傣族取名方法取名的，如以母亲生育子女时所触景物取名的；也有按汉族方式取名的，比如李腊翁、罗腊二、赵玉娜、杨玉英、田玉崩等。德昂族有讳名的习俗，即有了子女的年轻夫妇，别人称呼他们不能再直呼其名，而是称为某家爹（妈）。因为人们认为对已有子女或年纪较大的人，再直呼他们的名字是不礼貌的。独龙族采取母子（女）连名的形式，婴儿出生后要举行隆重的命名仪式。独龙族没有姓氏，用家庭名称加祖父、父母名，再加本人爱称和排行，为本人的名称，独龙族还保留着母子（女）连名的习俗。男子的排行由一至十，顺序是朋、井、奎、今、顶、批、简、菜、托木和顶那。男孩在出生后第七天，女孩在第九天，双方父母以及家族的成员和四邻都要参加命名仪式，命名者通常是孩子的父亲或家族内德高望重的长老。命名仪式开始，命名者把一串七颗有色玉石项链挂在婴儿脖子上并给孩子命名，然后口中念道："你的生命是天上神灵格蒙给予，愿时时保佑你长大，无病无灾，平安吉祥。"之后，主人要杀猪、宰鸡，拿出自己酿的米酒款待亲友。命名仪式第二天，产妇就要背着孩子。

在命名过程中，存在社会性别制度的建构，名字体现了男强女弱，男高女低，男性勇敢、坚强、威武，女性温柔、漂亮、贤惠的社会性别观念。

（三）生育礼俗中的健康思想

生育是各民族繁衍兴旺的自然规律和必然条件。生育中人从诞生到成长的各个阶段，都要举行各种各样仪式的文化活动。通常有两种形式，一种是亲友聚庆送各种礼品，表现在物质上的各种吉祥庆贺；另一种是精神礼品，即以吉祥的语言、祝词使人欢愉。这是家庭、家族、社会、民族在现实生活和信仰精神领域中普遍存在的一种民俗文化现象。生育礼俗的特点是由父母、亲属或有关的人为孩子举办的各种喜庆活动。由于各民族间社会发展不平衡，有关生育健康的各种活动仪式、形式、民族习俗不同，呈现出各自的特点。

各个民族都有相似的习俗人，即在婴儿出生后，由祖母或近亲的一位年老妇女将一个金镯子或金戒指放在盛水的木盆里，然后将孩子放入水中，从德高望重的年老妇女开始，让来宾轮流用木勺将盆中的水一点点淋在孩子身上，同时将孩子在烛光前摇晃。然后妇女将孩子出生时挂在门口的红布和羽毛取下。人们相信，经过这样的习俗，孩子会顺利成长，能够吉祥如意，健康生活。

云南纳西族支系摩梭人的一种诞生礼俗也被称为日光浴。一般在婴儿出生后三天时举行。在太阳刚升起时，婴儿的外祖母或姨妈点燃一根松明扔到院子里，产妇左手抱婴儿，右手拿一把镰刀、一根麻秆和一张喇嘛经书，这些都是避邪物，然后到院子，使婴儿晒一下太阳，也就是说，婴儿沐浴日光。传说太阳是一位女神，她手握万根钢针，放出万道光芒，光芒能驱走鬼怪，祛除灾难。婴儿沐浴了阳光就能幸福健康，这就是求太阳保佑婴儿无灾无病、平安成长的礼仪。

白族也有这样的习惯，在婴儿出生后七天或满月时举行太阳浴和认四方。在太阳刚升起时，婴儿的外祖母或姨妈把婴儿放在簸箕里，置放于自己家的院子里，在院子四方点香，由外祖母或姨妈带婴儿认天地和四方。白族为了婴儿的健康，还有打老友的习俗，婴儿满月后，请朋友到家，同样把婴儿置放于自己家的院子里，然后与事先约好的朋友，有的是同村，有的是外村或者其他地方的人，但是大家情投意合，两家小孩性别相同或出生时间相似，大人做主让小孩打老友，这样，两个小孩就结为一生一世的老友。白族还有拜干爹干妈的习惯。通常在小孩出生后，请客人到家做客，并且请客人当孩子的干爹或干妈，客人会很高兴地接受。这样，拜干爹或干妈的仪式就结束了。这意味着孩子有干爹或干妈的呵护就会健康成长。

拉祜族苦聪人也有拜干爹的喜庆习俗。苦聪人的孩子生下来后由祖父或父亲取名字。在孩子生下三天之内，若有外人（男人）进屋，则被拜为干爹，如果是妇女就拜为干妈，请其为孩子"拴线"，以图今后吉祥如意，并表示日后干爹、干妈和干儿子之间有着彼此关照的责任。

朝鲜族也有自己的生育习俗，每当家里有婴儿出生，就在大门口或房门顶拉一道"禁绳"做防线，绳子用稻草搓成，若生的是儿子，就在草绳上挂几个红辣椒；若是女孩，就在草绳上挂一些海带根和木炭。

剃头戴项链是布依族的生育礼仪。通常布依族人家生了长子，在孩子满两周岁或四周岁时，要杀一头小猪，或者买一个猪头代替，还要杀一只大公鸡，举办多桌宴席招待亲朋好友。在这一天，还要举行剃头仪式，给长子穿新鞋、新衣，戴新帽，还要给他戴一个刻有"长命百岁"或"长命富贵"的银项链以示祝福，认为这样孩子会健康成长，前程远大。

布依族小孩到一岁左右时，都要戴一种特制的银花小帽。男孩戴佛式的小帽，帽上饰有银链，链上吊着"长命富贵"四个银牌，颈上戴着"长命百岁"的银锁。女孩戴绣花帽，帽檐垂着"要须"，"要须"上吊着"吉祥平安"四个小银牌。这种小帽及上边的吉祥饰物,是办满月酒时外婆家送的,以表示外婆家对晚辈的祝福,祈求孙儿健康苗壮成长。

送祝米是云南各民族生育习俗中的一种活动。所谓祝米,系婴儿出生后第三、五、七日,由外婆家送给婴儿的毛衫、围裙、抱被、帽子、鞋袜、尿布,以及红糖、糯米、鸡蛋、鸡等礼物。亲家设宴招待,并回送红鸡蛋一篮。这样,孩子就会有吃有穿,健康成长。

总之,云南各少数民族都有自己的生育文化,民族不同,生育健康文化也不一样。但是,盼望生育及生育健康,则是每个民族都期盼的。事实上,由于地理环境的不同,社会条件的不一样,妇女占有的资源、享有的权利、生育健康水平也不同,但是,妇女与生育、健康又紧密联系在一起。

二 少数民族传统文化对妇女生育健康的影响

少数民族优秀传统文化对有效预防和控制生育健康中疾病传播的危险行为,有其自己独特的方法和特点。因为,长期以来,各民族在自己的生存和发展进程中,形成了丰富多彩的优秀传统文化。而将各民族的优秀传统文化资源运用到生育健康和公共卫生领域,对在少数民族地区遏制生育健康中的危险行为,同样能发挥重要作用。然而,在过去很长一段时间里,由于民族传统文化的失范,少数民族优秀传统文化一直没有引起政府和学术界的足够关注。而少数民族地区计划生育、预防和控制疾病传播工作主要由公共卫生工作者来承担,但其往往缺乏民族学的相关知识和背景,缺乏对各民族优秀传统文化资源中人们的行为规范、生育健康、生存环境、社会组织结构和健康、疾病之间关系的认识和理解。[2]因此,人们对少数民族优秀传统文化对人们行为规范的约束作用、少数民族地区计划生育的现状,以及运用少数民族优秀传统文化的教育和传承有效预防和控制生育健康等进行有效分析。故探索如何利用少数民族优秀传统文化资源,改变生育健康疾病传播的方式,探索行之有效的预防、控制疾病传播的途径是很有必要的。

利用少数民族的优秀传统文化,可以对人们的行为进行约束和调整。因为,优秀的传统文化是少数民族多元文化的重要组成部分。长期以来,勤劳、智慧的各少数民族开发了祖国广袤的边疆,创造了丰富多彩的具有鲜明民族特色的文化，充实了中华文化的宝库，不断推动各民族社会政治经济的发展和进步。所以，每个民族为了生存和发展，为了社会的安定，保障正常的生产和生活秩序，要求对人与人、人与社会、人与自然之间的关系进行必要的调适，对人们的行为加以规范和约束。这种要求在原始社会是靠维护民族整体利益的传统习俗实现的；在阶级社会，除依靠政治、法律手段外，还依据一定的群体利益来调整人们之间关系的行为规范。而这些行为规范一旦产生，就成为一种善恶是非标准，既通过村落社会组织和教育方式影响人们的心理，制约人们的行动，也通过社会舆论、村规民约、族谱家训、风俗习惯的方式，成为各个民族在不同社会发展时期约束人们行为的准则。今天，面对生育健康疾病对人们的严重威胁，挖掘少数民族优秀传统文化资源的内涵，并发挥其功能，以应对少数民族生育健康疾病的蔓延，也是抗击生育健康疾病的一种重要方式。可是，疾病又与贫困联系在一起。贫困是一个综合的概念，既包括温饱问题得以解决，但仍低于社会平均生活水准的状态，也包括基本生活没有保证，温饱问题尚未解决的状态，还包括社会、文化、健康、教育和政治参与程度等方面，所以，贫困往往是综合的。物质贫困与精神贫困交织在一起，经济贫困与人口及生育健康现状紧密相连，而经济贫困又与文化贫困相伴随。据联合国统计，目前全世界56亿人口中，有10亿多人口生活在绝对贫困之中，失业人数为1.2亿，文盲人数达9.5亿，有5.2亿儿童因贫困而失学，每年约有1000万人口死于贫困。在10亿多人口中，竟有8亿人生活在发展中国家，其中亚洲就有5亿之多。[3]在联合国的清单上，最贫穷的国家有48个，其中1/4的赤贫人口就生活在这里，他们处在生存与灾难的夹缝中。中华人民共和国成立以来，在中国共产党领导下，我国政府十分重视少数民族地区的发展，为减少贫困，消灭贫困，发展少数民族地区经济，提高少数民族的生育健康水平，对在少数民族地区加大发展经济、教育、科学、文化和卫生事业，进行了不懈努力。特别是进入21世纪以来，伴随着改革开放的深入，党和国家制定了一系列扶贫政策，使我们这个拥有13亿多人口的大国，基本摆脱了普遍贫穷的状态。各民族贫困人口的减少，是一个巨大的历史性成就。尤其是新型农村合作医疗的建立，逐渐消除了少数民族人们看病难、看病贵的现象。但是，由于历史和自然的原因，目前，各民族之间、城乡之间、区域之间及社会各阶层之间贫富差距仍然在扩大。据统计，从城乡结构看，城镇贫困人口占全国贫困人口的少数，而农村贫困人口占全国贫困人口的多数；从区域分布情况看，全国贫困县有90%集中在中西部地区；在贫困人口中，80%以上集中在西部地区，而云南是西部最边远的省份，又是少数民族聚居区。

（一） 生态环境对妇女健康的影响

云南不仅是边远的边疆省份，而且是一个多民族聚居的山区省份，贫困程度十分严重。尽管进入21世纪以来，许多贫困人口摆脱了贫困，但至今全省仍有许多贫困县，有的在半山区，大多数在山区、深山区和石山区。这些贫困地区，其中有水保障的仅占26%。有的少数民族自治州2/3的耕地坡度在25°以上，特别是陡坡垦殖毁林开荒造成水土流失，生态环境陷入恶性循环状态。至今，云南省还有行政村不通公路，有的乡（镇）行政村不通电，有的行政村人畜饮水困难。[4]可见，云南的贫困人口，大都集中在边远高寒山区、地方病高发区，以及高出生率、高死亡率、生育健康水平较低的少数民族聚居区。这些地区，不仅自然条件恶劣、环境恶化、生产生活方式较落后、产业结构单一、市场规模狭小、基础设施薄弱、文化教育落后、卫生条件较差、医药服务设施不足，而且交通不便、缺水、耕地少、信息不灵、资金短缺，这都是这些地区贫穷落后的重要原因。在贫困人口中，女性贫困人口占半数以上。据统计，云南贫困人口中妇女占60%以上，造成云南少数民族妇女贫困的原因是多方面的。首先，表现在生产劳动和家务劳动上。在云南少数民族贫困地区，生产劳动和家务劳动对妇女的健康及发展的消极影响是广泛的。至今这些地区的农业生产机械化程度低，基本上是靠人力完成的。过去男子是农业生产的主要劳动力，如今青壮年男子都外出打工，只有老弱和妇女留守在土地上劳作。妇女不仅承担繁重的农业生产劳动，而且还承担人类自身的再生产，还要承担几乎全部的家务劳动。据笔者在白族地区和纳西族地区的调查，如果把妇女的家务劳动与户外劳动结合起来，白族妇女一天劳动时间长达13个小时。她们在全家中起得最早，睡得最迟，除了吃饭，有的连做家务或下地时还背着孩子；而男子劳动时间最长也只有9个小时。所以，少数民族妇女劳动时间要比男子长，生活比男子也就更艰难。如果说家中缺衣少粮，那挨饿受冻的必然是母亲，因为家中的经济首先要满足男子和孩儿的需求。其次，造成少数民族妇女贫困的原因除社会经济和劳动因素外，人口及生育健康、因病致穷也是一个不可忽视的问题。

（二）疾病对妇女健康的影响

赛拉博士曾在《生育健康：全球概况》一文中指出："世界卫生组织将生育健康定义为人们有能力生育、有能力调节自身的生育、有能力调节自身生育的多少、有能力享有和谐的性关系。生育健康还意味着安全妊娠和分娩，完全的避孕与安全的性关系。此外，生育健康应包括婴幼儿存活及健康成长。"然而，在少数民族地区，妇女的生育与健康，不仅不能得到应有的保障，而且从社会性别看，与男性相比，女性除受到一般疾病的危害外，生育健康给女性带来更多的威胁，因为少数民族贫困妇女普遍生育较多，越穷越生，而越生又越穷，又缺乏关于生育健康的知识和服务。在经济和卫生条件较差的贫困山区，艰苦的生活、繁重的劳动，使得少数民族妇女普遍因生育而留下妇科疾病，如尿漏瘘、生殖道感染、子宫脱落等，健康状况较差。此外，少数民族妇女又是计划生育的直接承担者，笔者在参加《云南计划生育教育服务》的调查中，通过个别访谈和集体访谈 50 多位妇女，其中 48 位是避孕的直接承受者，只有两位是男扎（这两位均因女方身体不好，不能做手术，才去做男性结扎手术的）。这样使得不少农村妇女患有妇科疾病，加剧了她们的贫困。可见，由于生育健康问题引起妇女患疾病，是妇女成为贫困人口中赤贫人群的主要原因。

（三）文化教育程度对妇女生育健康的影响

云南少数民族的贫困地区少数民族妇女由于受教育程度较低，其生育健康也受到不利的影响。至今，云南省文盲半文盲中女性占多数，在边远的少数民族山区女童失学辍学现象仍然十分严重，女性文盲率比男性高。如云南红河县朝阳村 50～70 岁的妇女中，文盲占 95.8%；40～49 岁的妇女中，文盲占 62.72%。[6]从云南总人口数中拥有各种文化程度的比例看，学历越高，少数民族女性所占的比例就越低，云南少数民族妇女的受教育情况基本形成了"宝塔型"状况。造成这种现象的主要原因，首先是传统文化的影响，各民族文化传承不同，如信仰小乘佛教的傣族和信仰藏传佛教的藏族，其传统教育主要通过寺庙文化传承，而寺庙文化教育通常不容妇女参加。其次是农业社会传统农耕方式的影响。云南是稻作生产的发源地之一，各民族妇女是稻作生产的直接承担者，低下的农业文化与山地文化，繁重的农活与家务，使妇女失去了受教育的机会。还有，传统重男轻女观念的影响。云南少数民族中普遍存在"嫁出去的姑娘如同泼出去的水"的观念,从而造成家庭中父母不重视女孩的教育,更不愿花钱让女孩上学,加之每当家庭劳动力不足或经济紧张时,父母总是要求女儿退学,这便是女童辍学和失学的主要原因。另外,有的少数民族地区女性早婚早育,导致她们失去继续升学受教育的机会,故造成许多妇女很少外出,不认识大山外面的世界,也不会看信、算账,数的观念差。笔者 20 世纪 80 年代初到临沧搞田野考察,在半山区的小集镇上买香蕉,五角钱一堆,而将四五堆集中在一起一元钱也卖。在佤族妇女中,许多妇女说不出自己的出生年月,只记得是发大水那年生的、与门前那棵树一样大等。因此,较低的文化素质和相对封闭的生产生活方式导致贫困地区的少数民族妇女,一方面缺乏基本的发展能力,另一方面也缺乏明确的发展意识和希望。贫困使妇女承受更多的苦难,也使妇女安于现状。因此,只有将生态环境保护与妇女的健康和可持续发展结合起来,在发展中消除妇女的贫困,提高妇女的健康,才能真正使贫困妇女得到发展。

三 少数民族传统文化与妇女健康和发展的关系

依靠少数民族地区传统文化资源,开发当地生态资源,发展商品生产,改善生产条件,增强自我积累、自我发展的能力,能提高妇女的收入。少数民族妇女不只是社会经济发展的受益者,而且也是推动社会发展的一支重要力量。少数民族妇女可以利用所在区域的地理、自然生态环境及少数民族传统文化资源,发挥妇女的特殊作用。众所周知,云南的贫困人口绝大多数在山区,过去认为山高坡陡箐深水冷,看山愁,看水难,自然条件差,生态不平衡,生产方式又落后等。多年实践经验证明,这些地区应该把传统文化与妇女生育健康和改善当地生态环境结合起来,同时还要辩证地看待山区的优势。因为,山区有宝贵的资源待开发,有山有水就有树,树木是重要的财富,关键是合理保护,合理地开发利用。[7] 山多,可以大力发展畜牧业。畜牧业搞好了,将是治穷致富的优势产业;还可以发展多种经济林木,发展药材,这些都是市场前景广阔的商品。希望在山,潜力在山,山区更要解放思想,集中人力、物力开发山区的生态资源。而山区的畜牧业、种植业和养殖业以及加工业,都非常适合妇女,妇女在其中占有许多优势,可起到男子不能替代的作用。自 20 世纪 80 年代以来,云南省政府和一些 NGO(非政府组织)在少数民族地区因地制宜地开发出一批适合民族女性和地方特点的种植、养殖项目，妇女在这些项目中充分发挥了自己的潜能和作用。如在宣威县推广新法养猪；在西畴县推广鱼塘养鱼；在滇东北、滇南和滇西的彝族、哈尼族、白族、纳西族、普米族等民族地区，利用自然资源优势，发展经济林木，如在元阳、昭通、弥度、大理、丽江等地种果树、茶树、竹子、核桃、桉树等。[8]笔者于1995年曾参观过弥度县太花乡的桉树林，据介绍，三年前开荒挖坑植树时，村寨里的妇女们都踊跃参加，并参与管理，三年后桉树长成。笔者还亲眼看到，三五成群的老年妇女利用休息时间捡被风吹落地的桉树叶，交国家炼桉油而换取零花钱。十多年过去了，现在，经济林木中的核桃、竹子、桉树已经长成林，成为当地的主要产业之一，并且发挥着重要作用，而妇女也在其中受益。开展适宜于妇女的劳动，并使妇女在其中发挥自己特长，发展经济林果和家庭养殖业，如竹子、省藤、核桃、板栗、果树、油桐、杉木、红椿等，发展适度规模的茶叶生产，兴办股份制企业，建立茶叶商品基地和精制茶叶的加工厂，使广大农村妇女剩余劳动力有用武之地。这有利于改善妇女的生活条件，实现经济的发展和环境的改善，同时妇女的生育健康观念也发生了变化，多生不如少生，优生优育；从而降低了妇女的生育率，从原来的生多胎下降到生两胎；经济、社会、生态效益明显增加，人们的健康水平进一步提高，促进了山区妇女的全面发展。妇女正是在参与发展中发挥特长，在发展中体现自己的价值。由此可见，少数民族妇女的参与和发展，是民族地区民族文化传承和经济发展顺利进行的关键。

云南少数民族妇女，不仅仅是农林牧副渔生产的直接承担者，而且也是生育行为的承担者。提高妇女地位，促进妇女的全面发展，就必须降低民族地区的生育率，控制人口增长。据云南生育健康研究会在少数民族地区调查结果表明，凡是计划生育开展得好的村落，人口增长控制得好，人均经济收入就能得到提高。根据笔者的田野调查结果所获，20世纪80年代初，大理市周城镇妇女普遍生育5~6胎，有的达10多胎，造成儿多母苦。当时有1476户，总人口为7550人；全镇有耕地面积3437亩，其中水田2033亩，旱地1407亩，人均占有耕地0.42亩；粮食总产为2434吨，人均产量为322.4公斤；经济总收入为86万元，人均纯收入114元，是大理市的贫困村之一。由于贫困，妇女的生育与健康得不到有效保障。将近30年后的2012年初，笔者再次回到周城镇做田野考察得知，从20世纪80年代末以来，大理白族自治州实行计划生育，优生优育，规定生育两胎后，周城镇几乎没有人超生超育，原生育三胎以上妇女自愿做结扎绝育手续；生育期的妇女也自愿主动去放环避孕，选择生育胎次和生育间隔。同时，也转变了传统的"多子多福""养儿防老"的观念，她们认为，再也不能无节制地生育了，妇女们从自己的切身利益和愿望出发，从而杜绝了多胎生育，降低了人口出生率，提高了妇女的身心健康，并积极参与到周城镇的发展中，现在周城人均纯收入是 20 世纪 80 年代的 50 倍。

妇女受教育的状况，还直接影响到子女接受教育的程度和素质。母亲是孩子的第一任老师，根据在白族、纳西族、傣族地区的田野调查证明，母亲接受过学校教育的程度越高，普遍供子女上学的情况就越多。一次，笔者在白族乡村调查，问一位大嫂供自己的女儿上学吗？大嫂十分干脆地回答，供，只要考得上，砸锅卖铁也要供。还说，供儿女上学，是做父母责无旁贷的职责和义务。后来一了解，这位妇女接受过中学教育，当年正是村里的记工员，还当过"赤脚医生"。所以，现在她在村里率先办起小药店，出售药品，同时也当乡村接生员，多数义务为村民接生。而她的三个孩子，一个考上大学，一个上师范，毕业后当了教师，一个考到北京上大学，现正读博士。可见，母亲受教育的状况直接关系到子女的素质。所以，只有特别注意妇女自身的教育和发展，才能从根本上消除贫困的根源。此外，改革开放以来，云南少数民族地区近 80% 男子外出经商、打工，留在家里的妇女们挑起了生产、生活及教育子女、孝敬老人的重担，成为农村社会生产的主力。她们的参与和辛勤劳作，既为开发计划中实施的劳务输出提供了保障，也为发展经济、脱贫致富创造了条件。笔者曾在路南石林镇五棵树村进行田野考察，这里的彝族支系撒尼妇女们，为改变贫困面貌，利用位于石林风景区的区位优势，大力发展旅游服务业，充分发挥妇女专长——民族传统手工刺绣工艺。于是，经营出售刺绣品成为撒尼妇女的专利，她们不仅在本地区石林销售，而且到省城昆明，有的还到首都北京销售。她们不仅会讲自己的撒尼语，还会讲汉语普通话、英语。如今，随着云南省民族文化大省的建设，云南旅游业的发展，各民族妇女在民族文化和旅游产业中大显身手。西双版纳风景区是傣族的聚集地，大理苍山洱海是白族的聚居地，丽江是纳西族的家乡，中甸香格里拉是藏族聚居区，而这些地区又是云南民族文化最有特色的地区，也是全省、全国著名的风景旅游区，各民族妇女均发挥自己的特长，传承着民族优秀传统文化中的传统手工艺，使其为现代旅游业服务。故少数民族妇女不仅是家庭经济的主要创造者，同时也是民族传统文化的传承者、旅游服务业的主力军，而且使自身也得到了全面发展。此外，在云南白族、傣族、纳西族、拉祜族等民族地区，妇女不仅是家庭生产生活的经营者和管理者，而且是农村集市贸易的参与者，因而她们拥有家庭经济的支配权和管理决策权。她们主持全家人的衣食住行，所以在改革食物结构、建立卫生消费习惯、减少疾病提高健康水平和勤俭节约反对浪费等方面，起着决定性作用。可见，在发展经济、保护环境、植树造林、开展爱国卫生运动中也少不了、离不开少数民族妇女的参与。因此，少数民族妇女在可持续发展进程中发挥了重要的作用。

综上所述，事实证明，面对生育健康流行性疾病的威胁，少数民族妇女在与流行性疾病的斗争中，能够运用本民族的文化资源，起到任何外人无法替代的、有价值的作用。因为少数民族有自己特殊的生存环境，有其独特的文化传统和资源，各民族能在所属文化组织或有关组织内产生影响，可以影响劳动场所、村落组织、各种节日文化活动，从而在与生育健康疾病的斗争中，尤其是在与流行性疾病相关的侮辱和歧视斗争中发挥作用。少数民族社区各个组织及其领导人均在本民族中有一定影响，他们在民族内部能够促进团结，引导人们从善弃恶，并具有一定的权威性，帮助人们不断认识疾病的危害性，并对流行性疾病感染者和患者不再抛弃、侮辱、歧视，并利用少数民族文化中的内聚力帮助他们打开一条通向希望、知识、预防和关怀的大门。所以应当动员和发动民族中的头人、有威望者组织动员本民族成员参与到预防和控制艾滋病传播的工作中来，使其在所在的民族社区和组织内，进一步激发人们的工作干劲，应对艾滋病病毒的侵袭，保护各民族的生育健康、生存与发展。

因此，在少数民族地区预防和控制生育健康中的流行性疾病以及艾滋病病毒感染中，可以利用少数民族传统文化对人们行为的规范和约束，使其发挥其他方式不可替代的作用。行为干预作为降低疾病风险的方式之一，具有成本低、能从源头上遏制的特点，它与整个环境的改变并不对立，而是相辅相成的。如果离开流行性疾病传播的民族文化环境，以及缺乏少数民族地区流行性疾病病毒感染者、患者和被边缘化、易受伤害的各民族的信任与合作，控制、降低少数民族地区流行性疾病的传播是很难做到的，而要赢得少数民族的信任与合作，必须尊重少数民族的文化，尊重少数民族的选择，其优秀传统文化资源中的社会组织、宗教信仰、家规家训的作用是独特而不可低估的。以前，人们习惯采用的强制手段和从上至下的管理模式，会使少数民族地区的流行性疾病感染者和患者在防治中处于被边缘化状态。由于缺乏政府与少数民族之间的文化合作与互动的社会文化氛围，国家防治流行性疾病的政策在民族地区的推进还存在一些难度。所以，只有充分利用少数民族自己的文化，挖掘少数民族文化中优秀的文化资源，考虑少数民族的利益，以关注少数民族为本，探索民族地区预防、控制影响各民族健康的流行性疾病流行的方式，重视政府、非政府组织、非营利组织和民族地区疾病感染人群之间的合作，开展多学科、跨学科的研究，扩大少数民族中村落社区组织、宗教组织、家族组织的行动空间，探索出适合少数民族抵御疾病流行的途径，才能真正有效地推进少数民族社会的和谐发展。

参考文献

［1］云南统计局编《中国少数民族和吉文化词典》，人民出版社，2008。文章所引用材料，出自此处，下面不再标出。

［2］杨国才：《少数民族优秀传统文化对遏制艾滋病的效用》，《云南民族大学学报》2007 年第 6 期。

［3］转引自赵石宝：《扶贫论》，《光明日报》1996 年 9 月 21 日。

［4］王福临等主编《中国少数民族妇女发展论文集》，中国广播电视出版社，1995，第 32 页。

［5］赵俊臣：《云南扶贫攻坚的新思路》，《云南社会科学》1996 年第 6 期，第 32 页。

［6］转引自赵捷《提供机会与赋权女性》，《生育健康与社会科学通讯》1996 年第 17 期。

［7］尹俊：《开放开发相结合，解放思想路子宽》，《云南日报》1997 年 3 月 6 日，第一版。

［8］《云南省贫困山区综合开发试验示范与推广研究——江城县明子山示范点扶贫开发项目介绍》

图书在版编目（CIP）数据

图们江区域国际合作愿景与实践：图们江论坛 2014 论文集/
徐玉兰主编.—北京：社会科学文献出版社，2015.12

ISBN 978 - 7 - 5097 - 8194 - 4

Ⅰ.①图… Ⅱ.①徐… Ⅲ.①东北亚经济圈 - 区域经济合作 -
研究 Ⅳ.①F114.46

中国版本图书馆 CIP 数据核字（2015）第 250653 号

图们江区域国际合作愿景与实践

——图们江论坛 2014 论文集

主 编 / 徐玉兰

出 版 人 / 谢寿光
项目统筹 / 冯立君 董风云
责任编辑 / 柏 桐 冯立君 刘 波

出 版 / 社会科学文献出版社·甲骨文工作室（010）59366551
 地址：北京市北三环中路甲 29 号院华龙大厦 邮编：100029
 网址：www.ssap.com.cn
发 行 / 市场营销中心（010）59367081 59367090
 读者服务中心（010）59367028
印 装 / 北京季蜂印刷有限公司

规 格 / 开 本：787mm × 1092mm 1/16
 印 张：18.25 字 数：315 千字
版 次 / 2015 年 12 月第 1 版 2015 年 12 月第 1 次印刷
书 号 / ISBN 978 - 7 - 5097 - 8194 - 4
定 价 / 79.00 元